GALINA SCHATALOVA

Heilkräftige Ernährung

GOLDMANN
Lesen erleben

Buch

Mit ihrem Buch »Wir fressen uns zu Tode« hat sich die russische Wissenschaftlerin und Ärztin Galina Schatalova mittlerweile auch in Deutschland bei zahlreichen ernährungsbewussten Lesern einen Namen gemacht. Das vorliegende zweite Buch der inzwischen 90-jährigen Autorin knüpft an die Thesen des ersten an. Sie beschreibt praktische Maßnahmen, wie mit ihrer Methode chronisch Kranke, insbesondere mit Herz-Kreislauf-Beschwerden und Krebs, geheilt werden können. Das Geheimnis ihrer Behandlung liegt in der Wiederherstellung und Stärkung des Immunsystems dank einer radikalen Entschlackung des Magen-Darm-Traktes. Anschließend und darauf aufbauend präsentiert sie die zwei Pfeiler ihrer Ernährungslehre: 1. Wir benötigen viel weniger Nahrung, als wir normalerweise zu uns nehmen. 2. Jede Vermengung von pflanzlichem und tierischem Eiweiß belastet und schädigt den Organismus.

Autorin

Galina Schatalova, Jahrgang 1916, ist ausgebildete Chirurgin und Wissenschaftlerin. Sie leitete die medizinische Auswahlkommission für die sowjetischen Kosmonauten. 1960 begann sie mit der Entwicklung ihres revolutionären Heilkonzepts. Um den Erfolg ihrer Theorien zu beweisen, unternahm sie 1990 mit den von ihr behandelten Patienten einen 500 Kilometer langen Fußmarsch durch die Wüste.

Von Galina Schatalova sind bei Goldmann bereits erschienen:

Wir fressen uns zu Tode (14222)
Philosophie der Gesundheit (21860)

GALINA SCHATALOVA

Heilkräftige Ernährung

Eine energetische Lebensmittel- und Heilkräuterkunde für wahre Gesundheit

Aus dem Russischen
von Felix Eder

GOLDMANN

Die russische Originalausgabe erschien 2003 unter dem Titel
»Celebnoe Pitanie« beim Verlag Litur, Ekaterinburg.

Verlag und Übersetzer
bedanken sich bei Jelena Grachova,
die uns dieses Buch
eindringlich empfohlen hat.

MIX
Papier aus verantwortungsvollen Quellen
FSC® C014496

Verlagsgruppe Random House FSC-DEU-0100
Das FSC®-zertifizierte Papier *München Super* für dieses Buch
liefert Arctic Paper Mochenwangen GmbH.

6. Auflage
Deutsche Erstausgabe April 2006

Umschlaggestaltung: Design Team München
Umschlagmotiv: Isaak Lewitan
Redaktion: Daniela Weise
WL · Herstellung: CZ
Satz: Buch-Werkstatt GmbH, Bad Aibling
Druck und Bindung: GGP Media GmbH, Pößneck
Printed in Germany
ISBN 978-3-442-21745-8

www.goldmann-verlag.de

Inhalt

Das Leben ist ein Born der Lust:
Aber aus wem der verdorbene Magen redet,
der Vater der Trübsal,
dem sind alle Quellen vergiftet.
Nietzsche, Also sprach Zarathustra

Vorwort

»Wir sehen die reale Welt so, wie wir erzogen wurden, sie wahrzunehmen.« Auf diesen weisen Gedanken stieß ich in Carlos Castanedas Buch *Die Lehren des Don Juan. Ein Yaqui-Weg des Wissens,* das ich erstmals vor vielen Jahren in einem Bergsteigerlager auf den Aleuten kennen lernte.

Hier, weit weg von der Zivilisation, in einer Atmosphäre autonomer Existenz, fand eines meiner ersten Experimente statt, dessen Ziel die Untersuchung der optimalen Nahrungsration des Menschen unter lang anhaltenden und schweren physischen Belastungen war. Ich erinnere mich, mit welcher Freude die drei nach meinem System vorbereiteten jungen Bergsteiger beim Aufbruch zu einer schwierigen Besteigung die schweren Rucksäcke mit Konserven, Würsten, Käse und Brot zurückließen und sie durch kleine Gürteltaschen ersetzten und wie munter und lebensfroh sie nach sechs Tagen von der schwierigen Besteigung eines Fünftausenders zurückkehrten.

Nachdem ich ihnen das Geleit gegeben hatte, blieb ich allein mit dem genannten Buch, das inoffiziell im Samisdat-System mit einer Abziehmaschine auf Zigarettenpapier gedruckt worden war. Ich »verschlang« es förmlich, so ungewöhnlich und gleichzeitig vertraut erschien mir die Art der Yaqui-Indianer, präzis die Welt zu beschreiben. Seither wuchs meine Neigung, nicht blind den allgemein anerkannten, angeblich unerschütterlichen Vorstellungen in der Wissenschaft und im Leben zu glauben. Und das, wie ich mich mehrfach überzeugen konnte, zu Recht.

In der modernen Wissenschaft, darunter auch in der Ernährungswissenschaft, gibt es nicht wenig Fehlerhaftes, das von einem niedrigen Niveau der Welterkenntnis herrührt. Aber das hindert den Menschen nicht, selbstgefällig davon auszugehen, dass er klüger sei als die lebende Natur und dass er ihre Gesetze außer Acht lassen könne. Die Quintessenz dieser Weltanschauung wird in Russland folgendermaßen in Worte gefasst: »Wir können keine Gnade von der Natur erwarten; unsere Aufgabe ist es, sie uns von ihr zu holen.« Und wir holen sie uns durch Gewalt und Zerstörung.

Dabei sind die Gesetze der Natur weise. Darin fließen organisch das Materielle und Ideelle, das Kleine und das Große, das Konkrete und das Allgemeine zusammen. Wie kleine Kinder, die ihr Spielzeug kaputtmachen, zerlegen wir all das in Bestandteile und untersuchen jedes für sich in der Hoffnung zu verstehen, wie das Ganze funktioniert. Diese Forschungsmethode dominiert heute sowohl in den Naturwissenschaften als auch in der Philosophie, welche aufgerufen ist, den von den Wissenschaftlern gefundenen objektiven Fakten einen Sinn zu geben.

Es geht nicht darum, diese Methode der Welterkenntnis abzulehnen – die Bedeutung ihrer Ergebnisse ist nicht zu leugnen. Aber diese Methode birgt in sich auch eine ernste Gefahr. Das Unglück besteht darin, dass sowohl die Naturwissenschaften als auch die Philosophie, wenn sie nicht »geistig befruchtet« sind, häufig richtige Monster gebären, wie zum Beispiel die Theorie der ausgewogenen Ernährung.

Die ganze Welt neigt den Kopf im Gedenken an die zigtausend Menschen, die in den Atomstürmen von Hiroshima und Nagasaki gestorben sind. Uns alle hat die Tragödie von Tschernobyl erschüttert. Aber gleichzeitig machen wir uns nicht die Mühe, auch nur einen Augenblick nachzudenken über die fürchterlichen Konsequenzen der absoluten Herrschaft der genannten »Theorie«, welche Jahr für Jahr das Leben von Millionen und Abermillionen Menschen dahinrafft, die vor ihrer Zeit an der von der Autorität dieser Theorie geheiligten widernatürlichen, dem menschlichen Organismus nicht angemessenen Ernährung sterben.

Der »Geist« ist die Wasserscheide, welche die heilkräftige Ernährung – ein untrennbarer Bestandteil des von mir geschaffenen ganzheitlichen Systems der natürlichen Gesundung – von der so genannten ausgewogenen trennt. Wobei ich unter dem Wort »Geist« nicht nur Bildung, Belesenheit, musikalische Kenntnisse oder die Fähigkeit verstehe, sich in den Stilen, Genres und Richtungen der Kunst auszukennen, sondern die Fähigkeit, mit jeder Körperzelle die Harmonie der vielgesichtigen, vielfarbigen, vielfältigen und gleichzeitig einheitlichen Welt wahrzunehmen und zu fühlen.

Ich werde mich hier nicht bei den zahllosen Mängeln der Theorie der ausgewogenen Ernährung aufhalten, zumal das in den folgenden Kapiteln des Buches ausführlich erfolgen wird. Ich möchte nur sagen, dass diese »angeborenen« Mängel die Theorie der ausgewogenen Ernährung zu einem nicht vollwertigen Sprössling einer nicht vollwertigen Zivilisation machen, in deren Zentrum nicht die Befriedigung der wirklichen natürlichen Bedürfnisse des Menschen steht, sondern sein Hang zu Vergnügungen und falsch verstandenem Komfort. Wozu dieses Streben führt, habe ich schon in meinem Buch *Wir fressen uns zu Tode*

(Goldmann Verlag 2002) am Beispiel von Ratten gezeigt, welchen man beigebracht hat, mittels eines schwachen elektrischen Impulses das Lustzentrum in ihrem Hirn zu stimulieren. Im Ergebnis wurden die Tiere richtiggehend süchtig. Etwas Ähnliches ist unter Beihilfe der Theoretiker der ausgewogenen Ernährung auch mit dem Menschen geschehen.

Indem sie die Menschen auf den Genuss von kalorienreicher tierischer Nahrung einschworen, haben sie nicht nur eine explosive Ausbreitung chronischer Erkrankungen hervorgerufen, sondern auch das Problem des Hungers auf unserer reichlich fruchtbaren Erde. Indem sie den Verzehr von Fleisch und anderer tierischer Produkte vorschreiben, welche angeblich für den Menschen lebensnotwendig seien, und indem sie diese Idee ins öffentliche Bewusstsein brachten, bewirkten die »Kaloretiker« ein mächtiges Wachstum der Viehzucht. Heute werden Millionen von Tonnen vollwertiger Naturprodukte an das Vieh verfüttert, welche spielend für die Nahrungsversorgung mehrerer Milliarden Menschen reichen würden.

Zum Glück wachsen im Schoß des Alten die Keime des Neuen. Das wird unvermeidlich geschehen und geschieht schon heute dank der Arbeiten großer Gelehrter, zu denen auch unsere russischen Landsleute I. M. Setschjenow, I. P. Pawlow, W. Wernadski, A. L. Tschizhewski, I. Prigogine (er ist russischer Abstammung), I. L. Gerlowin und A. M. Ugolew gehören.

Über das Akademiemitglied Alexander Michajlowitsch Ugolew möchte ich ein spezielles Wort verlieren. Als ich an diesem Buch arbeitete, bekam ich die Nachricht von seinem Tod, der mich im wahrsten Sinn des Wortes erschüttert hat. Wir haben einen hervorragenden Wissenschaftler verloren, dessen Beitrag zur Entwicklung der Ernährungswissenschaft nur mit dem des großen I. P. Pawlow vergleichbar ist. Als ehrlicher Wissenschaftler und Mensch ist Alexander Ugolew als einer der Ersten gegen die Theorie der ausgewogenen Ernährung aufgetreten und hat auf die tragischen Konsequenzen dieser Theorie für die Menschen hingewiesen. Seine Ideen, Schlussfolgerungen und Entdeckungen lassen keinen Stein auf dem anderen im Theoriegebäude der ausgewogenen Ernährung.

Ich bin überzeugt, dass den bedeutenden Leningrader Wissenschaftler und Physiker I. L. Gerlowin ein tragisches Schicksal erwartet hätte, hätte er während der »Hexenjagd« in der Wissenschaft die von ihm erarbeiteten Grundlagen einer einheitlichen Theorie aller Wechselwirkungen in der Substanz veröffentlicht oder gar erst sein »Paradigma für lebensfähige und sich entwickelnde Systeme«.

Mir als Ärztin, Physiologin und Biologin ist die Schlussfolgerung Gerlowins besonders nahe, dass die »Menschheit bisher nicht alle Besonderheiten der Auswirkungen der Nahrungsaufnahme auf den Menschen (kennt) und seine Qualitäten naiverweise nach ihrem Kaloriengehalt bewertet. Die Menschen verwenden in großem Umfang in der gesamten Volkswirtschaft, insbesondere bei der Lebensmittelproduktion, künstlich hergestellte Substanzen, und sogar bei der Heilung von Menschen wurden künstliche Substanzen ausschlaggebend, wie in der Chemotherapie. Erst in den letzten Jahren begann man zu verstehen, dass das alles eine Selbstvergiftung der Menschen ist.

Das ist deshalb so geschehen, weil die moderne Wissenschaft auf einem sehr niedrigen Niveau festgefahren ist und sie die Postulate, die auf diesem Niveau entstanden sind, für die Wahrheit in letzter Instanz hält.« *

* I. L. Gerlowin, Osnovy jedinoj teorii vsech vzaimodejstvij v veschtschestve. Leningrad: Energoatomizdat 1990.

Aber der Ausweg aus der Sackgasse ist den Menschen seit langem bekannt – schon seit der Zeit von Pythagoras, der sich pflanzlich ernährte. Mir ist es im Zuge meiner zahlreichen Experimente, von denen noch die Rede sein wird, gelungen nachzuweisen, dass wir, wenn wir Lebensmittel konsumieren, die ihre Bioinformations-Eigenschaften bewahrt haben, für die Befriedigung unserer natürlichen physiologischen Bedürfnisse viel weniger davon brauchen, als wenn wir optimierte und raffinierte Lebensmittel verwenden. Die Nahrung belastet dann nicht mit ihrer Masse den Magen-Darm-Trakt, dehnt den Magen nicht aus, normalisiert den Dickdarm und seine Mikroflora und dann den Verdauungstrakt insgesamt, was eine entscheidende Bedeutung für die Herstellung der vollständigen, faktischen und nicht »praktischen« Gesundheit des Organismus hat.

Wie Ugolew und seine Mitarbeiter festgestellt haben, versorgt der Verdauungstrakt des Menschen nicht nur den Organismus mit Nährstoffen, sondern er ist auch ein mächtiges endokrines Organ, welches in seiner Bedeutung alle Organe des endokrinen Systems zusammengenommen übertrifft.

In diesem Zusammenhang ist zu erwähnen, dass mir diese Entdeckung zu verstehen half, warum es mir bei der Normalisierung des Verdauungstrakts auch gelingt, die hormonellen Funktionen des Organismus zu regenerieren.

Hier fällt mir die Geschichte von Natalja O. Sintschenko ein. Ihr ganzes Leben lang folgte sie mit der für sie typischen Genauigkeit den Vorschriften der Theorie der ausgewogenen Ernährung. Aber ungeachtet dessen, vielmehr gerade deswegen erkrankte die Frau an Diabetes. Ihr ständiger Begleiter wurde das Insulin. Es kam zu Gewebsveränderungen an den Beinen, sie musste hässliche orthopädische Schuhe tragen. Wie immer sie auch behandelt wurde, nichts konnte ihr helfen. Schließlich und endlich kam es so weit, dass die Ärzte sie vor die Alternative stellten: Amputation oder Tod.

Es wurden schon Vorbereitungen für die Operation getroffen, als der Ehemann von Natalja sie buchstäblich zu mir in die Praxis trug. Das System der natürlichen Gesundung, deren Vorschriften sie jetzt ebenso konsequent einhielt wie vormals die Vorschriften der Kalorientheorie, zeigte schnell Wirkung. Schon zehn Tage nach ihrem Umsteigen auf artgerechte Heilnahrung konnte die Frau auf das Insulin verzichten, nach einem Monat belebte sich ihr Bein und nach zwei Monaten tanzte Natalja dank einem Programm von Atem- und Körperübungen auf ihrer eigenen Silberhochzeit. Sie wurde schließlich 84 Jahre alt – das Insulin hatte sie längst vergessen.

In meiner Praxis als Ärztin gab es genug vergleichbarer Fälle, um zu einem auf den ersten Blick unerwarteten Schluss zu kommen: Die Symptome der Zuckerkrankheit hängen sehr häufig nicht von ungünstigen sekretorischen Eigenschaften der Bauchspeicheldrüse ab, wie das allgemein angenommen wird, sondern können durch eine einfache Störung der Glykogenbildung im Organismus hervorgerufen werden.

Kaum bringt man den Verdauungstrakt in Ordnung und stellt den Energieaustausch im System der natürlichen Gesundung sowie die Fähigkeit des Körpers zur Selbstregulierung wieder her, da verschwindet die bedrohliche, als unheilbar geltende Krankheit augenblicklich.

Natürlich kann sich der Mensch auch von »entlebten«, nicht vollwertigen Nahrungsmitteln ernähren, wie es ja im Grunde heute geschieht, aber in diesem Fall ist er gezwungen, seine Bedürfnisse durch überhöhte Rationen dieser Nahrungsmittel zu befriedigen. Daher rührt die gedankenlose chemische Behandlung der Böden, die die dünne Schicht des Leben spendenden Humus auf unseren Feldern vergiftet.

Und schließlich die Hauptsache: Die ihrer natürlichen Bioinformationen beraubten Lebensmittel senken in katastrophalem Maß das geistige Potenzial des Menschen, bringen Störungen in ihre emotional-psychische Sphäre und zerstören die Selbstregulierung des menschlichen Organismus, was massenhaft zu schweren chronischen Erkrankungen führt.

Wenn ich die Menschen auf die natürliche gesunde Ernährung bringe – in Abstimmung mit einem Programm von Körper- und Atemübungen sowie Abhärtungsmaßnahmen –, gelingt es mir, die Wiederherstellung ihrer geistigen, physischen und psychischen Gesundheit in die Wege zu leiten, die schwersten chronischen Krankheiten zu heilen, darunter Herz-Kreislauf-Erkrankungen und Krebs. Aber alle meine Informationen darüber werden von den Vertretern der offiziellen Wissenschaft scharf abgelehnt, was übrigens nicht verwunderlich ist. Denn das von mir ausgearbeitete System der natürlichen Gesundung ist ein Anschlag auf das Allerheiligste des in der heutigen öffentlichen Meinung herrschenden Tandems – der Theorie der ausgewogenen Ernährung und der an Symptomen orientierten Behandlungsmethoden in der Medizin.

Deshalb blieb mir nichts anderes übrig, als an den einzigen unvoreingenommenen Schiedsrichter in diesem Streit zu appellieren – an wissenschaftlich begründete, nicht bestreitbare Fakten, was ich in dem Ihnen hier vorliegenden Buch auch tue.

Teil I

Grundlagen der heilkräftigen Ernährung

1

Wovon lebt der Mensch?

Der Vater der Trübsal: ein verdorbener Magen

Bei der Ausarbeitung des Systems der natürlichen Gesundung dachte ich vor allem über die Bedingungen nach, welche für die Menschen erforderlich sind, um ihnen die geistige, seelische und körperliche Gesundheit als ihren natürlichen Zustand zurückzugeben. Im Zuge meiner Forschungen konnte ich feststellen, dass eine wirkliche Gesundheit des Menschen nur das Ergebnis eines organischen Zusammenspiels aller drei Elemente sein kann. Dabei fällt meist das schwächste Glied aus dieser Triade heraus – die körperliche Gesundheit, welche durch die widernatürliche Lebensweise des modernen Menschen und vor allem durch die ihm nicht zuträgliche Nahrung untergraben wird. Diese Abhängigkeit hat auch Nietzsche formuliert, dessen Ausspruch zum Motto dieses Buches wurde.

In meiner ärztlichen Praxis konnte ich mich häufig davon überzeugen, dass die Behandlung praktisch aller chronischen Krankheiten mit der Normalisierung der Arbeit des Magen-Darm-Trakts beginnt. Aber das kam erst später, nachdem die Effizienz des Systems der natürlichen Gesundung bereits experimentell untermauert war.

Hauptgrund für diese meine einzigartigen Experimente war die dringende Notwendigkeit zu klären, wie sich die

Nahrungsration des Menschen auf seine Ausdauer, seine physische Gesundheit und seinen Geist auswirkt. Es galt im Experiment zu erproben, ob wirklich die Substanz und Energie unseres Organismus, die im Zuge der Lebenstätigkeit eines Menschen verausgabt werden, ausschließlich mittels der Substanz und Energie der Nahrungsmittel ersetzt werden, wie die modernen Ernährungswissenschaftler behaupten, soweit sie der Theorie der ausgewogenen Ernährung anhängen.

Das Paradox der »wissenschaftlich begründeten« Normen

Die von ihnen gepredigte mechanische, ausgesprochen primitive Gleichsetzung des Menschen mit einer Dampfmaschine hat von den Köpfen der meisten Leute Besitz ergriffen. Hier hat eine Besonderheit unserer Psyche Wirkung gezeigt: Je weniger der Mensch über etwas weiß, umso leichter verfällt er der hypnotischen Wirkung einfacher Erklärungen. Dabei ist diese Besonderheit den unterschiedlichsten Menschen eigen: von der Hausfrau bis zum Regierungschef und Staatsoberhaupt. Wie anders ist es zu erklären, dass alle unsere politischen und staatlichen Akteure, sobald die Rede auf die Versorgung oder besser auf die unzulängliche Versorgung der Bevölkerung mit Lebensmitteln kommt, sich auf so genannte »wissenschaftlich begründete Normen« berufen, ohne auf die Idee zu kommen, dass es solche Normen in der Natur nicht gibt. Und dass das, was sie für solche Normen halten, nichts anderes ist als der durchschnittliche Nahrungsmittelverbrauch der Bevölkerung Deutschlands zur Mitte des 19. Jahrhunderts, welcher damals auf Vorschlag deutscher Wissenschaftler zur Norm erhoben wurde. Irgendwelche ernsthaften Untersuchungen zu diesem Thema wurden damals nicht gemacht, zumal die Ernährungswissenschaft zu diesem Zeitpunkt einfach nicht existierte.

Und auch heute ist es noch ein weiter Weg bis zu dieser Wissenschaft, ungeachtet der hervorragenden Arbeiten von weltweit bekannten Gelehrten wie Iwan Pawlow, Wladimir Wernadski, Herbert M. Shelton, Albert Szent-Györgyi, Ilja Prigogine und Alexander Ugolew. Der Mythos von den »wissenschaftlich begründeten« und somit »physiologischen« Normen ist nicht mehr als ein verbreiteter Irrtum, der von den Bemühungen der Anhänger der Theorie der ausgewogenen Ernährung unterstützt wird. Übrigens kann man diese Theorie nur mit viel Bauchweh eine Theorie nennen. Zahlreiche Tatsachen werden nicht erklärt, und es wird nicht einmal versucht, sie zu erklären – weil sie keinen Stein dieser Theorie auf dem anderen lassen würden. Die wichtigste Behauptung habe ich schon erwähnt: dass die einzige Quelle an Energie und Substanz, die der Mensch braucht, die Nahrung ist. Deshalb, so lehren sie, sei eine Ausgewogenheit zwischen der Menge und Qualität der vom Körper verbrauchten Eiweiße, Fette, Kohlehydrate, mineralischen Elemente und Vitamine und der Menge und Qualität der konsumierten Lebensmittel erforderlich, wobei deren Umfang von der körperlichen Belastung des Menschen abhängig sei.

Als Hauptargument für die Unterstützung dieser Annahme beruft man sich auf das eherne Gesetz der Erhaltung der Energie. Ich schlage Ihnen vor, liebe Leser, über die für diese Theorie verhängnisvolle Frage nachzudenken: Was ist, wenn die Energie und die Substanz nicht nur über die Nahrung ergänzt wird, sondern auch über andere Kanäle? Offensichtlich müssen wir in diesem Fall frühere

Vorstellungen über die nötige Menge und Qualität der erforderlichen Lebensmittel überdenken.*

* Galina Schatalova setzt sich mit dieser Frage in dem Buch »Wir fressen uns zu Tode« auseinander, wo sie berichtet, dass bei mehrtägigen Fußmärschen durch Wüstengebiete bei geringsten Nahrungsmengen (ca. 400 Kilokalorien) die meisten Teilnehmer an Gewicht zugelegt haben (Anm. d. Übersetzers).

2

Spiritualität, Psychologie, Ernährung

Das Gedächtnis des Kosmos

Den Gedanken, dass man durch eine wie immer geartete Einwirkung von außen den menschlichen Organismus nicht zu einer stabilen Gesundheit führen kann, habe ich schon mehrmals ausgesprochen. Die offizielle Medizin kann genauso wie ein Heiler den Menschen für eine gewisse Zeit von Krankheiten befreien, aber beide sind machtlos, wenn es um die Entstehung neuer Krankheiten unter dem Einfluss unserer künstlichen Lebensweise geht.

Nur der Mensch selbst kann mit Hilfe eines bestimmten Wissens seinen Organismus in den Zustand der idealen Gesundheit bringen, der die Möglichkeit einer neuerlichen Erkrankung ausschließt. Heute ist jedes ernsthafte Gespräch über die Gesetze seiner Lebensfunktionen sinnlos, wenn man nicht den Begriff des intuitiven Denkens berührt. Bei Künstlern, Musikern, Dichtern, Gelehrten und Erfindern ist er längst bekannt, wenn auch unter anderen Namen: Eingebung, Erleuchtung, innere Stimme, assoziatives, bildhaftes Denken usw. In der Wissenschaft streitet man bis heute über das Wesen dieses Phänomens. Meiner Ansicht nach kann Iwan Gerlowins Hypothese über die Existenz von Elementen in der lebenden und leblosen Natur, welche ohne Ausnahme alle im Kosmos vor sich gehenden Prozesse aufzeichnen, Licht in die Sache bringen.

Denken wir einmal logisch über diese Sache nach, gestützt auf heute bekannte Fakten. Wir wissen, dass jeder lebende Organismus eine kybernetische Maschine von je eigener Komplexität ist. Der komplizierteste ist der menschliche Organismus mit seinem entwickelten und vollkommenen Gehirn. Wir wissen auch, dass jedes Objekt der lebenden Materie entsprechend den Programmen funktioniert, die die Natur in ihm angelegt hat. Diese Programme braucht es für die Selbstregulierung und Steuerung sämtlicher Lebensprozesse, und sie sind genauso ein Bestandteil des Organismus wie jedes andere Organ oder System. Aber haben wir das Recht und Grund zur Annahme, dass die Sache sich darauf beschränkt, dass die Selbstregulierung eine ausschließlich innere und sich selbst genügende Eigenschaft ist, welche sich unabhängig von äußeren Informationsquellen realisiert?

Bevor wir auf diese Frage antworten, wenden wir uns der Kybernetik zu. Erinnern wir uns, auf welche Weise das Gedächtnis der »Denkmaschinen« aufgebaut ist. In diesem Fall interessieren uns sowohl der innere Speicher, der mit dem Rechner verbunden ist, wie auch der äußere, der vom Computer abgetrennt werden kann und die gespeicherte Information zum Beispiel auf Disketten aufbewahren kann.

Für den menschlichen Organismus wie auch für jedes beliebige Lebewesen ist das Grundlegende das innere Gedächtnis, in welchem Programme aufgezeichnet sind, welche seine Existenz selbst sichern. Diese waren auch immer Objekt der Aufmerksamkeit der wissenschaftlichen Biologie. Die anderen Programme, welche die geistige Existenz des Menschen bestimmen, seine Beziehungen zu seinesgleichen und zur Natur, wurden als von seiner individuellen Erfahrung abgeleitet betrachtet und waren Gegenstand der Forschung von Soziologen und Psychologen. Es galt als selbstverständlich, dass diese und nur diese Programme das Verhalten des Menschen als gesellschaftliches Wesen bestimmen und dass diese Programme für ihn ebenfalls innere Programme sind, das heißt, dass sie in den Strukturen des Organismus gespeichert sind.

Aber die logisch aus der einheitlichen Feldtheorie folgenden Annahmen Gerlowins darüber, dass das Gedächtnis eine Eigenschaft der Materie an sich ist und dass es Aufzeichnungen über alle Prozesse im Universum speichert, gibt uns ziemlich gewichtige Gründe zu der Annahme, dass neben dem inneren Gedächtnis des Menschen auch ein äußeres existiert, welches nicht in seinen Organismus eingebaut ist. Der Umfang der darin gespeicherten Information ist ebenso unendlich wie das Weltall selbst. Mehr noch, man kann annehmen, dass auch jene Information, die in unserem inneren Gedächtnis gespeichert ist, nicht mehr ist als ein mikroskopisch kleiner Teil dieses unendlichen Gedächtnisses des Weltalls. So finden auch die unerwarteten Höhenflüge und Erleuchtungen schöpferischer Menschen eine Erklärung, die über eine feine, sensible Natur verfügen, welche fähig ist, intuitiv die Information aufzunehmen, die in dem unermesslichen Gedächtnis der lebenden und leblosen Materie gespeichert ist. Um wie viel sind solche Menschen geistig reicher als jene, die über eine solche Fähigkeit nicht verfügen!

Es erhebt sich sogleich die Frage, ob diese Fähigkeit ein Geschenk der Natur an wenige Auserwählte ist. Hier antworte ich ohne Zögern und mit voller Überzeugung: nein. Diese Fähigkeit ist jedem Menschen in dem einen oder anderen Maß von Natur aus gegeben, sie ist der ihn auszeichnende Charakterzug. Und das ist keine verstandesmäßige Schlussfolgerung, sondern eine von mir experimentell festgestellte Tatsache.

Mikromodell einer geistig gesunden Gesellschaft

Im Sommer 1991 organisierte ich in einer schwer zugänglichen Einsiedelei im Nordkaukasus unmittelbar an der Grenze des ewigen Eises ein Gesundungslager. In zwei Monaten durchliefen es 800 Menschen, die sich alle Elemente meines Systems der natürlichen Gesundung in der Praxis aneigneten. Damit verfolgte ich ein zweifaches Ziel: Erstens wollte ich feststellen, wie sich das System auf die geistige Gesundheit von Menschen auswirkt, die von den deformierenden Einflüssen unserer modernen Zivilisation abgeschirmt und maximal der Natur angenähert sind. Zweitens betrachtete ich die in den Bergen versammelten Menschen, die bis dahin durch keinerlei verwandtschaftliche, ideologische, arbeitsmäßige oder sonstige Umstände verbunden waren, als Mitglieder eines Verbandes, welcher als ein wenn auch sehr »relatives, bedingtes« Modell für die menschliche Gesellschaft dienen konnte, die nicht auf der Ignoranz der Naturgesetze aufgebaut ist, sondern auf einer Entwicklung in strenger Übereinstimmung mit diesen.

Menschen, die mein System vom Hörensagen kannten, kamen aus den entferntesten Winkeln des Landes zu mir, um es zu studieren und sich anzueignen. Sie kamen, obwohl sie wussten: Hier wird es weder reich gedeckte Tafeln geben noch Räume mit komplizierter medizinischer Technik. Das Einzige, was ich ihnen anbieten wollte und konnte, war eine natürliche, von der Natur vorgegebene und deshalb gesunde Lebensweise in Verbindung mit dem dynamischen autogenen Training, welches ein wichtiges Element des Systems der natürlichen Gesundung darstellt. Der Sinn dieses Trainings besteht darin, alle Verbindungskanäle des Menschen zur Umwelt zu öffnen, zu ihrem unendlichen Gedächtnis, in welchem Platz für jeden von uns ist. Und wir Menschen sind unsererseits ausgestattet mit der Fähigkeit, die darin gespeicherten Informationen zu erfassen. Aber dazu muss man lernen, die Natur zu sehen, zu hören und zu fühlen, man muss lernen, sich in der Natur zu spüren und die Natur in sich.

Wenn Sie mit der Natur eins sind, werfen Sie den Panzer des urteilenden Rationalismus ab, welcher Ihnen hilft, in unserer grausamen, kalten, berechnenden Welt zu überleben. Rufen Sie wenigstens für einen Augenblick das Gefühl der Leichtigkeit, des Fluges in sich hervor. Lösen Sie sich im Blätterrascheln auf, in der heißen Luft, die voll vom Duft der Gräser und Blumen ist, im Zwitschern der Vögel, in den Strahlen der Morgensonne. Haben Sie keine Angst, komisch auszusehen, vor allem in Ihren eigenen Augen: Wenn Ihnen nach Singen zumute ist, dann singen Sie, wenn nach Lachen, dann lachen Sie, wenn nach Tanzen, dann tanzen Sie. Verschließen Sie sich nicht in sich selbst, reißen Sie sich aus dem Teufelskreis der Alltagssorgen los, vergessen Sie Ihre Kränkungen. Werfen Sie den vergiftenden Neid und die Bosheit aus Ihrem Herzen. Sie sind schon dadurch glücklich, dass Sie leben und atmen.

Die Menschen zu lehren, diese Empfindungen nicht nur im Zustand der Ruhe zu spüren, im Zustand der faulen Muße, ist das Ziel des dynamischen autogenen Trainings. Das Nichtstun ist kontraindiziert für den Menschen, besonders wenn er krank ist. Das Leben ist Bewegung, aber wenn man sich bewegt, muss man fühlen, dass man nicht nur seine Lage im Raum verändert, sondern dass man lebt.

Aber man braucht gar nicht zu versuchen, in sich das Gefühl der Freude am Dasein zu spüren, die Leichtigkeit und das Verwachsensein mit der Natur, wenn der Organismus mit Produkten des Eiweißzerfalls verseucht ist, wenn der Magen überfüllt ist, die Muskeln keine Kraft haben, die Haut nicht atmet, weil ihre Poren verstopft sind, wenn jeder Windhauch Sie zusammenschauern lässt und Sie zwingt, sich einzuwickeln. Wer sich von all den »Reizen« befreien will, mit denen uns die unnatürliche Lebensweise versorgt, dem hilft ein Programm von Körper- und Atemübungen, Abhärtungsprozeduren und natürlich eine heilkräftige, artgerechte Nahrung.

In unserem Berglager, von dem die Rede war, gab es kein Frühstück im üblichen Sinn. Es wurde ersetzt durch eine Tasse Tee aus Heilkräutern mit einem Löffel Honig. Dieses Reglement wurde nicht von meinen subjektiven Wünschen oder Launen diktiert, sondern von den objektiv existierenden Biorhythmen des menschlichen Organismus. Es ist schon lange festgestellt worden, dass seine Verdauungsfunktionen die höchste Aktivität zwischen 10 und 14 Uhr erreichen. Deshalb aßen wir um 12 Uhr zu Mittag. Wir servierten Speisen, die die Teilnehmer selbst nach Rezepten der heilkräftigen Ernährung zubereitet hatten. Fleisch, Fisch, Salz, Zucker, Hefebrot, Nudeln und Konditoreiwaren gab es nicht. Sie wurden ersetzt durch Salate aus wild wachsenden Kräutern, Speisen aus Gemüse und Getreide, die bei minimal kurzen Erwärmungszeiten hergestellt wurden, bei Temperaturen von nicht mehr als 100°C, um alle natürlichen Eigenschaften der Nahrungsmittel und die Struktur des in ihnen enthaltenen Wassers zu bewahren. Außerdem gab es im Überfluss Scherze, lustige Spielchen und Gelächter – mit einem Wort alles, was gute Laune schafft.

Es freute mich zu sehen, wie nach Maß des Eintrittes der Menschen in den Zustand wirklicher, nicht »praktischer« Gesundheit das verlorene intuitive Denken zu ihnen zurückkehrte, die schöpferische Freude, die Eingebung. Sie begannen Verse zu schreiben, zu zeichnen und zu singen.

Und all das geschah auf natürliche Weise, ohne irgendeine Art hypnotischer Beeinflussung. Man konnte buchstäblich sehen, wie sich ein Zusammenleben der Menschen fügte, in dem kein Platz war für Taubheit, Verzagtheit, Verschlossenheit, Missgunst und Lustlosigkeit. Jeder war bereit, dem anderen zu Hilfe zu kommen, ihn zu ermuntern und mit einem freundschaftlichen Scherz für gute Laune zu sorgen.

Die Grimassen des Fortschritts

Der Gedanke liegt mir fern, die Bedeutung meiner Experimente zu überschätzen. Ich bin nicht einmal sicher, dass alle, die an dem Lager mitgemacht haben, dem Druck unserer künstlichen Zivilisation und ihren Sorgen, Verlockungen und geistigen und körperlichen Leiden standgehalten haben. Ihre Erfahrung des Einsseins mit der Natur war zu kurz, als dass sie mehr sein konnte als eine denkwürdige Episode in ihrer Biografie statt ihre Biografie selbst. Und dennoch bin ich überzeugt: Das Wissen, das sie in dem Berglager erworben haben, hat sich günstig auf die Gesundheit nicht nur ihres physischen Körpers, sondern auch ihrer Seele ausgewirkt.

Eines ist mir inzwischen absolut klar: Der heutige Zustand der tiefen spirituellen Leere, der blutigen Zwistigkeiten, des Terrorismus, des Anstiegs der Kriminalität, der Drogensucht und des Alkoholismus sind keine Zeiterscheinungen, die durch ungünstige Konstellationen der Planeten oder durch die Ränke destabilisierender Mächte hervorgerufen worden sind. Und man sollte nicht darauf bauen, dass sich das alles mit der Zeit regelt, sich verflüchtigt und ins Gleichgewicht kommt. Wie die Erfahrung entwickelter Länder wie Europa und Japan zeigt, ist das geistige Potenzial der modernen Zivilisation praktisch erschöpft. Das Einzige, wofür sie sich als fähig erwiesen hat, ist die Sicherung eines ziemlich hohen Standards materiellen Wohls. Kein einziges sittliches Problem hat seine Lösung gefunden. Gesetzestreue existiert gleichzeitig mit einem Ausufern der Kriminalität, die Religiosität existiert gleichzeitig mit Drogensucht, Alkoholismus und sexueller Zügellosigkeit.

Oder nehmen wir die moderne Kunst. Ich bin keine Vertreterin des Rückschritts und keine Verfechterin der guten, alten Zeit. Aber hören Sie sich in die hysterischen Rhythmen der modernen Musik ein, vertiefen Sie sich in die geometrischen Rätsel der heutigen Malerei, lesen Sie sich ein in die jetzige Literatur mit ihrer depressiven Grundstimmung, ihrer Herrschaft der Schwermut und des Bösen. Und dann gehen Sie zum Vergleich in den Wald, der voll von Vogelstimmen ist, setzen Sie sich morgens an einen Fluss, freuen Sie sich an dem feinen Nebelschleier über dem langsam fließenden Wasser und Sie werden verstehen, dass die moderne Kunst nichts anderes ist als die Spiegelung einer kranken Zivilisation. Man kann bis zur Heiserkeit streiten, ob sie eine Existenzberechtigung hat oder nicht, ob man sie als eine leidenschaftslose Diagnose betrachten soll, die sich aus der Krankengeschichte eines unheilbaren Leidens ergibt, oder als Reaktion auf die seelischen Bedürfnisse der in ihrer künstlichen Welt eingeschnürten Menschen.

Man muss sich eines bewusst machen: Heute ist der Mensch in der Lage, die Natur zu vernichten, aber wie einsam, geistig und körperlich armselig wird er sein und ist er teils jetzt schon, indem er seine Herrschaft über einen leblosen Planeten behauptet.

Solange sich der Mensch außerhalb der Natur und über sie stellt, beraubt er sich der Möglichkeit, sich an den weisen Kosmos zu wenden, der in seinem Gedächtnis eingeprägt ist, und neue, noch grausamere Erschütterungen und Katastrophen sind unvermeidlich. Der Weg zum Frieden auf der Erde ist der Weg von einer technisierten, entseelten Zivilisation zu einer biologischen, beseelten Zivilisation.

Heute muss jeder einsehen, dass die Rettung der Menschheit und des Lebens auf unserem Planeten auch seine Angelegenheit ist, sein Schmerz und seine Sorge. Lassen Sie sich auf diesen Gedanken ein und geben Sie diese Überzeugung an andere weiter. Der Kontakt mit Hunderttausenden Menschen, die auf meinen mehr als 4000 Vorträgen waren, die Briefe der Leser meiner Zeitungs- und Zeitschriftenartikel und Bücher, die Briefe der Fernsehzuschauer und Radiohörer überzeugen mich davon, dass die Menschen in ihrer Mehrheit von der derzeitigen Situation beunruhigt sind, dass sie nicht einfach warten – sie fordern Kenntnisse, mit deren Hilfe sie die Entfremdung von der Natur überwinden, sie verstehen und ihren Gesetzen folgen können. Und bei der Schaffung des Systems der natürlichen Gesundung habe ich mich bemüht, ihnen dabei wenigstens in einem bescheidenen Maß zu helfen.

Bewusstsein und Unbewusstes regulieren

Im Prozess der Selbstregulierung des menschlichen Organismus gehen das geistige und das psychische Leben des Menschen eine unzertrennliche Verbindung ein. Deshalb kann und muss man die Funktion des Hirns als Regelzentrum unter zwei Aspekten betrachten: dem unbewussten und dem bewussten.

Die Hauptrolle spielt dabei die unbewusste Tätigkeit. Wie Psychologen und Psychiater meinen, ist sie eine Funktion der Hauptmasse unseres Gehirns, welche 96 Prozent ausmacht. Und nur 4 Prozent sind zuständig für die bewusste Tätigkeit. Der psychischen Tätigkeit des Menschen liegt die sinnliche Wahrnehmung sowohl der äußeren Welt als auch der Innenwelt seines Körpers zu Grunde. Wenn ein Reiz von außen durch die Sinnesorgane oder von innen durch ein Gefühl zum Gehirn kommt, aber der Empfang gestört ist, wird es auch kein Antwortsignal geben.

Dabei kann dieses Signal übersetzt in eine allgemein verständliche Sprache nicht nur ein »Ja« bedeuten, sondern auch ein »Nein«. Mit anderen Worten: Nicht jeder unserer Wünsche, der durch Signale aus der Außenwelt oder aus den inneren Strukturen des Organismus hervorgerufen wird, kann befriedigt werden. Und die Entscheidung muss dieser kleine Teil des Gehirns treffen, der für die bewusste Tätigkeit zuständig ist. Dabei hängt der Charakter einer solchen Entscheidung vollständig von der spirituellen Reife des Menschen ab, welche sich durch äußerste Vielfalt auszeichnet. Sagen wir, die Gefühle für Genuss und Lebensfreude von geistig reichen Menschen können überhaupt nicht verglichen werden mit den primitiven Gefühlen einer rein tierischen Sättigung, welche geistig leere, schlecht erzogene und zudem noch der narkotischen Einwirkung der modernen Ernährung ausgesetzte Menschen auszeichnet.

Die Spiritualität der Nahrung in den Lehren der Alten Welt

Die Idee der Spiritualität der Nahrung ist organisch in die Geschichte der Menschheit eingeflochten. Die alten Griechen etwa betrachteten den Prozess der Nahrungszubereitung als einen heiligen Schöpfungsakt. Magische Ornamente schützten ihre Speisen vor Entweihung. Die Schule des Pythagoras vermochte es, die geistigen Grundlagen der Mäßigkeit der Nahrung durch die Jahrtausende zu tragen. Und Platon schrieb: »... ein Mensch, der für Gesundheit und gutes Alter betet: Aber die riesigen Schüsseln und die gewaltigen mit Fleisch gefüllten Speisen hindern die Götter, seine Bitten zu erfüllen – Zeus ist hier machtlos.«

Das altindische Epos verbindet ebenfalls die Spiritualität der Menschen mit dem Verzehr von pflanzlicher Nahrung. Nach Meinung der Autoren der *Mahabharata* nährten sich nur Menschen der Leidenschaften von scharfen, extrem süßen, fettreichen Speisen und Fleisch. Menschen mit einem niedrigen geistigen Niveau verwendeten welke, geschmacklose Nahrung, sogar Speisen vom Vortag, was nach Meinung der Alten zu vollständigem Verfall der Spiritualität und zu Willenlosigkeit führt.

Im alten Rom wurde ebenfalls über Jahrhunderte ein vernünftiges Maß in der Nahrung gehalten. Das Volk aß ein- oder zweimal täglich. Nur die Aristokratie kultivierte einen unbegrenzten Luxus in allem, darunter auch in der Nahrung. Erinnern wir uns in diesem Zusammenhang an den römischen Feldherrn Lucius Licinnius Lucullus. Was von ihm ist der Erinnerung der Generationen geblieben? Alle wissen von seinem unbeherrschten Charakter und seinen Gelagen, bei denen erlesene Speisen serviert wurden – z. B. ein Ragout aus Schwalbenzungen. Man kann sich vorstellen, wie viele tausend Schwalben man vernichten musste, um den zerstörerischen Patrizier satt zu kriegen, der in der Lage war, 50 bis 60 Speisen zu essen und dabei seinen Magen nur selten durch Erbrechen leerte.

Das alte China war immer für seine Vielfalt an pflanzlicher Nahrung bekannt, aber auch dort trug der Adel sein

Scherflein zu der Pervertierung der Vorstellungen über die natürlichen Bedürfnisse des Menschen bei. In der Erinnerung der Generationen ist so ein »Meisterwerk« der Gastfreundschaft geblieben: ein spezieller Tisch mit einem Loch in der Mitte und Riemen zur Befestigung eines Affen unter dem Tisch. Rund um den Tisch platzierten sich besonders hohe Gäste. Bewaffnet mit Silberlöffeln mit scharfem Rand schöpften sie das freigelegte Hirn des lebenden Affen aus.

Die heiligen religiösen Bücher beschützten die Menschen von alters her vor einem Übermaß bei der Nahrungsaufnahme. Praktisch alle Religionen schreiben zur Wahrung der Reinheit von Körper und Geist entschlackende Fastentage und -wochen vor (bei den orthodoxen Christen sind es 200 Fastentage im Jahr).

Der moderne Mensch: im Joch von Gewohnheit und Vorlieben

In den Köpfen der modernen Gesellschaft hat die Wortverbindung »Spiritualität der Nahrung« ihre anziehende Kraft verloren. Dazu hat in nicht geringem Maß die Theorie der ausgewogenen Ernährung beigetragen, welche dem Menschen im Wesentlichen seinen Nimbus nimmt, indem sie ihn als eine Art schwarzes Loch betrachtet, in welches die nachwachsenden und nicht nachwachsenden Ressourcen der Erde gekippt werden. Dabei wird seine wahrhafte Bestimmung ignoriert: das organisierende Prinzip der Noosphäre, der Sphäre der Vernunft zu sein.

Die unrichtigen Vorstellungen über die natürlichen Bedürfnisse des Menschen pervertieren auch die psychologische Ausrichtung der Menschen. Ich kann jene nicht verstehen, welche von hohem geistigen Bemühen predigen, gleichzeitig sagen, dass sie sich von dem ernähren, »was uns Gott geschickt hat«, und sich über jene lustig machen, die sich über das Essen und seine Auswahl Gedanken machen.

Bei der Ausarbeitung des Systems der natürlichen Gesundung in der Einheit der Vorstellungen über das geistige, emotional-psychische und physische Wesen des Menschen habe ich begriffen, dass die Natur im Unterschied zum Menschen immer demjenigen die Hand reicht, der sich bewusst auf den Weg zur Gesundheit macht. Viele betrachten das Streben ihrer Mitmenschen nach Gesundheit als Schrulle oder als einen Versuch, sich hervorzutun. Nicht nur, dass sie sie nicht unterstützen, sich auf die Treppe der Gesundheit zu erheben, sie versuchen sogar, sie von dieser Treppe hinunterzustoßen, selbst wenn ihnen diese Menschen nahe stehen.

So war es z. B. mit einer meiner Patientinnen, einer lieben jungen Frau namens Schenja. Einer meiner Schüler hatte sie zu mir gebracht. Er hatte einige Jahre beobachtet, wie seine Arbeitskollegin an Diabetes litt, und bat mich um Hilfe. Unsere gemeinsamen Bemühungen mit der vernünftigen und sich verantwortungsvoll zu ihrem Gesundungsprozess stellenden Patientin führten bald zu den ersten Erfolgen. Die Insulin-Spritzen wanderten zusammen mit der Zigarettenschachtel in den Mülleimer. Schenja wirkte jünger und erblühte in ihrem weiblichen Charme. Aber ihr Mann stellte sich ihr auf dem Weg zur Gesundheit entgegen. Das war kein Übeltäter, sondern ein normaler und ruhiger Mensch. Aber er konnte oder wollte um nichts in der Welt verstehen, was für Schenja ein gemeinsamer Tisch mit ihm bedeutete: Würstel mit gebratenen Kartoffeln, Nudeln mit Fleisch, Kuchen, Kaffee, belegte Brote mit Schinken, Wurst und Käse, kalorienreiche Semmeln usw. Aber so eine Ernährung ist auch für einen gesunden Menschen von Schaden. Und meine Schenja hat nachgegeben. Sie musste sich wieder eine Spritze anschaffen, den Endokrinologen aufsuchen und Insulin verwenden. Und auch die Zigaretten passten noch gut ins Handtäschchen. Vor aller Augen verblasste das Gesicht der wunderbaren Frau.

Leider geben der psychologische Druck der Umgebung und die Last der Gewohnheiten, die von der modernen Zivilisation anerzogen wurden, wie die Kugel am Bein des Zwangsarbeiters vielen von uns nicht die Möglichkeit, sich auf den Weg einer wirklichen, nicht der »praktischen« Gesundheit zu machen, wie man heute delikat den Zustand des labilen Gleichgewichts des Organismus nennt, wenn die ihn aus der Tiefe heimlich aushöhlenden Krankheiten sich noch nicht an die Oberfläche durchgearbeitet haben, noch nicht offenkundig sind. Das ungenügende Wissen der erdrückenden Mehrheit der Menschen, Vorstellungen über den Nahrungsprozess, die ihnen von den Theoretikern der ausgewogenen Ernährung von der Schulbank an aufgezwungen wurden, wirken sich schädlich auf die menschliche Psyche aus.

Zum Glück verfügt unser Zentralnervensystem auf Grund seiner Besonderheiten über ein natürliches Mittel zur Selbstvervollkommnung. Das hat Iwan Pawlow vertreten und man kann nicht umhin, ihm Recht zu geben. Recht geben muss man ihm auch in seiner Meinung, dass für die Ingangsetzung dieser Selbstvervollkommnung die Schaffung entsprechender Bedingungen erforderlich ist. Und mit der Schaffung dieser Bedingungen beschäftige ich mich, wenn ich inmitten unserer Realität versuche, die Gesundheit der Menschen wiederherzustellen.

3

Die Reichtümer der Natur

Allein schon die Aufzählung der kultivierten und wild wachsenden Gemüse, Körner, Früchte und Kräuter, die vom Menschen als Nahrung verwendet werden können, würde nicht wenig Zeit einnehmen. Dabei ist zu beachten, dass Pflanzen, die, sagen wir, in Mittelrussland wohl bekannt sind, häufig in Transkaukasien, Mittelasien und umso mehr in den tropischen Wäldern Afrikas oder Lateinamerikas unbekannt sind. Deshalb folgen wir dem weisen Rat von Kosma Prutkow und versuchen nicht, das Unermessliche zu ermessen. Sprechen wir über die Kulturen, die schon mehrere Jahrhunderte oder gar Jahrtausende lang dem Menschen als natürliche Nahrung dienen und ihm Gesundheit schenken. Umso mehr, als das Wissen darüber in der Regel begrenzt und bruchstückhaft ist und die heilkräftigen Eigenschaften uns meist gar nicht bekannt sind.

Aber zunächst möchte ich zumindest kurz bei jenen wichtigen Elementen der heilkräftigen Ernährung stehen bleiben, die den Speisen Anziehung und einen erlesenen Geschmack verleihen, wie Saucen und Gewürze. Ohne sie ist eine Küche der natürlichen Ernährung einfach nicht denkbar.

Saucen und Gewürze

In unserer äußerst einfachen Ernährung ohne Extravaganzen und Delikatessen kann man jede Speise ansprechend zubereiten, wenn man Saucen und Gewürze verwendet. Gewürze bewahrt man am besten in Glasgefäßen mit Glasstöpseln auf. Ich erinnere mich noch, wie ich in meiner Jugend bei einer Köchin deutscher Abstammung zu Gast war. Mich beeindruckte die Ordnung in ihrer Küche, besonders bei der Anrichte mit den Gewürzen. Auf kleinen Regalbrettern standen wie Soldaten in Reih und Glied Glasdosen und auf jeder war eine Aufschrift: Anis, Kümmel, Zimt, Paprika scharf, Paprika süß. In großen Dosen wurden Petersilie, Sellerie und viele andere Kräuter aufbewahrt. Und die kleinsten Dosen dienten der Aufbewahrung wertvoller südlicher Gewürze. Heute kann sich wohl kaum eine Hausfrau in unserem Land dieser Vielfalt an Gewürzen rühmen, welche meine Gastgeberin zu zauberhaften Kreationen verwendet hat. Aber auch bei einer vergleichsweise bescheidenen Auswahl kann eine geschickte Hausfrau nicht nur nützliche, sondern auch schmackhafte Speisen zubereiten.

Kartoffel und Topinambur

Auf Speisen aus Kartoffeln ist besonderes Augenmerk zu richten, zumal sie zu unserem »zweiten Brot« wurden. Vielleicht werden einige Eigenschaften der Kartoffel überraschend für Sie sein. So wird die Kartoffel in einem chinesischen Kräuterbuch zu den giftigen Pflanzen gezählt. Freilich heißt es dort, dass die Knollen weniger giftig seien als das Kraut. Am paradoxesten ist, dass die Kartoffel je nach

Jahreszeit heilkräftig oder giftig sein kann. Die Geschichte, die ich jetzt erzählen werde, wird zweifellos diejenigen interessieren, deren Leben von Gelenkentzündungen belastet wird. Zum ersten Mal habe ich diese Geschichte von der Biologin M. N. Nikolskaja gehört.

Es lebte einmal in Kopenhagen ein unbekanntes Mädchen namens Alma Nexö. Das Schicksal meinte es grausam mit ihr – von Kindheit an litt Alma an deformierender Polyarthritis: Der Körper war verdreht, die Gelenke waren gekrümmt und deformiert. 20 Jahre verbrachte sie im Rollstuhl. Und dann geschah noch das Unglück, dass ihre Mutter starb, Almas Stütze. Die Nacht nach dem Verlust des einzigen ihr nahe stehenden Menschen verging in kummervollen Gedanken: Wie sollte sie weiter leben? Die Verzweiflung packte sie, immer häufiger kam der Gedanke an Selbstmord. Aber am Morgen nach einer schlaflosen Nacht wusste Alma plötzlich, wie sie gesund werden konnte. Sie hatte die Eingebung, dass sie ungeschälte Kartoffeln eine Ewigkeit lang kochen und dann zerdrücken und im Laufe des Tages diese Masse essen musste.

Nach zwei Wochen trat eine Besserung ein: Alma fühlte, dass es ihr leichter fiel, den Mund beim Essen zu öffnen. Der Unterkiefer war lockerer und beweglicher geworden und die Zähne waren nicht mehr so zusammengebissen wie früher. Nach einigen Wochen schon erkannte niemand Alma wieder, die ein gesunder Mensch geworden war.

Sie lachen womöglich – Wunder gibt es nicht auf der Welt. Wie kann ein Mensch, der über keine Kenntnisse verfügt, mir nichts, dir nichts begreifen, wie er sich heilen soll? Wirklich, Wunder gibt es nicht, aber es gibt die bislang von niemandem erforschte Sphäre der verborgenen Möglichkeiten des Menschen, zu denen auch das so genannte intuitive Denken gehört.

In meinem Leben hat mich dieses intuitive Denken mehrmals auf den Weg meiner weiteren Forschungen hingewiesen und zu neuen Plänen und Experimenten geführt. Als würde einem eine kaum hörbare Stimme zuflüstern: Mach es so und nicht anders. Wobei neue Entschlüsse häufig weder mit früherer Erfahrung noch mit früher erworbenem Wissen verbunden sind.

Aber kehren wir zur Geschichte von Alma Nexö zurück. Nachdem sie gesund geworden war, unternahm sie etwas, um möglichst vielen Menschen zu helfen, sich selbst zu heilen. Sie klopfte an die Türen von Kliniken, Krankenhäusern und praktischen Ärzten. Aber überall stieß sie auf Misstrauen, dem das bekannte Argument zu Grunde lag, dass nicht sein kann, was nicht sein darf. Aber Alma Nexö gab sich nicht geschlagen: Sie absolvierte ein Medizinstudium, wurde Ärztin und begann zu heilen und ihr Wissen an die Menschen weiterzugeben.

Seit ich diese Geschichte gehört habe, sind viele Jahre vergangen. Ich weiß nicht, ob diese erstaunliche Alma Nexö noch lebt, aber nach den bruchstückhaften Zeugnissen, die zu mir gedrungen sind, war sie auch mit 70 noch eine schlanke, bewegliche, den Menschen nützliche Frau.

Die wundersame Heilung der Alma Nexö und der von ihr entdeckte Effekt der Verwendung von zerkochten Kartoffeln samt Schale brachten mich darauf, besonders aufmerksam die letzten Arbeiten von Chemikern zu studieren, welche in der Kartoffelschale Substanzen entdeckten, die eine positive Wirkung auf den menschlichen Organismus bei Allergien, Herzjagen, hohem Blutdruck und Schmerzschock haben. Demnach zerstören wir, indem wir die Kartoffel entsprechend den Empfehlungen der Diätologen schälen, das Enzymgleichgewicht der Knolle. Bekanntlich besteht die Trockenmasse zu 85 Prozent aus Stärke, welche in verdaulichen Zucker verwandelt wird. Das geschieht dank der Enzyme, welche sich in der Schale und in der dünnen Oberflächenschicht unter der Schale befinden. Aber laut jüngsten Forschungen ist die enzymatische Bearbeitung der Nahrung im Magen-Darm-Trakt nur beim Zusammenwirken der Enzyme aus den Speisen mit den Enzymen des Organismus effizient. Mit anderen Worten: Die Enzyme des Magen-Darm-Trakts erwecken erst die in den Nahrungsmitteln enthaltenen Enzyme und setzen dabei den Mechanismus der »Selbstverdauung« in Gang. Indem wir der Kartoffel die Stärke umwandelnden Enzyme nehmen, machen wir sie unverdaulich. Dabei kann meines Erachtens Stärke in die Körperzellen eindringen – mit schwer wiegenden Konsequenzen.

Also werden wir den Ratschlag, die Kartoffel zu schälen, mit Vorsicht genießen. Ich persönlich rate meinen Schülern und Anhängern immer, sie nicht zu schälen und den unangenehmen Beigeschmack der Schale mit Gewürzkräutern und Lorbeer zu überdecken. Bald geht das in Gewohnheit über und eine geschälte Kartoffel wird Ihnen leer im Geschmack vorkommen.

Und was macht man im Frühling?, werden Sie fragen. Es gibt nur einen Ausweg: die überwinterte und austreibende Kartoffel vom Speiseplan zu streichen. Damit schützen Sie Ihre Gesundheit und die Ihrer Nächsten. In dieser Zeit entwickelt sich nämlich in der Kartoffelknolle eine giftige Substanz – das Solanin. Bei täglicher Einnahme kleinerer Mengen davon leiden Erwachsene und besonders vom Winter geschwächte Kinder unter allgemeinem Unwohlsein, Schlappheit, Kopfschmerzen, Schläfrigkeit und häufigen Erkältungen. Damit das nicht eintritt, möchte ich Ihre Aufmerksamkeit auf eine wunderbare Pflanze lenken – die Erdbirne oder Topinambur.

Topinambur ist äußerst anspruchslos, frostbeständig, kann bis zum Frühling im Boden bleiben, wird nicht von Schädlingen befallen und gibt eine reiche Ernte. Die ganze Pflanze kann verwendet werden: die Blätter, die Stiele, die Blüten und die Knollen. Vitamin C und B hat sie doppelt so viele wie die Kartoffel. Ich habe in meinem kleinen Garten die Hälfte der ganzen Fläche für Topinambur reserviert. Besonders wirksam ist Topinambur bei der Behandlung von Diabetes, Polyarthritis und Arteriosklerose.

Unsere Landwirte haben sie längst und gründlich vergessen. Um sie daran zu erinnern, empfehle ich ihnen, besonders wenn sie unter Gefäßerkrankungen leiden, ein Bad in einem Aufguss aus Topinambur-Blättern zu nehmen. Sie werden mir 100 Jahre dankbar sein.

Aber jetzt möchte ich wieder zur Kartoffel zurückkehren. Die giftigen Eigenschaften der überwinterten Knollen sind keine Tragödie oder nur eine halbe Tragödie im Vergleich zu »supermodernen« Methoden wie der Bestrahlung mit Cäsium 137 oder Kobalt 60. Nach so einer Behandlung entstehen freie Radikale, was die Gefahr einer Krebserkrankung in sich birgt. Und obwohl bestrahlte Kartoffeln im Frühling wirklich nicht austreiben, weil jegliches Leben in ihnen vernichtet ist, möge uns Gott vor einem solchen »Segen« schützen. Bis jetzt hat bei uns im Unterschied zu den *USA*, wo diese Methode offiziell zugelassen ist, ein Verbot der Verwendung radioaktiver Elemente bei der Einlagerung der Kartoffeln gegolten. Aber sollte dies Verbot fallen, sind wir, die Verbraucher, berechtigt zu fordern, dass auf den Tüten mit bestrahlten Kartoffeln ein Aufkleber angebracht ist, der uns vor den Gefahren warnt.

Kohl

Weißkraut, Blaukraut, Rosenkohl, Blumenkohl, Brokkoli, Kohlrabi – das ist eine bei weitem nicht vollständige Liste von Kohlsorten, die dem Menschen seit Jahrtausenden treue Dienste geleistet haben. Menschen, die ein, zwei Gläser Krautsaft pro Tag trinken, frischen Krautsalat essen oder zwischendurch ein paar knackige Krautstücke zu sich nehmen, zeichnen sich durch Gesundheit und Langlebigkeit aus.

Man kann das Kraut frisch verwenden, als eigenständige Speise oder zusammen mit anderen Gemüsen und sogar mit Obst, weil seine zarten Blätter genau wie Obst vom Organismus in nicht mehr als ein bis zwei Stunden verdaut werden. Das Kraut ist äußerst nützlich. Es ist unersetzlich bei Funktionsstörungen der Schilddrüse, weil darin viel Jod enthalten ist, und bei Niereninsuffizienz. Das enthaltene Kupfer macht es heilsam bei einer Schädigung des Zentralnervensystems und die Tartronsäure bei einer Störung des Fettstoffwechsels.

Lange Zeit hat man den Kohl eine rätselhafte Pflanze genannt. Es schien unverständlich, warum in den frischen, unberührten Blättern dieses Gemüses weniger Vitamin C enthalten ist als im zu Sauerkraut verarbeiteten oder in einer Kohlsuppe, bis man herausfand, dass drei Typen Vitamin C darin vorhanden sind: Eines in seinem natürlichen Saft, zwei bilden sich aus Provitaminen erst bei der Zerstörung des Blatts.

Bei allen positiven Eigenschaften ist in einigen Fällen die Verwendung von Kohl nicht angezeigt, konkret bei Entzündung der Bauchspeicheldrüse.

Der Nährwert des Blumenkohls ist noch höher als beim Weißkraut. Der Vitamin- und Mineralstoffgehalt, welche den Kohlehydrat- und Fettstoffwechsel unterstützen, ist höher. Am allerliebsten ist mir der Brokkoli. Diese unverdient vergessene Pflanze übertrifft in ihrer chemischen Zusammensetzung und in den Nähreigenschaften alle anderen Kohlsorten. Er hat mehr als doppelt so viel Vitamin C wie Blumenkohl, fast 50-mal so viel Karotin und in seinem Proteingehalt übertrifft Brokkoli Spinat, Zuckermais und Spargel. Man kann Brokkoli als ein Verjüngungsmittel betrachten, welches der Bildung von Arteriosklerose vorbeugt. Äußerlich ist er einer eleganten grünen Blume ähnlich. Brokkoli hat eine Eigenschaft, die ihn für Gartenbesitzer besonders anziehend macht: Wenn man eine Rose erntet, wachsen gleich vier oder fünf neue nach. Ein Strauch mit einem Durchmesser von 50 cm kann einen Menschen drei bis vier Wochen lang ernähren. Wenn das Brokkolifeld groß genug ist, können die getrockneten Rosen dieser Pflanze die Gesundheit einer ganzen Familie für ein Jahr sichern.

Im Rosenkohl ist mehr Kalium, Magnesium und Eisen als in allen anderen Kohlsorten.

Bei Weichteilödem ist Brokkoli unersetzlich. Er ist auch äußerst nützlich bei Diabetes. Bei einer entzündeten Bauchspeicheldrüse hingegen ist von seiner Verwendung abzusehen.

Den im Glas schäumenden, frisch gepressten Kohlsaft kann man als eines der besten Lebensmittel überhaupt ansehen. Er wird praktisch innerhalb weniger Minuten verdaut und aufgenommen und reichert den Organismus mit Kalzium, Natrium, Chlor, Kalium, Phosphor, Magnesium, Schwefel, Stickstoff, Eisen, Silizium, Jod, Mangan, Sauerstoff, Wasserstoff, Fluor an – mit all jenen Elementen, die für den Menschen lebensnotwendig sind, wobei Säfte keine konzentrierten Nahrungsmittel sind, die der Entwässerung unterzogen wurden. Der Saft enthält organisches Wasser der höchsten Qualität, was äußerst wichtig ist für die Wiederherstellung der Lebenskräfte des Organismus.

Kohlsaft kann jeder trinken, unabhängig vom Zustand der Gesundheit und vom materiellen Wohlstand, mit dem einzigen Unterschied, dass der Wohlhabendere den Saft mit Zitronensaft oder Granatapfelsaft und Honig würzt und die minder bemittelte Mehrheit unseres Volkes mit Hasenkraut und Waldbeeren. Auch Löwenzahnsaft kann als Würze dienen, aber dabei muss man seinen bitteren Geschmack mit scharfem rotem Paprika abschmecken.

Bei Verwendung des frisch gepressten Kohlsaftes baut sich der Zahnschmelz auf und die Gesichtsfarbe verbessert sich beträchtlich. Um ein Ergebnis zu erzielen, sollte man nicht weniger als drei Gläser Saft pro Tag trinken. Hüten soll man sich vor Kohlsaft wie gesagt nur im Fall einer Bauchspeicheldrüsenentzündung. Es ist klar, dass bei Gastritis und Magengeschwüren dem Saft keine scharfen Gewürze beizufügen sind. Auch Kinder lieben keinen bitteren Beigeschmack, für sie gibt man besser einen Löffel Honig dazu.

Zwiebel

In wilder Form kann man die Zwiebel auf den alpinen Wiesen des Alatau finden. Dort liegen ganze Lichtungen voller unberührter grüner Spitzen mit schönen lila-rosa Blüten. Aber ich habe niemals gesehen, dass irgendwelche Tiere diese prachtvolle Pflanze gegessen hätten. Vermutlich hält der scharfe Geschmack die Eignung der Zwiebel als Futter in Grenzen. Im alten Griechenland wurde die Zwiebel als Reinigungsmittel verwendet. Im alten Ägypten schätzte man sie als Schutzmittel vor Krankheiten. Die römischen

Legionäre aßen jeden Tag Zwiebeln. Die guten bakteriziden Eigenschaften werden in der Küche des Kaukasus geschätzt. In Russland sagt man: Eine Zwiebel hilft bei sieben Leiden. Diese Gartenkultur ist seit Menschengedenken bekannt. Der Zwiebel wurden göttliche Eigenschaften zugeschrieben, die dem Menschen unerschöpfliche Lebenskraft verleihen. Bei schweren körperlichen Arbeiten ist es angebracht, Zwiebel bei jeder Mahlzeit zu verwenden.

Ich habe am eigenen Leib die mächtige Eigenschaft der Zwiebel verspürt, bei langer Abkühlung den Organismus zu erwärmen. Seinerzeit habe ich dem Eisfischen gefrönt. Meine Freunde und ich, die vom Angeln hingerissen waren, froren bis auf die Knochen, aber in unseren Taschen hatten wir immer eine Zwiebelknolle, was unsere Rettung war. Wie ein Feuer breitete sich ihre Wirkung im ganzen Körper aus, nachdem die Zwiebel restlos aufgegessen war.

Und dennoch meine ich, dass ich in meiner heilkräftigen Ernährung die Verwendung der Zwiebel einschränken muss: Die kräftigen antibiotischen Eigenschaften können sich negativ auf die Darmflora auswirken. Zwiebeln sollte man immer in die Suppe tun, in Breie und Saucen, aber dabei ist es besser, die antibiotischen Eigenschaften durch Wärmebehandlung abzuschwächen. Roh ziehe ich die Verwendung von Porree vor. Er wächst übrigens zweimal so schnell wie die Knollenzwiebel, ist kälteresistent und kann im Winter hervorragend gelagert werden, wenn man ihn im Keller mit Sand bestreut. Der zarte Geschmack, der außerordentliche Reichtum an Spurenelementen und die dekorativen Eigenschaften haben den Lauch zu einem alltäglichen Bestandteil unserer Küche gemacht.

Knoblauch

Selten trifft man ihn in freier Natur an, hauptsächlich wird er als besonders wertvolle Gartenkultur gezogen. Alle nützlichen Komponenten des Knoblauchs sind grundsätzlich im rohen Produkt vorhanden, auch seine antibiotischen Qualitäten. Deshalb wird der Knoblauch praktisch keiner Wärmebehandlung unterzogen. Morgens und abends je eine Zehe zerkaut – und man kann für lange Jahre seine schneeweißen Zähne bewahren. Aber der scharfe Geruch begrenzt seine Verwendung. Dagegen hilft die Petersilie, die den unangenehmen Geruch neutralisiert.

In der tibetischen Medizin findet der Knoblauch breite Verwendung. Gut bekannt ist ein antisklerotisches Rezept aus Tibet, nach dem man 25 Tage lang eine um jeweils einen Tropfen erhöhte Dosis Knoblauchextrakt zu sich nimmt, um die Dosis in den nächsten 25 Tagen wieder bis auf null Tropfen zu senken.

Sehr interessant ist das Rezept eines Elixiers, das den Organismus reinigt. Man mischt Zitronensaft mit zerquetschten Knoblauchzehen in folgendem Verhältnis: den Saft von 20 Zitronen auf 300 Gramm Knoblauch. Dieses Elixier wird niemals schlecht und wirkt sehr wohltuend auf den Organismus, indem es ihn reinigt. Ich empfehle häufig, eine ganze Knoblauchknolle in 200 Gramm gutem Portwein zum Kochen zu bringen, stehen zu lassen und dann den Knoblauch zu entfernen. Dieses sehr reizvolle Getränk nimmt man esslöffelweise bei beginnendem Klimakterium an den erwarteten Menstruationstagen ein.

Knoblauch ist außerdem Bestandteil einer Vielzahl von Elixieren, die bei Stoffwechselstörungen eingesetzt werden. Eines dieser Elixiere fördert die Normalisierung des CO_2-Stoffwechsels. Man muss beachten, dass Knoblauchpräparate bei Störungen der Bauchspeicheldrüse nicht anzuwenden sind. Besonders wirksam sind Knoblauchpräparate bei der Behandlung von Arteriosklerose. Sehr nützlich sind Knoblauchknollen, die gerade erst geerntet wurden. Den Winter übersteht der Knoblauch gut. Am besten lagert man ihn als Zopf geflochten. Lagertemperatur 5 bis 7°C, aber nicht in einem feuchten Raum. Ein besseres Mittel gegen Grippe als Wodka mit eingelegtem Knoblauch kenne ich nicht – das war schon zu meiner Studentenzeit so, als ich mir bei dem vorzüglichen Kräuterkundler Klimento Kenntnisse aneignete.

Gartenkräuter

Salat, Spinat, Borretsch und Kapuzinerkresse finden reiche Anwendung in der heilkräftigen Ernährung. Man kann sie im Garten, im Glashaus, auf dem Balkon oder einfach am Fensterbrett ziehen. Zwei bis drei grüne Blätter schmücken ein Gericht auf erstaunliche Weise, besonders im Winter, frisch oder getrocknet dem Essen beigegeben. Man sollte diese Pflanzen mit ihrem Reichtum an ätherischen Ölen, Glykosiden und Alkaloiden nicht gering schätzen, weil ein geschmackloses, langweiliges Essen der Verdauung der Nährstoffe nicht förderlich ist.

Kümmel, Anis, Dill
Nicht nur ihre Blätter sind nützlich, sondern auch ihre würzigen Samen. Man nimmt sie zur Stärkung der Verdauung sowie zur Verminderung von Fäulnis- und Gärungsprozessen im Darm. Einen Aufguss aus Anis- und Dillsamen verwendet man zur Verbesserung des Milchflusses bei stillenden Müttern.

Koriander, Estragon, Basilikum und Minze
Sie regen den Appetit an, verbessern die Verdauung und geben der Küche ein besonderes Aroma. Das Essen soll nicht nur frisch und gesund sein, sondern auch ansprechend und schmackhaft. Zum Koriander sollte bei Männern eine besondere Liebe bestehen, wenn man die hormonelle Wirkung der Pflanze bedenkt.

Meerrettich und Meerkohl
Nach Geschmackseigenschaften und Nährwert sind diese Pflanzen fast nicht zu unterscheiden, aber beim Meerrettich ist die Wurzel verzweigt, beim Meerkohl dagegen stammförmig. Wurzeln und Blätter enthalten ein ätherisches Öl, das den Pflanzen einen spezifischen Geruch und Geschmack verleiht, und außerdem pflanzliche Antibiotika, weshalb sie über hohe bakterizide Eigenschaften verfügen. Außerdem sind diese Pflanzen reich an Vitamin C und Mineralien. In 100 g Wurzel sind mehr als 500 mg Kalium, 100 mg Kalzium, ca. 40 mg Magnesium und 2 mg Eisen enthalten. Darin liegt der Hauptwert von Meerrettich und Meerkohl, welche in der heilkräftigen Ernährung unbedingt erforderlich sind.

Man kann diese Pflanzen in gekochtem oder in rohem Zustand erwerben. Sie sind ein sehr gutes Gewürz zu den unterschiedlichsten Speisen. Es ist einsichtig, dass Menschen, die an Erkrankungen des Magen-Darm-Trakts leiden, mit ihnen vorsichtig sein sollten. Aber mit reduzierten bakteriziden Eigenschaften – etwa in einer Sauce Béchamel mit Meerrettich – können Sie sie verwenden. Bei Erkrankungen der Bauchspeicheldrüse ist wieder vollständig von der Verwendung Abstand zu nehmen – bis zur Gesundung.

In der heilkräftigen Ernährung wird Meerrettich zum Einmachen für den Winter verwendet. 200 g Meerrettich sind genug, um 1 kg Gemüse vor Fäulnis und Gärung zu schützen. In meiner Praxis verwende ich Meerrettichsaft zum Gurgeln. Beim Kochen findet sowohl die frische als auch die getrocknete Wurzel Anwendung. Die ganz jungen Blätter kann man in Salaten verwenden.

Lauch (Porree)

Lauch ist reich an Mineralsalzen, besonders an Kalium. Man isst ihn als eigene Speise oder verwendet ihn roh zum Bestreuen von Salaten und Breien.

Sauerampfer

Die jungen Blätter des Sauerampfers sind reich an den Vitaminen A, B, C, D und an Mineralsalzen. Er enthält wertvolle organische Säuren (Apfel- und Zitronensäure). Man sollte ihn nur im Frühjahr verwenden. Die Blätter sind heilkräftig, aber bei Erkrankungen der Leber, bei Störung des Salzhaushalts, bei Gastritis und Kolitis sowie Tuberkulose ist auch von der Verwendung der jungen Blätter abzusehen. Besonders schmackhaft ist der Sauerampfer in einer Suppe mit einem hart gekochten Ei. In der Osterzeit, wenn auf den Hügeln schon der Sauerampfer wächst, ist es in Russland üblich, mit Sauerampfer gefüllte Eier zu machen.

Spinat

Er enthält geringe Mengen Kalium, Magnesium und Vitamin C. Eisen ist in einer Menge von 3 mg auf 100 g enthalten. Spinat hilft bei hartnäckiger Verstopfung und ist ein hervorragendes Schutzmittel bei drohender radioaktiver Bestrahlung. Die Blätter isst man im rohen Zustand. Am besten ist es, den Spinat nicht zu lagern, sondern ihn sofort nach dem Abschneiden der Blätter zu verwenden, wegen der Gefahr der Umwandlung der enthaltenen Nitrate in schädliche Nitrosamine. Angeknickte und welke Blätter sollte man nicht nehmen.

Karotte

Seit Urzeiten ist sie eine der verbreitetsten Gemüsearten. Schon die altrömischen Schriftsteller haben die Karotte gerühmt und nannten sie die Königin der Gemüse. Die Karotte ist besonders wichtig und unersetzbar für Kinder. Sie fördert die Milchbildung bei stillenden Müttern, fördert das Wachstum der Säuglinge, stärkt ihre Widerstandsfähigkeit und normalisiert den Stoffwechsel. Der Saft der Karotte ist heilsam bei Funktionsstörungen der Nieren sowie der Lunge. Die Karotte sorgt dank ihrer antibiotischen Eigenschaften für Reinheit im Mund. Es reicht, eine Karotte zu kauen, und die Anzahl der Bakterien im Mund reduziert sich deutlich. Die Karotte ist reich an Vitaminen, Spurenelementen, aber besonders reich ist ihr Bestand an Carotin (99 mg/100 mg). Das entspricht einem Bedarf von drei Tagen.

Es herrscht die Meinung, dass das Carotin über Fett aufgenommen wird. Dieses Axiom wird von Buch zu Buch übernommen. Aber ich fühle mich bemüßigt, diesen Standpunkt zu relativieren. Ein Überangebot an Fett in der Nahrung wirkt nicht nur auf die Niere negativ, sondern auf den gesamten Magen-Darm-Trakt.

Geleitet von meiner ärztlichen Erfahrung wurde ich sehr vorsichtig bei der Verwendung nicht nur tierischer, sondern auch pflanzlicher Fette. Eine der aussagekräftigsten Beobachtungen war für mich folgende: Der Patient L. litt an Niereninsuffizienz. Der Krankenwagen war ein häufiger Gast in seinem Haus. Das zog sich einige Jahre so hin, bis die Sanitäter zu seiner Frau den schrecklichen Satz sagten: »Rufen Sie uns nicht mehr an, Tote befördern wir nicht.« Das war das Signal für L., zum System der natürlichen Gesundung zu wechseln. Er blieb nicht nur am Leben, sondern wurde vollständig gesund.

Ich hatte die Möglichkeit, meinen Patienten unter extremen Wüstenbedingungen zu beobachten. 1989 ging er mit unserer Gruppe von Mollerdjar bis Darwasy 272 km. Die Hitze stieg bis 52°C. Ein Teil der Wegstrecke ging durch Steinwüste mit schwerer, von Schwefel vergifteter Luft. Es hätte Gründe gegeben, die Selbstbeherrschung zu verlieren, aber von diesem ehemals kranken Menschen hörte ich keine einzige Klage. Nach der von mir ausgearbeiteten Methode von Fußmärschen in der Wüste gingen wir pro Stunde 5 km, wobei wir 45 Minuten gingen und 15 Minuten rasteten. Die einen zogen eine aktive Pause vor, die anderen eine passive. Mein Patient L. bemühte sich, jede Pause in aktiver Bewegung zu verbringen.

1990 lud ich ihn zu einer 500-km-Wanderung von Bacharden zum Kurtamyschsker-Naturschutzgebiet ein. Man muss vollständig gesund sein, um all die Schwierigkeiten zu überwinden, auf die wir unterwegs trafen. Unter diesen extremen Bedingungen zeigten sich besonders anschaulich die Heilkräfte der fettlosen Diät, dank derer mein ehemaliger Patient gesund wurde. Er nimmt auch im Alltag Nahrung zu sich, die vollständig ohne Butter und irgendwelche pflanzlichen Fette ist. Dabei isst er nur einmal täglich.

Nichtsdestoweniger sieht L. phantastisch aus und ist aktiver und erfolgreicher Unternehmer.

Das Beispiel dieses Menschen habe ich einzig und allein deshalb angeführt, um den Leser an ein Prinzip der Ernährung im System der natürlichen Gesundung zu erinnern: keine konzentrierten, künstlich angereicherten, optimierten Lebensmittel. Nur natürliche Produkte, die im vollen Maß alle Eigenschaften des Lebendigen und vor allem die Fähigkeit bewahrt haben, neues Leben zu geben. Wenn man Pflanzenöl von dieser Warte aus betrachtet, kommt man unvermeidlich zu dem Schluss, dass es ein echtes Konzentrat ist. Und wirklich, wenn der Kern der Sonnenblume alle seine natürlichen Eigenschaften bewahrt hat und selbst in der Lage ist, einer neuen Pflanze Leben zu geben, so ist das Sonnenblumenöl frei von jedem Leben.

Dennoch wäre ein Absolutheitsanspruch bei so einer delikaten Angelegenheit wie der heilkräftigen Ernährung nicht angebracht. Erforderlich ist ein streng individueller Zugang zum Patienten und seinen Gewohnheiten. Lungenkranke etwa brauchen Fett, deshalb darf man sie weder beim Konsum von pflanzlichem noch bei tierischem Fett einschränken.

Ein Kranker wiederum, der mit den Nieren zu tun hat, braucht eine Nahrung, die keine Verfeinerung durch Fett nötig hat. Die alltägliche Nahrung von gesunden Menschen sollte möglichst einfach sein und maßvoll im Fettgebrauch. Am besten ernährt man sich von Lebensmitteln, die von Natur aus eine ausreichende Menge an Nährstoffen enthalten.

In den Rezepten, die in diesem Buch gesammelt sind, verwende ich Pflanzenöl in minimalen Mengen als Gewürz, um den Geschmack der Speisen zu verbessern.

Gurke

Eine noch ältere Pflanze als die Karotte ist die Gurke. Sie wurde in Indien bereits vor 6000 Jahren verwendet. In wilder Form schlingen sich die Triebe der Gurken auch heute noch in Nordwestindien um die Bäume. Nach Russland kamen die Gurken im 15. Jahrhundert und fanden unter Peter dem Großen eine besondere Verbreitung. Ich schätze den Nährwert der Gurke sehr hoch auf Grund des hohen Gehalts an strukturiertem Wasser. Nach Meinung des österreichischen Gelehrten Karl Trintscher* zeichnet die lebende Zelle eine besondere Struktur des Wassers aus. Der reiche Gehalt an Spurenelementen macht die Gurke unersetzlich in der Ernährung von Diabetikern. Ich messe diesem Gemüse eine besondere Bedeutung in der Regulierung des Säure-Basen-Gleichgewichts im Organismus bei, sowohl in der Prophylaxe als auch bei der Behandlung von Krankheiten. Das Verhältnis zwischen Salzen sowie Mineralstoffen und Spurenelementen in der Gurke kann man sehr praktisch ausnützen, wenn man ihre Basen bildenden Eigenschaften bedenkt, konkret bei Störungen der Herz-Kreislauf-Tätigkeit und des Säure-Basen-Gleichgewichts. Kalium muss im Organismus viermal so stark vertreten sein wie Natrium. Gurkensaft sorgt für so ein Verhältnis, indem er einen Überschuss an Natrium aus einem deregulierten Organismus mit dem Harn abscheidet.

* Trintscher, K. S.: Biologie und Information. Eine Diskussion über Probleme der biologischen Thermodynamik. Teubner, Leipzig 1967.

Tomate

Tomaten kann man zu den schmackhaftesten und saftigsten Gemüsen rechnen. Vor nicht allzu langer Zeit galt der schmucke Tomatenstrauch mit den roten Beeren als giftig. Dann wurde die Tomate rehabilitiert, aber Patienten mit Gicht, Polyarthritis oder Rheumatismus waren der Meinung, dass ihnen die Tomate nicht zuträglich ist. Jetzt hat sich die Lage geändert und die Tomate ist als unschädliches Lebensmittel anerkannt. Heute trinken sogar Menschen mit Nierensteinen Tomatensaft und essen Salate aus frischen Tomaten. Ich bestehe weiter darauf, dass konservierte Nahrung für den Menschen unverträglich ist, aber Tomatenmark, pasteurisierte Tomaten und sogar eingesalzene Tomaten als Würze halte ich für essbar.

Tomaten sehen sehr schmuck in Blumentöpfen aus, wenn man sie vor dem Frost ausgräbt und ins Zimmer stellt. Ich grabe sehr gerne einen Strauch aus meinem Gartenbeet, stelle ihn an einen hellen kühlen Ort und serviere zu Neujahr anstelle von Salat die frisch gepflückten leuchtend roten Tomaten.

Physalis

Sie gehört wie die Tomate zu den Nachtschattengewächsen. Die Früchte dieser vergleichsweise neuen Kultur erinnern leicht an Tomaten, aber sie unterscheiden sich von diesen vorteilhaft in einer Hinsicht: Die kleinen Früchte bleiben bis zur nächsten Ernte völlig frisch. Ihren Eigenschaften nach scheint es, als sei die Physalis ausdrücklich für die heilkräftige Ernährung geschaffen worden. Neben dem Umstand, dass sie ihre natürlichen biologischen Eigenschaften bewahrt und keinerlei Bearbeitung verlangt, verfügt die Frucht über gelierende Eigenschaften. Man kann sich leicht vorstellen, wie das die kulinarischen Möglichkeiten der Hausfrau erweitert. Man kann damit eine Julienne machen, Salatsaucen und vieles andere, was dem Küchenmeister fehlt, wenn ihm die Verwendung von Gelatine verwehrt ist, welche aus Knochen, Horn und Hufen gewonnen wird.

Es werden mehrere Sorten von Physalis kultiviert. Ich selbst habe in meinem Garten die Sorte »Gribowski« angebaut. Die Pflanze ist halb aufrecht, Höhe 60 bis 70 cm, die Früchte sind glatt, gelbgrün und wiegen 4 bis 5 g. Der Geschmack ist eigenwillig süßsauer. Die Pflanze ist kälteresistent und ziemlich ertragreich.

Kürbis

Der gewaltige Kürbis ist erst vor 100 bis 150 Jahren nach Russland eingeführt worden, aber wir sind gewöhnt, ihn für ein bodenständig russisches Gemüse zu halten. Das weiche Fruchtfleisch hat einen angenehmen Geschmack, ist reich an Kohlehydraten, und Pektin und Karotin ist mehr enthalten als in der Karotte. Kürbis enthält die Vitamine B, B_1, C und E und diverse Mineralsalze. Die Kürbiskerne sind außerdem reich an Vitamin A und Eiweißen. In meiner ärztlichen Praxis wende ich Kürbis vielfältig an bei der Behandlung von Gicht, Arteriosklerose, Nieren- und Lebererkrankungen. Die Kerne verwende ich bei Wurmerkrankungen und bei Eiweißmangelschäden. Kürbis ist unglaublich praktisch in der Lagerung, kann ein ganzes Jahr einfach auf dem Küchenfußboden liegen, vorausgesetzt, er hat keine mechanischen Verletzungen.

In Akademgorodok bei Novosibirsk gab es jahrelang einen von mir organisierten Jogging-Club. Die Teilnehmer dieses Clubs waren untereinander sehr freundschaftlich verbunden, und die Feiertage verbrachten sie in der Regel zusammen. Das Königsgericht auf ihrem Neujahrstisch war ein gewaltiger Kürbis. Sie schnitten oben einen Deckel aus, holten die Samen heraus und teilweise auch das Fruchtfleisch. Dann kochten sie Reis, würzten ihn mit dem Kürbisfleisch, Rosinen, getrockneten Aprikosen und allen möglichen Gewürzen. Die Höhlung füllten sie mit Hackfleisch, legten den Deckel drauf und buken den Kürbis im Ofen. Das war eine außerordentlich schöne und schmackhafte Festtagsspeise.

Rote Rübe

Dank der guten Lagerfähigkeit kann man die Knollen der Roten Rübe praktisch das ganze Jahr essen, deshalb ist in der heilkräftigen Ernährung nicht die Rede von Konservierung, Einsalzen oder Einsäuern. Sie ist vor allem für gesunde Menschen von Nutzen, da sie die Verdauung aktiviert und den Stoffwechsel verbessert. Zu prophylaktischen Zwecken ist es nützlich, einmal täglich ein Glas Gemüsesaft zu trinken, dem der Saft von Roten Rüben beigemischt ist. Dabei erneuert sich der Zahnschmelz erstaunlich gut. Die Rote Rübe wird als Diätnahrungsmittel bei Lebererkrankungen empfohlen. Eine fein geriebene Rote Rübe, die man mit Zitronensaft und Walnüssen würzt, rate ich jedem, der unter chronischer Verstopfung leidet, in kleinen Portionen zu essen.

Der russische Arzt Wassiljew und der Ungar Ferenszi haben eine Methode zur Heilung von Krebs mit dem

Saft von Roten Rüben vorgeschlagen. Ich verwende diese Methode und finde sie äußerst vernünftig. Erstens normalisiert sich die Tätigkeit des Darms. Zweitens verwendet der Organismus die äußerst wertvollen Pigmente, und was wohl am wichtigsten ist, ist der Umstand, dass der Saft die Aminosäure Lysin enthält, welche die DNS-Moleküle festigt. Möglicherweise ist auch die alkalisierende Wirkung des Saftes von Bedeutung.

Es ist durchaus möglich, dass die Theorie dieser Frage wesentlich komplizierter ist, aber die Effizienz der Methode unterliegt keinem Zweifel.

Zucchino

Die Zucchini sind im 19. Jahrhundert nach Russland gekommen. Sie sind enge Verwandte des hartschaligen Kürbisses, aber man verwendet sie unreif, wenn die Schale noch weich und zart ist. Im Garten bringen Zucchini bei ausreichendem Gießen schon nach fünf bis sechs Wochen reichliche Ernte. Sie verfügen über aktive harntreibende Eigenschaften, verbessern die Verdauung und unterstützen die Entwässerung.

Im Fruchtfleisch sind wertvolle Mineralstoffe vorhanden: Phosphor und Eisen, außerdem die Vitamine C, B, B_1, Folsäure und Pantothensäure. Die Zucchini zeichnen sich durch ein für jeden Organismus äußerst nützliches Verhältnis zwischen Kalium und Natrium aus.

Das Fruchtfleisch der Zucchini ist zart, man schält sie nicht, die Samenkammer wird auch nicht entfernt – das macht man nur mit dem Fruchtstängel. Vorzugweise sollte man sie roh oder nur leicht gedünstet verzehren. Vom Standpunkt der Erhaltung der biologischen Eigenschaften scheint es mir nicht gerechtfertigt, die Zucchini erst zu zerkleinern und dann zu kochen.

Zu Salaten hobelt man die Zucchini möglichst dünn und mischt sie mit frischen Tomaten, Gurken sowie mit Garten- und Wildkräutern. Man kann Zucchini auch grob raspeln, aber es empfiehlt sich, das unmittelbar vor dem Essen zu tun.

Die Zucchini haben einen schwachen Eigengeschmack, deshalb sollte man sie unbedingt mit einem Dressing versehen.

Ich halte sehr viel vom Saft der Zucchini. Und wenn man sie schon kocht, dann sollte man den Boden des Topfes nur mit ganz wenig Wasser bedecken, weil sie selber genug Flüssigkeit geben.

Aubergine

Dieses Gemüse wächst gewöhnlich im Süden. In den Früchten, die vergleichsweise arm an Kohlehydraten sind, findet man ätherische Öle, welche den Früchten eine spezifische Schärfe verleihen. Auch Vitamine gibt es in den reifen Auberginen relativ wenig, aber der Anteil an Spurenelementen trägt zur Senkung des Cholesterins im Blut bei. Die Frucht wird auch für ihre antisklerotischen Eigenschaften geschätzt. Aber die Einwirkung der Aubergine auf den menschlichen Organismus ist noch nicht ausreichend erforscht, und es ist durchaus denkbar, dass mit der Zeit neue biologische Besonderheiten entdeckt werden.

Einmal im Sommer, als ich noch ein Kind war, machte meine Familie Urlaub in dem Kosakendorf Glafirowka. Dort sah ich zum ersten Mal, wie ein Bulgare seinen Garten hegte. Eine riesige Fläche des Gartens war mit kleinen

Auberginensträuchern mit ihren glanzlosen Blättern und einer dunkelviolett glänzenden länglichen Frucht bedeckt. Alle Sträucher sahen sich erstaunlich ähnlich, sie standen in geraden Reihen, und dabei gab es überhaupt kein Unkraut. Und es ergab sich, dass sie für unsere Familie fast das Hauptnahrungsmittel wurden, weil meine Mutter, die mit den Feinheiten der Kochkunst vertraut war, uns den ganzen Sommer die unterschiedlichsten Speisen aus Auberginen auftischte. Ich muss sagen, dass wir uns alle nach diesem Sommer in besonderer Weise gestärkt und gesund fühlten. In meiner Praxis empfehle ich Auberginen in frischem und in getrocknetem Zustand. Besonders nützlich sind sie bei Störungen des Fett- und Kohlehydratstoffwechsels. Aber Menschen mit Entzündungsprozessen vertragen sie nicht.

Wild wachsende Kräuter und Pflanzen

Beachten Sie bei der Auswahl der Lebensmittel der heilkräftigen Ernährung die riesige Menge an wild wachsenden essbaren Pflanzen, die Ihrer Tafel Abwechslung bescheren können. Ich werde nie vergessen, wie ich als Kind mit vier anderen Kindern ohne irgendwelche Mittel auf den Almwiesen des Kaukasus bleiben musste. Das war zur Zeit der bewaffneten Auseinandersetzungen zwischen der Türkei und Armenien in den Jahren des Bürgerkrieges. Uns rettete ein älterer Mann mit einer unendlich guten Seele und ebenso leeren Taschen wie unseren. Innerhalb der fünf Tage, die uns unsere Eltern suchten, gab es keine Minute des Kummers, weil wir uns von den wohlschmeckenden Wurzeln, Stängeln, Blättern und Blüten der Almwiesen ernährten.

Aber um essbare Pflanzen zu finden, muss man nicht hoch in die Berge steigen. Es genügt, sich aufmerksam umzusehen, um eine Vielzahl an Kräutern zu entdecken, welche unseren Tisch zieren können und ihn nicht nur abwechslungsreicher gestalten, sondern auch mit einem nicht geringen Nutzen für die Gesundheit bereichern.

Brennnessel

Eine wild wachsende heilkräftige Pflanze, die im Frühling als eine der ersten zu ernten ist. Ab der zweiten Junihälfte werden die Blätter der Brennnessel hart und sind dann nur beschränkt essbar, aber im Frühjahr, solange sie nicht verholzt sind, ist die Brennnessel in den täglichen Speiseplan aufzunehmen. Speisen aus Brennnesselblättern haben einen unauffälligen Eigengeschmack. In meiner Familie wartet man mit Ungeduld auf den Frühling, um sich an dem Salat aus frischen Brennnesselblättern, am Brennnesselsaft und an allen möglichen Speisen aus der Brennnessel gütlich zu tun. Man kann die Brennnessel bis fast an die Wurzel abschneiden, um im August eine zweite Ernte zu erhalten, die in der Regel zum Einkochen für den Winter verwendet wird. Die Brennnessel wächst wie ein Unkraut, das man überall antreffen kann: im Schatten von Bäumen oder an einem sonnigen Flussufer, in abgelegenen Schluchten und unweit der eigenen Haustür.

Zum Thema der heilkräftigen Ernährung im Frühjahr könnte man jetzt eine Unzahl von wild wachsenden und kultivierten Kräutern und Pflanzen nennen, die nicht nur Ihren Tisch bereichern können, sondern auch eine heilkräftige Wirkung auf den ganzen Organismus haben. Dazu gehören der Bärlauch, die Triebe der Petersilie, die Triebe des eingewinterten Knoblauchs, die Knospen und jungen Blätter der Birke, Birkensaft sowie Dutzende und Aberdutzende andere. Hier gilt es, sich ein einfaches Prinzip anzueignen: Im Frühjahr kann man jede Pflanze als Nahrung verwenden, welche Ihrem Organismus keinen Schaden zufügt, um möglichst schnell den Mangel an Vitaminen, Mineralien und Spurenelementen auszugleichen, der sich in den für uns schwierigen Monaten des Herbstes und Winters eingestellt hat. Heute werden so viele Nachschlagebücher über Heil- und essbare Pflanzen herausgegeben, dass Sie ganz einfach die erforderliche Literatur finden werden.

Nüsse

Nüsse haben schon immer einen wichtigen Platz in der Ernährung der Menschen eingenommen. Sie sind ein konzentriertes Lebensmittel, welches von der Natur selbst hervorgebracht worden ist. Nüsse – das ist eine richtige Vorratskammer von allem, was wir Menschen brauchen. In 100 Gramm Walnüssen sind lediglich 3 bis 4 Gramm Wasser, alles andere sind wertvolle Aminosäuren, Fette mit Fettsäuren, die im menschlichen Körper nicht synthetisiert werden, aber eine wichtige Rolle im Fettstoffwechsel spielen. In den Nüssen werden die Kohlehydrate durch Glukose und Saccharose vertreten und durch eine verschwindend geringe Menge Stärke. Die Nusskerne sind ein reicher Vitaminquell. Besonders reich an Vitamin C sind die grünen Nüsse.

Nusskerne enthalten viele Mineralien. Darunter ist eine gewaltige Menge Kalium, welches für Wachstum und Stärkung des Organismus erforderlich ist. Im Kern sind pro

100 g 124 mg Mangan, was eine normale Herz- und Hirntätigkeit unterstützt. Der Phosphor (380 mg) lässt unser Gehirn in seiner geheimnisvollen und schönen Tätigkeit nicht schwach werden. Schwefel ist mit 146 mg in den Nüssen vertreten. Kupfer, Zink, Jod, Selen und Molybdän aktivieren die Immunkräfte des Organismus, erhöhen die Abwehrkräfte gegenüber Strahlungen, unterstützen die Tätigkeit von Schilddrüse und Thymusdrüse, stimulieren die Geschlechtsdrüsen und schützen unser Gehirn.

Nüsse übergießt man vor dem Essen immer mit Wasser und lässt sie mitsamt der Haut einige Stunden oder auch einen Tag stehen – je nach Qualität. Runzlige Nüsse können auf diese Weise wieder ihren vollen Wert bekommen, wenn sie ausreichend gereift waren.

Walnüsse müssen alle essen, aber besonders jene, die nicht an Arteriosklerose erkranken wollen. Den wohltätigen Einfluss der Walnüsse auf die geistige Tätigkeit hat man bereits im alten Babylon bemerkt, wo die Priester den einfachen Sterblichen verboten, Nüsse zu essen, damit der Pöbel nicht die Großen der Welt an geistigen Fähigkeiten überträfe. Mit Nüssen kann man die Speisen der heilkräftigen Ernährung noch verbessern. Diese Gaben der Natur vertragen sich praktisch mit allen Lebensmitteln, die in unserer Ernährung empfohlen werden.

Sonnenblumen- und Kürbiskerne

Das sind äußerst wertvolle Zugaben zu einer Ration heilkräftiger Nahrung. Im Samenkern der Sonnenblume sind mehr als 25 Prozent der Trockenmasse hochwertiges Eiweiß, mehr als 35 Prozent Fett und eine große Menge Kohlehydrate. Außerdem sind die Sonnenblumenkerne wie alle

Samen reich an Vitaminen, die die Hautschichten und die Schleimhaut des menschlichen Organismus festigen und das Säure-Basen-Gleichgewicht normalisieren. Darüber hinaus sind die Sonnenblumen- und Kürbiskerne reich an Zink, einem unersetzlichen Element für die Funktion der Thymusdrüse, welche allem Anschein nach eine regelnde Funktion hat. Die Samen bessern jede Mahlzeit mit ihrem Geschmack auf. Man kann sie leicht in der Pfanne anrösten, aber man sollte sie auf keinen Fall geröstet kaufen. Vorgefertigte Nahrung tut dem Menschen nicht gut.

Die »Milch« aus gekochten Sonnenblumenkernen ist ein Anschauungsbeispiel für das Sprichwort »Kein Leid ohne Freud«. Wenn in unseren Geschäften nur geschälte Sonnenblumenkerne verkauft würden, wäre mir nie im Traum eingefallen, dass man viele Speisen auch mit ungeschälten Samen zubereiten kann. Mehr noch, es stellte sich heraus, dass auch die Samen der Melonen, Kürbisse und überreifen Zucchini zu verwenden sind. Wie jede Hausfrau habe ich keine Zeit, um die Schalen zu entfernen, und deshalb beschloss ich, die Samen ohne Fett so zu rösten, dass der Kern kalt bleibt und die Hülle erhitzt wird. Danach mahle ich eine Hand voll Samen in der Kaffeemühle und koche das erhaltene Mehl 5 Minuten in heißem Wasser. Es genügt, den gewonnenen Aufguss durch ein Sieb zu schütten und mit Honig zu süßen, und Sie erhalten ein nicht nur nützliches, sondern auch sehr schmackhaftes Getränk, welches Erwachsenen wie Kinder lieben. Auf Basis der erhaltenen »Milch« kann man deliziöse Saucen und Salate zubereiten. Die »Milch« aus frisch gemahlenen Samen von Sonnenblume, Kürbis, Melone etc. erlaubt es, die Kinderernährung zu normalisieren, welche bei uns in einem chaotischen Zustand ist.

Hülsenfrüchte

Sie enthalten eine große Menge Eiweiß, darunter eines, das die Aktivität der Verdauungsenzyme bremst und nur bei langer Erhitzung zerstört wird. Verständlich ist die Volkstradition, alle Hülsenfrüchte lang zu kochen, insbesondere die Bohnen. Dieses Lebensmittel braucht eine sehr lange Wärmebehandlung. Linsen werden nach 30 bis 40 Minuten Kochen essfertig, trockene Erbsen brauchen die doppelte Zeit und getrocknete Bohnen nochmals das Doppelte von den Erbsen. Es ist üblich, die Hülsenfrüchte über Nacht oder gar über zwei Nächte einzuweichen. Dabei muss man die Neigung der Hülsenfrüchte zu Säuerung und Fäulnis bedenken. Deshalb wechselt man beim Einweichen das Wasser alle 4 bis 6 Stunden und beim Kochen nach den ersten 1,5 Stunden. Die verdauungshemmenden Stoffe verlieren ihre Kraft nach einstündiger Kochzeit. Deshalb wird der erste Sud abgegossen und nur der zweite für die Speise verwendet.

Man sollte immer daran denken, dass Hülsenfrüchte viel Eiweiß enthalten, deshalb sollte man nicht zu viele davon essen.

Die Phosphorverbindungen, die so genannten Phytine, an denen Bohnen und Erbsen am reichsten sind, haben die Eigenschaft, sich mit toxischen und radioaktiven Substanzen zu verbinden, welche dann über den Darm ausgeschieden werden. Das macht die Hülsenfrüchte zu einem äußerst wertvollen Lebensmittel.

In der Literatur gibt es genaue Angaben darüber, dass mit der Anwendung von Sojabohnen und anderen Bohnen das Wachstum von Krebsgeschwüren in den Organismen von Versuchstieren gestoppt werden konnten. Vielleicht hat diese Eigenschaft der Hülsenfrüchte die Vegetarier gesünder gemacht, welche ja seltener an Geschwulsterkrankungen und anderen chronischen Erkrankungen leiden. Auch die Langlebigkeit von Vegetariern könnte so erklärt werden. Aber man muss bedenken, dass die Phytine nicht nur mit toxischen Substanzen komplexe Verbindungen eingehen, sondern sich auch mit Elementen verbinden können, die für den Organismus lebensnotwendig sind, wie etwa mit Zink und Kalzium, und dabei deren Gehalt im Organismus verringern.

Beachtung verdienen jene Hemmstoffe der Hülsenfrüchte, welche das Niveau der Aufnahme von schädlichen Eiweißen reduzieren, aber gleichzeitig auch den Eiweißgehalt im Organismus insgesamt reduzieren können. Bei der Heilkost stellt sich der menschliche Organismus darauf ein, weshalb es wichtig ist, die Regeln zur Nahrungsaufnahme zu beachten.

Ich möchte die Leser noch einmal daran erinnern, dass Vegetarismus und heilkräftige Ernährung keinesfalls ein und dasselbe sind. Wenn ich aber die Erfahrungen des Vegetarismus zitiere, dann mit einem einzigen Ziel: zu zeigen, dass sogar der einfache Verzicht auf tierische Eiweiße, Fette und Kohlehydrate dem Menschen die Möglichkeit gibt, viele Krankheiten zu vermeiden und die Dauer seines Lebens um einiges zu verlängern.

Am Ende der kurzen Betrachtung der Hülsenfrüchte möchte ich unterstreichen, dass viele von ihnen auch im rohen Zustand genossen werden können. Das bezieht sich auf die Schotenkulturen: Linsen, gelbe und grüne Bohnen, grüne Erbsen und Sojabohnen. Wenn wir sie roh mitsamt den Schoten essen, verbessern wir den Stoffwechsel in unserem Organismus beträchtlich. Das Vitamin E, Eiweiße und Mineralstoffe, die zu den Inhaltsstoffen der Hülsenfrüchte gehören, erlauben es, sie zu den wertvollsten

Gemüsen zu zählen. Besonders möchte ich mich bei der Erdnuss aufhalten. Das ist eine südliche einjährige Pflanze, deren Bohnen quasi in eine harte Schale gebettet sind. Häufig werden sie für Nüsse gehalten und roh gegessen. Das ist ein Fehler. Die Erdnuss hat einen Hemmstoff, der die Verdauung im Magen-Darm-Trakt stört, deshalb sollte man sie nach einer Wärmebehandlung essen und auch das nur in geringen Mengen. Vor einigen Jahren kam ein Mann in mittleren Jahren zu mir – ein Berufssportler. Weil er seine sportliche Form nicht verlieren wollte, war er aus freien Stücken zur Rohkost gekommen. Um aber den Kaloriengehalt seiner Nahrung auf dem Niveau zu halten, das von den Theoretikern der ausgewogenen Ernährung empfohlen wird, aß er in einem Jahr etwa 12 kg Erdnüsse. Dabei fügte der Zustand seines Magen-Darm-Trakts diesem Menschen schwere Leiden zu. Es brauchte nicht weniger als sechs Wochen, um seine Gesundheit wiederherzustellen. Deshalb empfehle ich die Erdnuss nicht als Lebensmittel, das man in rohem Zustand verzehren kann.

In der Heilkost sind Hülsenfrüchte wohl die einzigen Lebensmittel, die man in gekochtem Zustand im Kühlschrank aufbewahren kann, ohne um den Erhalt ihrer Nähreigenschaften fürchten zu müssen. Aus Linsen macht man am besten die wohl bekannte Linsensuppe. Man könnte sie auch täglich essen. Die Linsensuppe enthält gerade die Menge an Hülsenfrüchten, die den Bedarf an Phytinen deckt und gleichzeitig kein Übermaß davon enthält. Gegenanzeigen können nur ein schlechter Zustand des Magen-Darm-Traktes und besonders des Dickdarms sein.

Getreidekulturen

Im Winter, in der schwierigsten Jahreszeit für den Menschen, retten uns seit Urzeiten die Getreidekulturen zusammen mit Samen und Nüssen. Die Körner sind reich an Eiweiß und Kohlehydraten, und die Samen und Nüsse sind reich an Eiweiß und Fett. Was das Vitamin C betrifft, kann man den Bedarf decken, indem man getrocknete Hagebutten und etwas frische Kräuter isst, die man auf dem Fensterbrett zieht, oder indem man einen Aufguss aus Fichtennadeln macht.

Weizenkeime

Bei der Herstellung von Speisen der heilkräftigen Ernährung gibt es ein kulinarisches Verfahren, welches in allen anderen Ernährungsarten fehlt: das Austreiben der Weizenkörner.

Diese einfache Operation erlaubt es, in ein bis zwei Tagen den Vitamin-E-Gehalt hundertfach und den Gehalt an Vitaminen der Gruppe B um das Sechsfache zu erhöhen. Es steigt auch die Konzentration einer ganzen Reihe von Elementen, die für unseren Organismus absolut erforderlich sind: Eisen, Kalzium, Phosphor, Magnesium und andere. Weizenkeime wirken sich darüber hinaus positiv auf das Immunsystem aus.

Wie bringt man den Weizen zum Keimen? Zuerst muss man ihn waschen und schnell trocknen oder mit einer feuchten Serviette trockenreiben. Man schüttet das Korn in drei bis vier Schichten in ein flaches Glas-, Porzellan- oder notfalls Emailgeschirr, befeuchtet es (aber übergießt es nicht mit Wasser) und deckt es mit einem feuchten Tuch zu. Das Wasser (am besten Quellwasser) sollte Zimmertemperatur haben.

Es herrscht die Meinung, der auch ich mich anschließe, dass die Triebe nicht länger als 1 bis 2 cm sein sollten, weil bei einem weiteren Wachstum die verdauungshemmenden Eigenschaften des Korns zunehmen.

Man kann das gekeimte Korn in verschiedener Weise verwenden. Kinder zum Beispiel essen einfach die aufgequollenen, von der Feuchtigkeit aufgeweichten Körner wie Nüsse. Männer, besonders wenn sie nicht von weiblicher Aufmerksamkeit verwöhnt sind, ziehen eine andere Variante vor: Sie drehen die aufgequollenen Körner zweimal durch den Fleischwolf, formen aus der gewonnenen Masse 2 bis 3 cm dicke Frikadellen und backen sie im Rohr. Aber ich halte das nicht für wünschenswert, weil die Wärmebehandlung oberhalb der Siedetemperatur die heilkräftigen Eigenschaften der Weizenkeime reduziert.

Creme aus Weizenkeimen

Bei mir zu Hause hat sie schon Tradition. Die Keime werden im Mixer, in der Kaffee- oder Getreidemühle zu einer einförmigen Masse zerkleinert, mit Wasser oder einem beliebigen frisch gepressten Gemüsesaft vermengt – Hauptsache, er ist nicht süß. Dieser Mehlbrei wird langsam in einen Kessel mit kochendem Wasser eingerührt.

Der Zauber des Gerichts hängt jetzt davon ab, was man der Creme noch hinzufügt. Das kann eine passierte Zwiebel sein oder klein geschnittenes Sauerkraut, Tomatensaft oder Tomatenmark, Knoblauchbutter, meine Lieblingssauce mit Sesam oder andere Zubereitungen, von denen später die Rede sein wird.

Die Creme kann mit einer geringen Menge Speiseöl versehen werden, welches keinen spezifischen Geruch haben sollte. Auch gegen würzende Kräuter ist nichts einzuwenden – im Gegenteil: Petersilie, Dill, Sellerie, Koriander, Basilikum und andere kommen in Frage. Gut zu verwenden sind auch Zimt, Nelken und Ingwer.

Brot

Über dieses schmackhafte, duftende Werk menschlicher Hände zu sprechen fällt mir nicht leicht. Brot hat oftmals Millionen Menschen vor dem Hungertod gerettet, mit Brot hat man von alters her Wohlstand im Haus verbunden. Und ich selbst bin von Kindesbeinen an nicht nur zur Achtung, sondern zur Verehrung dieser Gabe der Natur erzogen worden. Aber je älter ich werde, je tiefer ich in die Sphäre der Beziehungen zwischen den Menschen und der Umwelt eindringe, desto häufiger erhebt sich die Frage: Warum denken von Natur aus gute Menschen nicht darüber nach, was sie anrichten, wenn sie dem Brot seine lebensspendende Kraft nehmen? Wie kann man einem vollwertigen Korn mit komplizierten Maschinen den lebenden Keim nehmen und mit der äußeren Oberfläche des Korns auch gleich die fünf Eiweißschichten entfernen, welche von der Natur zur Umwandlung der im Weizen enthaltenen Stärke geschaffen wurden, und ihn damit seiner wichtigsten Nähreigenschaft berauben?

Der Leser weiß schon, dass die Rede von der Zerstörung des Mechanismus der »Selbstverdauung« ist, welcher unserem Organismus hilft, sich die Nährstoffe besser anzueignen, die im Weizenkorn enthalten sind. Und was bleibt im feinen weißen Mehl, das wir erhalten, nachdem das gemahlene Brotkorn die kilometerlangen Rohre in den Fabrikmühlen zurückgelegt hat? Pure Stärke, die aller Spuren von Leben beraubt ist. Aber damit ist das Missgeschick des Weizenkorns noch nicht zu Ende. Das Mehl wird mit allen möglichen künstlichen Vitaminen angereichert und mit anderen chemischen Zusätzen versehen. In den Bäckereien werden bei der mechanischen Teigbearbeitung chemische Lockerungsmittel zugesetzt, chemische Duftstoffe und manchmal auch Zucker, obwohl Experten wissen müssten, dass Stärke und Zucker nicht zusammengehören. Es gibt einen bekannten Versuch, der davon zeugt, dass der süße Geschmack im Mund für unser Selbstverdauungssystem ein Signal ist: Die Stärke ist in Zucker verwandelt und es ist nicht mehr nötig, dem Speichel das Stärke verdauende Enzym Ptyalin zuzuführen. Im Ergebnis wird der Prozess der enzymatischen Bearbeitung des Brotes von Anfang an gestört.

Dem Teig wird außerdem Kochsalz beigegeben, welches auf den Organismus eine negative Wirkung hat. Mich wundert überhaupt nicht, dass ich in meiner ärztlichen Tätigkeit auf Schritt und Tritt mit den negativen Auswirkungen des Brotverzehrs zu tun habe. Und Sie können sich selber davon überzeugen, wenn Sie unsere fülligen Frauen mit ihren aufgeblähten Bäuchen aus den geringer verdienenden Bevölkerungsschichten anschauen, für die Brot das Hauptnahrungsmittel ist.

Ich habe nicht wenig darüber nachgedacht, wie man ein Brot backen könnte, welchem die Unzulänglichkeiten des Fabrikbrotes fehlen. Meine zahlreichen Schüler und Anhänger können sich gut an eines meiner empfohlenen Rezepte erinnern: Weizen keimen lassen, trocknen, in der Hausmühle oder Kaffeemühle mahlen und mit Hopfenhefe Fladen backen, ohne die chemischen Zusätze, durch die sich unser »Borodinski«, »Rigaer« und andere Brotsorten »auszeichnen«. In den von mir organisierten Gesundheitsschulen und auf Seminaren fanden sich immer geschickte Teilnehmer, die gute, aromatische Fladen buken.

Und dennoch bin ich im Ergebnis einer sorgfältigen Bearbeitung dieser Frage und zahlreichen Experimenten zu dem sicheren Schluss gekommen, dass auch diese Fladen nur ein Mittel sind, um schließlich und endlich ganz vom Brot wegzukommen.

Ich will Ihnen nichts vormachen, ein Stück Brot ist für mich nach wie vor ein Leckerbissen und dennoch musste ich mich davon lossagen. Der Brotverzehr schafft vor allem im vorgerückten Alter im buchstäblichen Sinn des Wortes unerträgliche Bedingungen für unseren Organismus. Im Übrigen können Sie selbst entscheiden, ob Sie nach wie vor Brot essen werden. Aber damit die Gewohnheiten nicht die Vernunft überwiegen, gebe ich Ihnen etwas Information zum Nachdenken.

Was haben die Abchasen mit den Jakuten gemeinsam? Die einen leben im Kaukasus und die anderen im kalten Jakutien. Freilich fallen die einen wie die anderen durch eine erstaunliche Langlebigkeit auf. Wer einmal bei einem Auftritt des Tanzensembles von hundertjährigen Abchasen dabei war, wird nicht den gewaltigen Eindruck vergessen, den diese energischen, grandiosen Menschen hinterlassen. Sie Greise zu nennen geht mir einfach nicht über die Lippen: Das ist Flug, Wind, Wirbelwind!

Das Gemeinsame zwischen beiden Völkern ist das Fehlen von Brot in ihrer Nahrung. Und was ist mit Tschureki, Lawasch und anderen im Kaukasus bekannten Fladensorten? Essen die Abchasen sie vielleicht nicht? Vielleicht mag Ihnen das seltsam erscheinen, aber: nein, sie essen das nicht. Nur in der Stadt essen sie es, obwohl weder Tschureki noch Lawasch noch sonst ein gebackenes Brot jemals zu den Nahrungsmitteln der Abchasen gehörte. All das ist von anderen Völkern in den Alltag der abchasischen Bergvölker eingedrungen. Wenn Sie höher in die Berge hinaufgehen, werden Sie in keiner einzigen abchasischen Siedlung Brot oder Broterzeugnisse finden. Dieses wird durch Mamalyga, einen Maisbrei, ersetzt. Die abchasischen Frauen mahlen den Mais mit schmiedeeisernen Handmühlen, und aus dem gewonnenen Mehl kochen sie so etwas wie einen dicken Brei. Sie schneiden ihn in Stücke und essen ihn mit Käse und Kräutern. Übrigens wird bei den Abchasen fünfmal weniger Fleisch gegessen als bei den Moskauern. Einen Hammel schlachten sie nur zum Feiertag oder wenn Gäste kommen.

Noch eine Besonderheit der Ernährung der Abchasen: Sie essen nur frisch zubereitete Speisen. Die Reste werden niemals aufgewärmt, sondern kommen vom Tisch und werden ans Vieh verfüttert.

Was die Jakuten angeht, so habe ich zum ersten Mal über ihre Eigenheiten im Haus der Gelehrten in dem Novosibirsker Akademikerstädtchen gehört, in dem ich ein häufiger Gast bin. Bei diesem ersten Mal hat mich das Akademiemitglied A. G. Aganbegjan dahin gebracht – zur Teilnahme am Klub interessanter Begegnungen. Unter den Fragen, die dort gestellt wurden, war auch die folgende: Warum ist das mittlere Lebensalter der Jakuten 133 Jahre? Ich muss gestehen, für mich war das neu. Und ich schob die Sache nicht auf die lange Bank und fuhr nach Jakutien, um mich mit dem Alltag der Ureinwohner bekannt zu machen.

Dort habe ich erfahren, dass auch sie kein Brot essen, mit Ausnahme der Stadtbewohner. Die Hauptspeise ist Geschnetzeltes aus frisch geschlachtetem Fleisch oder Fisch, welche sie mit pulverisiertem, getrocknetem Rentiermoos bestreuen oder mit einem Pulver aus dem getrockneten Schwanz des ostsibirischen Edelhirsches Isjubr. Wie Sie sehen, besteht die Nahrung aus Lebensmitteln, die keiner Wärmebehandlung unterzogen wurden und deshalb ihre natürlichen Eigenschaften behalten haben, darunter auch die Eigenschaft der »Selbstverdauung«. Ich schweife vom Thema Brot ab und führe noch zwei Besonderheiten des Alltags der Jakuten an, welche meiner Meinung nach ihre Langlebigkeit erklären. Eine davon habe ich bereits in meinem ersten Buch beschrieben – den Brauch der Abhärtung, wobei man die Säuglinge in eine in den Schnee gegrabene Höhle legt und dort einige Zeit lässt. Die erwachsenen Jakuten kennen keine Mützen, sie beschränken sich auf Ohrenschützer, und wenn es Schneesturm gibt, ziehen sie noch Kapuzen über. Und noch etwas: Wie mir schien, ziehen sie allen Arten der Fortbewegung das Laufen vor.

Aber was war mir besonders nahe und einsichtig vom Standpunkt meines Systems der natürlichen Gesundung? Das ist die Gewohnheit der Jakuten, während ihrer langen Reisen mit den Rentiergespannen zu singen, wobei sie alles beschreiben, was sie rundum sehen. Wie einige Spaßvögel sagen: Was ich sehe, das besinge ich. Das habe ich sofort assoziiert mit meinem System des dynamischen autogenen Trainings. Bei diesem ist die Besonderheit: Das Bewusstsein stellt sich auf die Wahrnehmung der Natur ein, um seinen eigenen Einfluss auf die unbewusste Selbstregulierung des Organismus auszuschließen. Das Gleiche geschieht mit einem Menschen, wenn er seine Wahrnehmung der Natur in Form eines Liedes äußert. Und was besonders wichtig ist: Der Mensch singt, ohne die Stimme anzuspannen, praktisch auf einer Note. Vom physiologischen Standpunkt aus ist das nichts anderes als ein langes Ausatmen, das länger als das Einatmen ist. Auf diesem Prinzip sind alle östlichen Atemübungen aufgebaut.

Übrigens findet man die Gewohnheit zu singen bei vielen Völkern. Und darüber zu witzeln oder gar zu lachen ist mehr als nur dumm. Wäre es nicht besser, in den Bräuchen anderer Völker, selbst wenn sie uns auf den ersten Blick seltsam und ungewöhnlich erscheinen, einen Ausdruck ihrer tiefsten, organischen Verbindung mit der Natur zu sehen, die dem künstlichen Menschen unserer modernen Zivilisation so sehr fehlt?

Aber zurück zum Thema Brot. Ich erinnere mich an einen meiner allerersten Patienten, Nikolaj Terentjew, der unter schwerem Asthma litt. Die Menge an Medikamenten, die Terentjew im Lauf der Jahre zu sich nahm, hatte ihn in ein zitterndes Wrack verwandelt. Ich habe alle Anstrengungen unternommen, um ihn den Krallen der bedrohlichen Krankheit zu entreißen. Ich setzte sämtliche Medikamente ab, mit denen man ihn so eifrig vollgestopft hatte, zwang ihn zur Bewegung, ließ ihn Atemübungen machen und Abhärtungsprozeduren durchführen. Bald verwandelte er sich in einen ansehnlichen Mann mit dichten schneeweißen Haaren und schwarzen ausdrucksvollen Augen. Sein Atem wurde frei und leicht.

Als er sich gesund fühlte, machte Nikolaj Terentjew einen für einige von mir geheilte Patienten typischen Fehler – er beschloss, dass er sich von nun an Abweichungen von dem gesunden Lebensstil erlauben würde. Als wäre die Rede von einer Tablette: Bist du krank, nimmst du sie, bist du gesund, hörst du auf, sie zu nehmen. Aber ich unterstreiche noch einmal, dass die uns von der Natur vorgeschriebene Lebensweise keine bittere Pille ist. Das ist der einzig mögliche Zustand, in welchem der Organismus normal funktionieren kann, so wie der Fisch im Wasser.

Also, mein Nikolaj Terentjewitsch kehrte zu seinem geliebten Schwarzbrot zurück und aß täglich nicht weniger als 1 kg davon. Ich tadelte ihn und versuchte, mit ihm zu reden.

»Nikolaj Terentjewitsch, Sie werden sterben.«

»Lieber sterbe ich, als dass ich das Brot lasse«, war seine Antwort.

Und er aß.

Tatsächlich war er nach einiger Zeit nicht mehr unter uns. Freilich starb er nicht an Asthma, sondern an einem Infarkt. Aber das besagt nur eines: Wenn Sie Ihrem Organismus unnatürliche Existenzbedingungen schaffen, kommt eine Selbstregulierung aus dem Lot und alle möglichen Krankheiten lassen nicht auf sich warten. Und die Frau von Nikolaj Terentjewitsch, die an einem Sigmoidkarzinom litt, lebte mit dem System der natürlichen Gesundung bis ins hohe Alter und überlebte ihren Mann um 15 Jahre.

1991 beschloss ich, an mir selbst noch ein Experiment zu machen, um zu überprüfen, ob der Verzicht auf Brot der Grund für mein gutes Wohlbefinden war. Ich erinnerte mich, dass ich mich früher, wenn ich in Kislowodsk im kardiologischen Sanatorium auf Kur war, nach Vorschrift der Ärzte einige Tage lang einer Adaptierung unterziehen und bei meinen Spaziergängen Berge meiden sollte. Freilich vergaß ich all diese Verbote sofort und bestieg gleich am Tag der Ankunft den Großen Sattel, ohne die Ärzte darüber zu informieren.

Aber dieses eine Mal, im Januar 1991, bat ich sie, meinen Zustand vor der Besteigung des Großen Sattels und nach meiner Rückkehr zu untersuchen. Alle physiologischen Parameter, vor allem Atmung und Puls, waren in Ordnung. Danach begann ich Brot zu essen und machte dies drei Monate lang. Als ich wieder nach Kislowodsk kam, bat ich die Ärzte, das Ergebnis des Experiments festzuhalten. Aber schon vor ihrem Gutachten war mir klar geworden, dass der Brotgenuss nicht folgenlos gewesen war. Als ich den Großen Sattel besteigen wollte, verspürte ich Luftmangel und Unwohlsein. Die Daten der Untersuchung bestätigten meine subjektiven Empfindungen. Ich hatte zugenommen, der Organismus war »überladen« und in einem angespannten Adaptionsstatus, die Atemfrequenz und der Puls überstiegen deutlich die Werte, die drei Monate vorher aufgezeichnet worden waren.

Damals fielen die letzten Zweifel weg, dass das Brot – ungeachtet seiner alten Herkunft – dem Menschen keine zusätzliche Gesundheit bringt, sondern im Gegenteil Störungen der Selbstregulierung des menschlichen Organismus und die damit zusammenhängenden chronischen Erkrankungen herbeiführt.

Offensichtlich erklärt sich das dadurch, dass beim Backen im Rohr bei etwa 300°C auf der Rinde eine unumkehrbare Zerstörung der Struktur des Wassers und der Eiweiße vor sich geht, die im Teig enthalten sind, was sie schwer verdaulich macht. Hier liegt auch der Grund für das negative Verhältnis vieler Gelehrter zum Brot. So schreibt einer der bekanntesten Hygieniker der Ernährung, G. Shelton, dass das größte Unglück des Menschen die Erfindung des Brotes sei. Offenbar hält er gerade deshalb alle Getreidekulturen für nicht vollwertige Lebensmittel.

Was mich angeht, so wende ich in der Heilkost Getreide ziemlich breit an, wobei ich es in Abhängigkeit vom Zustand des Kranken und den Besonderheiten seines Organismus variiere. Den einen verschreibe ich Gerichte aus Hafer, den anderen aus Weizen, den dritten aus Reis. Für gesunde Menschen gibt es keinerlei Begrenzungen der Verwendung von Weizen, Gerste, Reis, Roggen, Mais, Buchweizen, Hirse und anderen grasartigen Getreidepflanzen. Man kann sie keimen, mahlen, dicke oder flüssige Breie damit bereiten, Knödel, Mehlklöße, Nudeln und alle anderen Speisen, die Ihnen einfallen (Saucen oder Cremes beispielsweise). Hauptsache ist, dass sie bei der Zubereitung die Regeln einhalten, die in der Küche der heilkräftigen Ernährung existieren. Die wichtigste von diesen Regeln ist: bei Wärmebehandlung der Rohstoffe niemals die Temperatur des Wasserkochens zu überschreiten und die Wärmebehandlung selbst auf wenige Minuten zu beschränken.

Reis

Beim Studium der Unterlagen von internationalen Konferenzen, die den Arbeiten des hervorragenden Gelehrten und Heilpraktikers D. Osawa gewidmet sind, habe ich bemerkt, welche außerordentliche Aufmerksamkeit dabei dem Reis geschenkt wurde. Bei meinen Anwendungen in der heilkräftigen Ernährung habe ich mich von den außerordentlichen Eigenschaften des Reises überzeugen können, Eigenschaften, die ihn in einigen Beziehungen sogar über den mir ans Herz gewachsenen Weizen stellen.

Ich möchte darauf hinweisen, dass es etwa 200 Reissorten gibt, von denen sich Menschen ernähren. Aber wir sind von dieser Vielfalt nicht verwöhnt. Bei uns kann man geschliffenen Reis oder Bruchreis kaufen. Letzteren kann man nur als Produktionsabfall bezeichnen.

Der geschliffene Reis ist ein eigenes Thema. Ich hoffe, dass Sie schon erkannt haben, dass man die Ganzheitlichkeit eines Lebensmittels und seine biologischen Eigenschaften bewahren sollte, von denen die wichtigste seine Fähigkeit ist, Leben zu reproduzieren. Was den Reis angeht, so geht von ihm beim Schleifen nicht nur der Keim, sondern auch das Häutchen zusammen mit den Eiweiß umwandelnden Enzymen verloren. Verbreitet ist bei uns auch der enthäutete Reis, dessen biologische Eigenschaften in geringem Maß schwächer sind als beim Vollreis. Der geschliffene Reis hingegen ist kein vollwertiges Lebensmittel. Er kann von unserem Organismus nicht vollständig verdaut werden, weil ihm die natürlichen Enzyme fehlen, die die Stärke in verdaulichen Zucker verwandeln. Die Usbeken, Tadschiken und Kirgisen, die Reis anbauen und eine Ahnung davon haben, machen ihren Plow niemals aus geschliffenem Reis.

Mais

Das ist eine sehr wertvolle Kulturpflanze mit einem hohen Gehalt an Eiweiß, Kohlenhydraten und Fett in den Körnern. Das Eiweiß des Korns enthält fast alle essenziellen Aminosäuren, in den Körnern sind weiter Vitamine der B-Gruppe, Vitamin E, Kalium, Magnesium und Phosphor enthalten.

Das beste Gericht aus Mais sind gekochte Maiskolben in Milchreife. Sie sind sehr nützlich, man kann sich 10 bis 12 Tage ausschließlich von Maiskolben ernähren und so seinen Organismus reinigen.

Teil II

Die vorbeugende und heilende Wirkung der heilkräftigen Ernährung

4

Die Sackgassen der Zivilisation

Der Ertrinkende klammert sich an einen … Wunderheiler

Die Erfolge der Schulmedizin in der Bekämpfung von Infektionskrankheiten sind unbestritten. Aber die erlangten Fortschritte haben nur zu einer Verlagerung geführt, denn in der Gegenwart haben chronische Erkrankungen eine Blütezeit, welche die Menschen nicht weniger erfolgreich quälen als die Infektionskrankheiten. Freilich hat uns die medizinische Statistik lange Zeit mit Zahlen beruhigt, die von einer wachsenden Lebenserwartung der Menschen sprechen. Aber Sie brauchen sich nur umzusehen und die rosa Brille der Statistik abzunehmen, um zu merken, dass sich die Lage zwar zum Besseren hin entwickelt, aber in einem solchen Schneckentempo, dass dies in keinem Verhältnis zu den wachsenden Kosten der Medizin steht. Faktisch sind die Menschen nicht über die Grenze von 70 bis 80 Jahren hinausgekommen, nicht einmal in den zivilisiertesten Ländern. Die Spiegelung dieses Umstands im Bewusstsein der Menschen zeigt sich am anschaulichsten in dem wachsenden Misstrauen gegenüber der offiziellen Medizin und der massenhaften Hinwendung zu alternativen Richtungen. Die Helden des Tages sind heute Wunderheiler, Hexer, Schamanen, Naturheiler, die schnelle und effektive Heilmethoden anbieten.

Bei all meiner tiefen Achtung vor vielen von ihnen bleibt mir nicht verborgen, dass nicht sie die Pioniere auf dem langen Weg zur geistigen, psychischen und physischen Gesundheit der Menschheit sein werden. In ihnen sehen die kranken Menschen den Strohhalm, der ihnen die Möglichkeit gibt sich zu retten, ohne dass sie eine einzige ihrer Gewohnheit oder eines ihrer Gelüste aufgeben, deren Befriedigung ihnen das Gefühl seelischer Geborgenheit verleiht. Von diesen Gewohnheiten und Gelüsten profitieren seit Jahrhunderten gewissenlose Politiker, die sich in erster Linie nicht an den Verstand der Menschen richten, sondern an ihren Magen, weil das Gehirn nur zu häufig lediglich ein Anhängsel des Magens ist und nur zur Auffindung von Mitteln zur Befriedigung ungesunder Launen und Neigungen dient.

Ich muss solche »Denker« verärgern: Sie können sich selbst betrügen, nicht aber die Natur, deren Gesetze einfach, vernünftig und äußerst zweckmäßig sind. Alles Überflüssige, auf welchem Lebensgebiet auch immer es sich zeigt, wird mit einer Verkleinerung des auch so schon winzigen Flickens Erdrinde bezahlt, mit dem der Große Schöpfer unsere irdische Existenz ausgestattet hat. Wir müssen die lächerlich einfache Wahrheit verstehen: Die Freiheit des Menschen wird nicht von unseren irdischen Verfassungen und Gesetzessammlungen bestimmt, sondern von den großen Gesetzen der Natur. Folgen Sie ihnen, und es werden die »Berliner Mauern« einstürzen, die uns von der Umwelt trennen. Der Mensch wird ein freier, gesunder, glücklicher Bürger des Kosmos.

Aber der Weg zu einer wirklich lichten Zukunft und nicht zu dem »Paradies auf Erden«, in welchem sich nach den Versprechungen der Politiker all unsere Träume und Wünsche erfüllen, welche sich in der Regel aus unserem deformierten Alltag speisen, liegt ausschließlich in der Vereinigung mit der Natur, im Anerkennen ihrer Gesetze. Hier gehört das erste Wort den Gelehrten, vor allem den Biologen, deren Einfluss auf die Entwicklung der Zivilisation heute noch minimal ist. Nicht, weil sie den Menschen nichts zu sagen haben. Der Haken liegt woanders: konkret darin, dass mit der Entdeckung immer neuer Fakten, welche unsere Vorstellungen über die »Konstruktion« der lebenden Materie und ihre Entwicklungsgesetze erweitern, die einen Gelehrten deren Verbreitung als ihre Aufgabe sehen, während die anderen das Neue nicht zur Kenntnis nehmen wollen. Dabei vergessen sie, dass das Wissen (ich unterstreiche: das Wissen, nicht die Ideen), wenn es die Massen ergreift, als einzige Kraft in der Welt in der Lage sein wird, den sich immer noch beschleunigenden Lauf der modernen Zivilisation in den Abgrund des Nichts aufzuhalten. Und von diesem Standpunkt aus ist die Entdeckung der Selbstregulierung, die den lebenden Organismen eigen ist, sowie die Nutzung der Gesetze der artgerechten Ernährung unvergleichlich wichtiger für die Entwicklung der Menschheit als die schnellsten Züge und Flugzeuge, Autos und Ozeanriesen, als Staubsauger und Bohrmaschinen und vieles mehr, was manchmal in unserem Bewusstsein mit dem Fortschritt der Menschheit assoziiert wird.

Im Lichte dieser Entdeckung schwindet der Glanz der Farbenpracht der bunt verpackten toten, ihrer heilkräftigen Eigenschaften beraubten Lebensmittel, welche ihre biologischen Eigenschaften bei der Verarbeitung in den Kesseln und Maschinen der »Todesfabriken« der modernen Lebensmittelindustrie verloren haben.

Und in welcher Sackgasse befindet sich unsere ganze Medizin, die auf der medikamentösen Heilung der Krankheitssymptome aufgebaut ist, wenn man sich an die jüngsten

Untersuchungen der Physiologen erinnert, die unabweisbar davon zeugen, dass die Natur bei der Schaffung der Bakterien und des Wals, des Regenwurms und des Menschen – aller lebenden Organismen – nur ganz wenige gleichartige Funktionsmuster, -prozesse und Mechanismen verwendet! Das bezieht sich auch auf den menschlichen Körper. Das Herz, die Nieren, die Leber, der Darm, das Gehirn, alle lebenden Gewebe, die in ihrer Gesamtheit den menschlichen Organismus bilden, sind Konstruktionen, in denen gleichartige Elemente verwendet sind. Deshalb haben Medikamente, die etwa für die Heilung eines »aus dem Rhythmus gekommenen« Herzens entwickelt wurden, unvermeidlich auch auf andere, noch gesunde Organe negative Auswirkungen. Deshalb habe ich immer betont und betone es wieder: Nicht die Krankheiten sind zu heilen, sondern ihre Ursachen sind zu beseitigen. Von denen habe ich auch schon mehr als genug gesprochen.

Der Hauptgrund ist die Störung des natürlichen Gleichgewichts in dem so komplex organisierten, sich selbst regulierenden und erneuernden System, das unser Organismus ist. Und hier ist es an der Zeit, zum Anfang dieses Kapitels zurückzukehren, wo das Augenmerk darauf gerichtet wurde, dass chronische Erkrankungen heute den Meistertitel in der Vernichtung der Menschen »errungen« und damit den Infektionskrankheiten deutlich den Rang abgelaufen haben.

Feinde oder Freunde?

Bevor ich das Gespräch zum Thema fortsetze, möchte ich ein kaum bekanntes Detail anführen. Erst vor ganz kurzer Zeit haben amerikanische Gelehrte herausgefunden, dass die hämolytischen Streptokokken, die die Erythrozyten im Blut zerstören, gleichzeitig eines der effektivsten Mittel im Kampf gegen Geschwulsterkrankungen sind.

Versuchen wir, diesen Umstand in einem größeren Zusammenhang zu verstehen, unabhängig vom Thema Krebs. Denken wir darüber nach, ob es vernünftig ist, den winzigen Wesen den Krieg zu erklären, welche unseren Planeten so dicht besiedeln. Wir atmen sie mit der Luft ein, lassen sie mit der Nahrung und beim Wassertrinken in unseren Organismus sowie durch die kleinsten Öffnungen in der Haut, ganz zu schweigen von Schrammen, Verletzungen und Verbrennungen, diese gastfreundlich geöffneten Gartentore und Hauseingänge für die Mikroben. Und wir rufen ständig zum Kampf gegen sie auf: nur gekochtes Wasser trinken, Hände, Gemüse und Obst vor dem Essen waschen etc.

Und jetzt stellen Sie sich vor, dass mit dem Schwingen eines Zauberstabs alle Mikroben und Bakterien von der Erde verschwinden. Was passiert? Vielleicht kommt der Himmel auf Erden, und wir vergessen all unsere Sorgen und leben ein gesundes, glückliches Leben? Nichts dergleichen, wir sterben, sobald die letzte Mikrobe ins Jenseits wandert. Sogar das Minimum, das wir über unsere winzigen Mitbürger auf dem Planeten Erde wissen, genügt, um das zu verstehen.

Zunächst einmal verlieren wir die essenziellen Aminosäuren und Vitamine, welche von der Mikroflora unseres Darms hergestellt werden. Wir verlieren aber auch andere unserer Mikrohelfer – die stickstofffixierenden Bakterien, die unsere Atemwege und den Darm besiedeln. Von ihrer Existenz haben sogar viele Fachleute keine Ahnung, ganz zu schweigen von der Mehrheit der Menschen, die weit weg von der Wissenschaft sind. Aber gerade diese Bakterien liefern uns rund um die Uhr den gebundenen Stickstoff, aus welchem in unserem Organismus wertvolle Eiweiße gebildet werden, was den Energieverbrauch für das Schlucken, Verdauen und Herausfiltern der Nährstoffe unserer Nahrung senkt und unseren Nahrungsbedarf reduziert.

Ich spreche hier bewusst nicht über andere Mikroorganismen.

Wie also sollen wir unsere Beziehungen zu dieser riesigen Welt der mikroskopischen Lebewesen aufbauen? Sollen wir sie weiter in nützliche und schädliche einteilen? Aber die Begriffe Nutzen und Schaden selbst sind von unserer Unfähigkeit gezeugt, die Welt in ihrer dialektischen Einheit wahrzunehmen, von unserer Gewohnheit, ihre Vielfalt ausschließlich nach menschlichem Maß zu messen und das, was wir benötigen und was uns noch dazu ein Gefühl des Genusses verschafft, einschränkungslos zu den nützlichen und das andere zu den schädlichen oder neutralen Kategorien zu zählen. Für viele ist es eine gewohnte Sache, unsere Umwelt mit so einem Säbelhieb zu spalten. Dafür ist ja Gott sei Dank nicht viel Verstand erforderlich. Deshalb wende ich mich an die, die den gesunden Menschenverstand noch nicht verloren haben. Ich denke, dass das immerhin die Mehrheit ist.

Stellen wir uns die Frage: Ist für die Fische und anderen Bewohner von Seen und Flüssen, Meeren und Ozeanen das Wasser nützlich? Natürlich, werden Sie sagen, das ist doch ihr Lebensraum, ohne den sie einfach nicht existieren können. Und genauso können wir ohne Mikroorganismen nicht existieren – dieser Substanz der lebenden Materie, die die ganze Erde »überflutet« hat, die genauso eine Hülle des Planeten bildet wie die gasförmige Atmosphäre. Wir sind ihr untrennbarer Bestandteil und können uns durch keinerlei künstliche Barrieren davon abtrennen. Und wenn wir es auch versuchen, erleiden wir unvermeidlich eine Niederlage, auch wenn uns das nicht immer bewusst ist. Manchmal sind wir sogar der Meinung, dass wir einen Sieg errungen haben, obwohl wir in der Folge erkennen, dass es ein Pyrrhussieg war.

Nehmen wir das Beispiel mit den hämolytischen Streptokokken. Würden wir uns nicht mit der ganzen Macht der pharmazeutischen Industrie auf sie stürzen, könnte es geschehen, dass ihre Anwesenheit in unserem Organismus sich nicht zum Unglück, sondern zum Segen wendet, und die Zahl der Krebserkrankungen würde merklich sinken.

Aber sie zerstören doch die Bluterythrozyten, wiederholen Sie. Natürlich. Aber in der Natur gibt es nichts, was immer und einschränkungslos für das eine oder andere einzelne biologische Objekt nützlich ist. Der Nutzen ist immer von Schaden begleitet, das Gute steht immer dem Übel gegenüber und kämpft mit ihm. Dabei geschieht es nicht selten, dass das, was noch gestern als Übel gegolten hat, sich zum Guten wendet. Alles muss sich in einem natürlichen Gleichgewicht befinden. Aber wer sichert so ein Gleichgewicht? Der lebende Organismus selbst, nicht ein künstlicher Organismus, der sich abgetrennt von der Natur bildet und entwickelt (solche sind auch nirgends zu finden, wenn man vom Menschen und seiner Welt absieht), sondern ein natürlicher, der sich einschränkungslos ihren Gesetzen und Regeln unterwirft. Dafür verfügt der Mensch über sehr leistungsstarke Mittel, deren wichtigstes das Immunsystem ist. Darüber, was Immunität ist, welches ihre Rolle im Leben unseres Organismus ist, sollte man sich eigens unterhalten.

Immunologische Barrieren des lebenden Organismus

Über die Immunabwehr der lebenden Organismen sind Zehntausende Bücher geschrieben worden, mit ihrer Erforschung sind Tausende Institute und Laboratorien beschäftigt, und es wurde eine Vielzahl von Fakten festgestellt, die einzelne Aspekte dieses Schutzes betreffen, aber wir haben noch kein vollständiges Bild. Und es geht hier nicht um eine unzulängliche Wiederholung dessen, was die Gelehrten gesagt haben, sondern um die Kompliziertheit des Problems an sich. Immerhin wurden in der jüngsten Zeit einige Daten gewonnen, welche hoffen lassen, dass unsere Vorstellungen über die Immunität einigermaßen klare Konturen bekommen.

Aber bevor ich über dieses Thema weiterspreche, möchte ich ein Beispiel aus meiner Praxis anführen: Eines Tages brachte mir ein Arbeitskollege meines Mannes seinen Freund, der an Herzinsuffizienz litt. Der Fall war derart schwer, dass die Krankheit ihn zwang, den Dienst zu quittieren. Der Chirurg des Militärspitals, wo der Kranke seine Untersuchungen absolvierte, bestand auf einer sofortigen Operation.

Eine Herzoperation ist eine extreme Maßnahme, die durch Ausweglosigkeit diktiert wird bzw. vom Eingeständnis des Arztes, dass er dem Kranken nicht helfen kann. Als ich mir den Patienten anschaute, kam ich zu dem Schluss, dass man ihm auch ohne Operation helfen kann. Es verging nur eine kurze Zeit und ich überzeugte mich, dass ich Recht gehabt hatte. Aber die Situation war durch eine schwere Hauterkrankung verkompliziert.

Das Gesicht des Kranken war eine von Eiterbeulen übersäte Landschaft. Diese Hautkrankheit wird von winzigen

Milben hervorgerufen, die man in jeder einzelnen Beule unter dem Mikroskop feststellen kann. Mein Patient war 15 Jahre in Behandlung eines Dermatologen gewesen, hatte nacheinander alle existierenden Behandlungsmethoden durchprobiert, aber ohne Erfolg. Ich konzentrierte natürlich meine Bemühungen auf die Haupterkrankung, nämlich die Herzinsuffizienz, welche für den Patienten tragisch enden konnte. Ein positives Behandlungsergebnis, welches sich ziemlich schnell einstellte, war für mich von Anfang an außer Zweifel gestanden. Aber was mich erstaunte und mir einiges zu denken aufgab, war das Verschwinden selbst der kleinsten Spuren der Hauterkrankung. Ganz zufällig besuchte mich die Hautärztin, welche meinen Patienten behandelt hatte, und bat mich, ihr das Rezept der Salbe zu verraten, welche ein so wunderbares Ergebnis gebracht hatte. Ich konnte ihr natürlich kein Rezept geben, nachdem weder die Salbe noch ihr Rezept existierte. Ich glaube, dass die Besucherin tief gekränkt war, weil sie der Ansicht war, dass ich ihr nicht die Wahrheit gesagt hätte.

In den folgenden Jahren erinnerte ich mich immer wieder an diesen Fall, aber ich konnte lange nicht verstehen, was der Grund für die Heilung der Hautkrankheit war. Das heißt, eine prinzipielle, nicht auf Details Rücksicht nehmende Erklärung war mir klar, und sie unterstrich die hohe Effektivität des Systems der natürlichen Gesundung, welches erlaubte, die natürliche Selbstregulierung des Organismus wiederherzustellen. Aber ohne das Verständnis des konkreten Heilungsmechanismus verlöre mein System seine wissenschaftliche Untermauerung und könnte sich in ein Objekt des blinden Glaubens verwandeln, wovor ich immer Angst hatte und dem ich immer gegenzusteuern versuchte, indem ich meine Schlüsse auf unerschütterliche Fakten gründete.

Viele Jahre später stieß ich auf die Arbeiten der führenden Mitarbeiterinnen des Forschungsinstituts für Pflanzenschutz (*VIZR*), I. D. Schapiro und N. A. Wilkowa, welche dem Problem des Selbstschutzes der Pflanzen vor ihren Schädlingen gewidmet sind. Und obwohl darin die Rede ist von Dingen, die scheinbar weit entfernt sind von Erkrankungen des Menschen, haben gerade die von ihnen entdeckten Fakten nicht nur meine Schlüsse über die Vorteile der (artgerechten) gesunden Ernährung bestätigt, sondern auch die Vorstellungen vom Wesen der Immunabwehr und von deren regulierender Rolle in der Wechselbeziehung unseres Organismus mit der lebenden Natur erweitert.

Es ist dem Menschen gelungen, Kulturpflanzen zu züchten, in denen große Mengen an Nährstoffen enthalten sind, noch dazu in einer leicht assimilierbaren Form. Gleichzeitig ist in diesen Pflanzen der Anteil an Stoffen gesunken, die ihr Wachstum erschweren. Aber wie sich herausgestellt hat, sichern ihnen gerade diese »schädlichen« Stoffe, die in den wilden Verwandten der Kulturpflanzen im Überfluss enthalten sind, einen zuverlässigen Schutz vor Schädlingen. Aus diesem Fakt folgen zwei Schlüsse von prinzipieller Bedeutung, welche Auswege der modernen Zivilisation aus der Sackgasse ermöglichen können.

Erster Schluss: Der Mensch hat mit der Erzeugung von »hochproduktiven« Kultursorten, welche er ihrer aktiven Substanzen – einer natürlichen Waffe im Kampf gegen die Schädlinge – beraubt hat, letztendlich nicht gewonnen, sondern verloren. Er musste selbst die Sorge um ihren Schutz auf sich nehmen, indem er hochwirksame chemische Mittel anwendete: synthetische Insektizide, welche sowohl Schädlinge als auch nützliche Organismen vernichten. Diese Stoffe verschmutzen die Umwelt, akkumulieren sich im Organismus des Menschen und vergiften ihn.

Mehr noch, es gibt ziemlich deutliche Hinweise darauf, dass die Pflanzen fähig sind, auf den menschlichen Organismus und die in ihm stattfindenden Prozesse mit Hilfe von Informationen einzuwirken; diese werden unseren Regulationssystemen mittels einer Kodestruktur übermittelt, welche gleichermaßen für pflanzliche und tierische Organismen verständlich ist.

Gerade deshalb bin ich immer gegen mechanistische Theorien aufgetreten, welche die Lebensmittel als einfache Sortimente von Eiweiß, Fetten und Kohlehydraten betrachten und ihre Nützlichkeit nach Energiegehalt bzw. Wärme erzeugender Fähigkeit beurteilen. In der lebenden Natur geht ein ständiger Dialog, ein Informationsaustausch vor sich, und unsere Aufgabe ist es, die Sprache der Natur verstehen zu lernen und sie nicht als ein sprachloses Objekt der Ausbeutung zu betrachten.

Zweiter Schluss: Indem der Mensch seine künstliche Welt schafft und sie mit künstlichen Kulturpflanzen und nicht weniger künstlichen Haustieren bevölkert, entfernt er sich immer weiter von der Natur und tritt in Gegensatz zu ihren Gesetzen. Das Ergebnis davon ist unter anderem die Schwächung seiner Immunabwehr, der Fähigkeit, die Attacken krank machender Mikroben und der ihnen den Weg in den menschlichen Organismus eröffnenden Insekten abzuhalten, welche die Unversehrtheit unseres natürlichen »Panzers«, der Hautschicht, verletzen. Das System der natürlichen Gesundung gibt die Menschen der Natur zurück, sie regeneriert und stabilisiert die Reinheit der inneren Sphäre ihres Körpers.

Wenn man die Neigung der lebenden Natur zu einer Verwendung gleichartiger Funktionsblöcke, Prozesse und Mechanismen berücksichtigt, können wir mit Recht annehmen, dass der menschliche Organismus mit dem Übergang zu einer natürlichen Lebensweise erneut die Fähigkeit erlangt, physiologisch aktive Stoffe zu erzeugen, welche in das Arsenal des Schutzes des lebenden Organismus vor dem Eindringen von Feinden gehört. Genau damit erkläre ich mir den erwähnten Fall der Heilung von einer schweren Hauterkrankung.

I. D. Schapiro und N. A. Wilkowa ist es gelungen, eine weitere Gesetzmäßigkeit zu entdecken, welche noch plastischer die Wichtigkeit der artgerechten Ernährung in der lebenden Natur beleuchtet. Beim Studium der Besonderheiten der Aufspaltung des Eiweißes verschiedener Weizensorten durch schädliche Insekten haben sie wesentliche Unterschiede in der Geschwindigkeit der Verdauung festgestellt, welche durch die Entsprechung oder Nichtentsprechung bei den Enzymen des Schädlings und der Molekularstruktur der Nahrung bedingt sind. Es stellte sich heraus, dass bei Nichtentsprechung der Enzyme der Effektivitätskoeffizient der Nahrung derart sinken kann, dass der Energieverbrauch für ihre Verdauung durch die zugeführte Energie der Lebensmittel nicht kompensiert wird.

Wenn man diese Gesetzmäßigkeit auf die Nahrung des Menschen projiziert, so kommt man unschwer zu dem Schluss, dass seine Enzyme auf pflanzliche und nicht auf tierische Nahrung »eingestimmt« sind, nachdem die Fleisch-Eiweiße zweimal so lange zur Verdauung brauchen wie die pflanzlichen (acht gegenüber vier Stunden). Wie die beiden Wissenschaftlerinnen unterstreichen, hat diese »Klasse von Erscheinungen eine allgemeine Bedeutung in der Immunologie, zumal sie eine allgemein biologische Gesetzmäßigkeit widerspiegeln, welche aus dem Satz von den unbedingten, durch die Evolution bestätigten stereochemischen Übereinstimmung der Enzymsysteme des einen oder anderen Organismus mit den chemischen Strukturen der Nährstoffe hervorgeht«. Mit anderen Worten stellt sich heraus, dass von jedem lebenden Organismus, darunter auch vom menschlichen, am besten jene Nahrung verdaut wird, deren chemische Zusammensetzung den von ihm erzeugten Enzymen entspricht.

Hier ist es, wie ich meine, durchaus am Platz, einen Vergleich mit dem Zündschlüssel eines Autos zu bringen. Es reicht, den Schlüssel einzustecken und zu überprüfen, dass der Motor sich in Bewegung setzt. Aber das geschieht nur, wenn der Schlüssel zum Schloss passt. Dasselbe geschieht auch in unserem Organismus. Bei der Verdauung der pflanzlichen Lebensmittel, die ihm von der Natur vorgeschrieben sind, dringen die Enzyme, die in seinem Verdauungstrakt erzeugt werden, ohne Probleme in die chemischen Strukturen der Nahrung ein und setzen ihren Mechanismus der Selbstverdauung in Gang – vorausgesetzt, dass dieser nicht durch die barbarische Prozedur der fabrikmäßigen oder durch eine andere heute übliche Bearbeitung der Nahrung zerstört worden ist.

Ich muss mich beim Leser entschuldigen für das Abschweifen vom ursprünglichen Thema über die Beziehungen zwischen dem Menschen und der Welt der mikroskopischen Wesen, ohne welche unser Leben schlicht und einfach unmöglich wäre. Am Ende des Gesprächs über die Rolle des Immunsystems in der Regulierung der Mikroflora, welche unseren Organismus bevölkert, möchte ich nochmals daran erinnern, dass wir mit der rücksichtslosen Einmischung in diesen Prozess mittels Antiseptika, Antibiotika und Impfstoffen eigenhändig das Boot zum Schaukeln bringen, in dem wir auch so schon unter größter Mühe schwimmen. In meiner ärztlichen Praxis gab es nicht wenige Beispiele dafür, von denen ich zwei anführen möchte.

Im ersten Fall war mein Patient ein junger Diätologe, den ich häufig bei meinen Vorträgen über Probleme der natürlichen Behandlung von Krankheiten gesehen hatte. Nach einem dieser Vorträge trat er an mich heran und flehte mich an, ihm zu helfen. Es stellte sich heraus, dass der junge Mann auf dem besten Weg war, an blutigem Durchfall zu sterben. Der häufige Stuhlgang (bis zu 20- oder gar 25-mal täglich) hatte ihn ausgezehrt und zur völligen Erschöpfung geführt. Die vorhergehenden drei Jahre der Behandlung mit Antibiotika hatten nicht nur nichts gebracht, sondern den Krankheitsverlauf nur verschärft. Aber es reichte, die Antibiotika abzusetzen und seine Darmflora mit Reinigungsprozeduren und einer heilkräftigen Diät wiederherzustellen, und die Sache richtete sich ein. Schon nach einer Woche hörten die Durchfälle auf, zwei bis drei Wochen später stand er wieder fest auf den Beinen. Die nachfolgende Behandlung, die aus Körper- und Atemübungen bestand, aus Abhärtung und Laufübungen etc., schloss den Heilungsprozess ab. Nach zwei Monaten war er ein kräftiger, schlanker, beweglicher Mensch. Auch ein ihn quälendes Ekzem war verschwunden.

Im zweiten Fall behandelte ich einen zwölfjährigen Jungen. In den ersten Monaten nach der Geburt wandte sich die von dem ihrer Meinung nach zu häufigen Stuhlgang ihres Sohnes besorgte Mutter an die Ärzte. Diese vermuteten bei dem Buben eine Dyspepsie und verschrieben ihm Antibiotika. Darauf erkrankte der Bub tatsächlich, aber nicht an Dyspepsie, sondern an Dysbakterie, weil die Mikroflora seines Darms praktisch ausgelöscht war. Der Bub wuchs kränklich auf und ermüdete sehr rasch. In der Schule kam er nicht mit, war ständig schläfrig, zerstreut und phlegmatisch. Im Alter von zwölf Jahren kam er zu mir. Das System der natürlichen Gesundung verwandelte ihn.

Heute ist er ein energischer, intelligenter, konzentrierter Jugendlicher, der strikt mein System befolgt, und einer der besten Schüler seiner Klasse. Er hat auch noch Zeit, Englisch zu lernen, Musik zu machen und dazu noch zu boxen und Fußball zu spielen. Viele Fernsehzuschauer konnten ihn in einer meiner Sendungen sehen.

Allein diese zwei Beispiele zeugen von unserer äußersten Ignoranz in allen Fragen, die die Welt der mikroskopisch kleinen Wesen und unser Verhältnis zu ihnen betreffen. Wenn wir das dynamische Gleichgewicht der Mikroflora zerstören, das vom gesunden menschlichen Organismus aufrechterhalten wird, können wir uns nicht im Entferntesten die weit weg liegenden Konsequenzen unseres Verhaltens vorstellen, die an das Verhalten eines Elefanten im Porzellanladen erinnern, und Aids ist bei weitem nicht das einzige Beispiel dafür.

Das biologische System »Mikrobe/Mensch« ist ein hoch kompliziertes dynamisches System, in welchem die Wechselbeziehungen nach dem Prinzip von Koppelung und Rückkoppelung funktionieren. Beim Menschen haben sich unter der Einwirkung der Mikroorganismen Züge herausgebildet, welche seinen Schutz vor ihnen sichern; die Evolution der Mikroben und Bakterien ist ständig darauf ausgerichtet, seine Immunitätsbarrieren zu überwinden. Aber kaum haben sie eine solche Fähigkeit erlangt, reagiert der gesunde Organismus sofort auf die auftretende Gefahr und »errichtet« neue Verteidigungsstellungen. Ich sage ein »gesunder« und nicht ein »praktisch gesunder« Organismus, dessen Immunsystem schon von Geburt an durch eine künstliche Lebensweise untergraben ist. All das habe ich erzählt, um nochmals den Gedanken zu unterstreichen, dass wirkliche Gesundheit nur in Übereinstimmung mit der Natur erlangt werden kann, welche allein die natürliche Selbstregulierung Ihres Organismus wiederherzustellen imstande ist.

Ein paar Worte an den ungeduldigen Leser

Wenn Sie jetzt der Meinung sind, dass die häufigen Abschweifungen nicht unmittelbar zum Thema gehören und nur die Erzähldynamik bremsen, dann muss ich noch einmal erklären: Das ist kein Buch über die gute und gesunde Ernährung und kein Buch darüber, wie man mit Hilfe einer kurzzeitigen Diät oder Wunder wirkender Methoden, zu denen einige zeitweilige Beschränkungen in der Ernährung zählen, den Schaden ausgleichen kann, den Ihre Gesundheit in den Jahrzehnten zuvor erlitten hat.

Im üblichen Wortsinn gibt es keine Schatalova-Methode, es gibt ein Schatalova-System – das System der natürlichen Gesundung. Damit Ihnen der Unterschied zwischen diesen beiden Begriffen klarer wird, bringe ich ein Beispiel aus dem mir geläufigen Gebiet der Chirurgie.

Wenn Sie wenigstens einmal Gelegenheit hatten, in einem modernen Operationsraum zu sein, dann haben Sie sicher gesehen, was für eine Unzahl von superklugen Apparaten die Chirurgen umgeben. Die einen von ihnen sind zur Schmerzbeseitigung, die anderen kontrollieren die wichtigsten Kennzeichen der Lebenstätigkeit des Organismus, wieder andere sind jeden Augenblick bereit, das eine oder andere Organ des menschlichen Körpers zu ersetzen, wenn dieses plötzlich den Dienst versagt oder nur unzureichend funktioniert. Wie viele chirurgische Instrumente liegen unter den Händen der Krankenschwester, welche bereit ist, dem Arzt auf einen kleinen Wink hin eins auszuwählen und ihm zu reichen!

Und jetzt stellen Sie sich eine Minute lang vor, dass Sie selbst gleichzeitig der Chirurg und der Patient sind. Sie und nur Sie müssen das Besteck auswählen, mit dessen Hilfe man Ihren erkrankten Organismus in Ordnung bringen könnte. Solche Instrumente haben Sie, wenn nicht zu Tausenden, so doch zu Hunderten zur Verfügung.

Das sind genau die Methoden, mit denen eine ständig wachsende Zahl von Menschen ihre Hoffnungen auf Gesundheit verbinden. Und wirklich können viele von diesen Methoden, die der Menschheit seit undenkbaren Zeiten bekannt sind, Heilung von Krankheiten bringen: Sie helfen dem Organismus dort, wo es vor allem darum geht, dass er ungehindert arbeitet.

Der menschliche Organismus ist ein denkbar vollkommenes, ganzheitliches System der Selbstregulierung und Selbsterneuerung. Behindern Sie ihn nicht durch eine ungesunde, im Zwist mit der Natur stehende Lebensweise und er wird es Ihnen danken durch die Harmonie der vollständigen geistigen, seelischen und körperlichen Gesundheit.

Ich sehe meine Aufgabe nicht darin, Sie auf irgendeine unbekannte Methode zu stoßen oder eine eigene wundertätige Methode zu »erfinden«. Ich will nur eines: dass Sie verstehen, dass Ihre Gesundheit in Ihren Händen liegt. Und nach Maßgabe meiner Kräfte bemühe ich mich, Ihnen Kenntnisse darüber zu vermitteln, welche Bedingungen Ihr Organismus braucht, um in strenger Übereinstimmung mit dem ihm von der Natur vorgegebenen Programm zu leben und zu arbeiten.

Das ist ein Buch über den Menschen, seinen Platz in der lebenden Natur, über ihre Gesetze, deren Verletzung streng und unwiederbringlich bestraft wird. Bei der Arbeit an dem Buch habe ich mir das Ziel gesetzt, Sie vor zu großer Selbstsicherheit und Übereilung zu bewahren und Ihnen zu zeigen, zu welchen traurigen Ergebnissen uns das Unwissen führt, welches, wie auch in der Rechtsprechung, nicht von der Verantwortung für die Verletzung der Gesetze und Regeln der Natur freispricht: »Unwissenheit schützt vor Strafe nicht.«

Blinder Glaube an Wunder führt zu nichts, weil als ein echtes Wunder nur gelten kann, was nicht in den Rahmen der Gesetze passt, die den Kosmos regieren. Und sollte ein solches Wunder einmal entdeckt werden, so wird es nicht für lange sein. Man kann das durchaus auf die »wunderbare« menschliche Zivilisation anwenden, die ihre Priorität gegenüber der Natur verkündet hat. Nach kosmischen Maßstäben ist sie, die Zivilisation, gerade im Säuglingsalter, aus dem sie wohl nicht herauskommen wird, wenn sie sich nicht vom Schnuller der gängigen Stereotypen und bodenlosen Ansprüche auf die eigene Exklusivität entwöhnt. Wir können wirklich keine Gnade von der Natur erwarten. Unsere Aufgabe ist es vielmehr, sie uns nicht mit Gewalt von ihr zu holen, sondern alles durch unsere Gesetzestreue zu erreichen.

Ich wiederhole diese Wahrheit immer wieder, denn ohne ihre bewusste Akzeptanz als Leitfaden zur uneingeschränkten Befolgung für den Rest Ihres Lebens bleibt wirklich nur die Möglichkeit, auf ein Wunder zu hoffen. Keinerlei Methoden, Rezepte und Empfehlungen, kein »lebendes« Wasser, weder schwarze noch weiße Magie werden Ihnen helfen. Den »Schaden«, den Sie sich selber zufügen, kann Ihnen kein Hexer und kein Schamane nehmen.

Und jetzt, nach diesen aufmunternden Worten, gehe ich wieder unmittelbar daran, über den heilsamen und vorbeugenden Effekt der heilkräftigen Ernährung zu berichten. Zuerst zum vorbeugenden Aspekt, aber nicht, weil ich voll Ehrfurcht vor dem von der häufigen Verwendung baufällig gewordenen Gedanken erzittere, dass Vorbeugen besser als Heilen ist. Wenn man von diesem Satz ausgeht, kommt man unvermeidlich zu dem Schluss, dass das einzige Ziel eines rechtschaffenen Lebens die Vorbeugung von Krankheiten ist. Ich gebe zu, dieser Gedanke bringt mich zum Schaudern.

Und wenn ich mit so einer Konsequenz die Idee der gesunden Lebensweise verfolge, wie ich sie mir vorstelle, ausgehend von den wissenschaftlich gewonnenen Fakten, dann nur deshalb, weil für mich die Gesundheit nicht nur das Fehlen von Krankheiten ist, sondern ein Zustand des Organismus, bei dem sich alle Talente und Fähigkeiten des Menschen am besten eröffnen und bei dem sich seine Bedürfnisse nach Liebe und freundschaftlichem Kontakt und Schöpferkraft verwirklichen. Und wenn ich von dem heilsam prophylaktischen Effekt des Systems der natürlichen Gesundung und der dazu gehörenden heilkräftigen Ernährung spreche, dann meine ich vor allem die Vorbeugung von Seelenleere, Gleichgültigkeit, Härte, Bosheit, Grausamkeit, Neid, Egoismus und Geiz – von all dem, was das Leben der Menschen vergiftet und verkürzt. Lassen Sie die Wurmstiche, die Ihre Seele auffressen, und die Verbeugungen vor Ihrem Magen, und Sie werden keine Beschwerden aus der Familie der verbreitetsten und gnadenlosesten Krankheiten kennen, das heißt Herz-Kreislauf-Erkrankungen und Krebs.

5

Chronischen Erkrankungen vorbeugen

Über die Selbstregulierung

Auf den vorhergehenden Seiten habe ich daran erinnert, dass der Hauptgrund chronischer Erkrankungen auf die Störung der natürlichen Selbstregulierung des Organismus zurückzuführen ist. Deshalb ist es vor allem wichtig, wie Sie sich denken können, so eine Störung zu vermeiden. Und dafür ist es erforderlich, ein gewisses Minimum an Kenntnissen über die Bedingungen zu erwerben, die uns helfen, diese schwere Aufgabe in einer Atmosphäre der totalen Missachtung der Gesetze und Interessen der Natur zu lösen.

Anfangs ein paar Worte darüber, was Selbstregulierung ist und wie sie funktioniert. Sogar im einfachsten einzelligen Organismus gibt es eine Vielzahl von Systemen, die seine Lebenstätigkeit sichern. Die einen geben ihm die Möglichkeit, aus der Umwelt Energie und Substanz aufzunehmen, die anderen, diese zu verwerten. Die dritten besorgen die Entfernung der so genannten Schlacken aus den Zellen – fester, flüssiger und gasförmiger Schlacken, die sich im Prozess des Stoffwechsels bilden. Die vierten sind »verantwortlich« für die Vermehrung der Zellen. Und all diese Systeme müssen nicht nur äußerst präzise funktionieren, sondern auch rechtzeitig auf jegliche Veränderungen in der Umwelt der Zelle reagieren, das heißt über Flexibilität und Plastizität verfügen sowie über die Fähigkeit, den Charakter und die Intensität der in ihnen stattfindenden chemischen Reaktionen sowie physikalischen und physiologischen Prozesse zu verändern.

Und jetzt stellen Sie sich vor, wie sich die Aufgabe der Selbstregulierung im menschlichen Organismus verkompliziert, welcher aus Milliarden solcher Zellen besteht, die die einzelnen Organe unseres Körpers bilden und die ihrerseits in komplexen Systemen organisiert sind. Wenn man berücksichtigt, dass der Mensch in den staubigen Orten der Kohlenschächte arbeiten muss, in der vergifteten Luft von Chemiebetrieben, bei 50 Grad Frost und bei 50 Grad Hitze, in der dünnen Luft des Hochgebirges oder im Taucheranzug unter enormem Druck, so ist es nicht schwer zu verstehen, dass wir ohne ein vollkommenes System der Selbstregulierung einfach nicht existieren könnten. Dabei wird die ganze Vielfalt der Mittel verwendet, die die Natur zur Verfügung hat – eine Regulierung mit Hilfe von kodierten Programmen und der energetischen, chemischen und physikalischen Einwirkung auf die Systeme, die die an sie adressierten Kommandosignale aufnehmen. Wenn wir die Menge dieser Kommandosignale zählen könnten, die pro Minute in nur einem einzigen Menschen erfolgen, dann wären das wohl unvergleichlich mehr als an einem ganzen Tag in einer Millionenstadt wie Moskau mit all ihren Ämtern, Fabriken, Betrieben, Schulen, Lern- und Forschungsinstituten, ihren Millionen PCs und anderen Bürogeräten.

Und jetzt versuchen Sie die folgende Frage zu beantworten: Warum stellen wir bei der Herstellung von vergleichsweise einfachen Halbleiterbauteilen für Computer sterile Werkstätten her, wo jedes überflüssige Stäubchen pro Kubikmeter Luft streng registriert wird und eine bestimmte

Temperatur und Luftfeuchtigkeit herrschen, aber um unseren Organismus, dessen kleinste Zelle zehntausendfach komplexer gebaut ist als der schnellste Rechner, sorgen wir uns überhaupt nicht? Man kann sich nur wundern, dass die Mechanismen, die seine Tätigkeit steuern, erst nach vier, fünf Jahrzehnten aus dem Gleis geraten und nicht schon in den ersten Lebensjahren. Im Übrigen befallen auch die Krebserkrankungen, vor allem Blutkrebs, immer häufiger Kinder, die für die Fehler ihrer Eltern bezahlen.

Das alles sage ich, damit Ihnen bewusst wird, dass Gesundheit wie auch Würde von klein auf zu bewahren sind – die geistige, die seelische und die körperliche Gesundheit. Wobei ich der geistigen Gesundheit die größte Bedeutung beimesse. Und das in einem Maß, dass ich einem Menschen, dem es an geistiger Substanz mangelt, die Hilfe versage. Weil Feindseligkeit, Neid, Hass, Kleinlichkeit und Geiz, die in seiner Seele herrschen, seine Gesundheit mit der Beständigkeit einer Säure auffressen, die das härteste Metall zerstört. Und unter solchen Voraussetzungen kann keine Behandlung Heilung bewirken.

Braucht der Mensch »Bremsen«?

Die hohe Spiritualität, die die Liebe, die Güte, das Mitleid, die Ehrlichkeit, die Gerechtigkeit, die Barmherzigkeit und die Geduld auszeichnet, ist, wenn Sie so wollen, das lebende Wasser, in dem seelische und körperliche Wunden geheilt werden, und das Leben Ihres weise gebauten Körpers gewinnt die erforderliche Harmonie. Nicht zufällig spricht D. Osawa, von dem schon die Rede war, von der »Heilung durch den Gedanken, von der schöpferischen oder geistigen Therapie, welche darin besteht, ohne Ängste und Befürchtungen in Freiheit und Gerechtigkeit zu leben«, und nennt so eine Heilung die »Meditation des Geistes, des Körpers und der Seele«.

Aber was heißt »in Freiheit leben«? Etwa, dass der Mensch frei ist, die Gesetze der Natur zu ignorieren? Beileibe nicht. Schon Iwan Pawlow hat seinerzeit gesagt, dass die Menschen sich von den Affen durch das Vorhandensein innerer Bremsen unterscheiden, die ihr Verhalten bestimmen, mit anderen Worten: durch Selbstdisziplin. Und hier begeben wir uns auf das Gebiet der bewussten und unbewussten Tätigkeit des Hauptorgans der Selbstregulierung des Organismus, des Gehirns. Wobei, wie die Psychiater feststellten, 96 Prozent seiner Masse für die unbewusste, das heißt automatische Selbstregulierung sorgen und nur 4 Prozent für die bewusste. Aber sehr häufig machen diese 4 Prozent die Bemühungen der übrigen 96 Prozent zunichte. Der Leser ahnt wohl bereits, wie das vor sich geht.

Auf der Basis der unbewussten, reflektorischen Tätigkeit unseres Gehirns liegt ein bekanntes Steuerungsschema: Reiz – Reaktion. Wenn Informationen von den Sinnesorganen, also von den Seh-, Geruchs-, Tast-, Gehör- und Geschmacksorganen, sowie von den so genannten Rezeptoren eintreffen, die den inneren Zustand des Organismus signalisieren, gibt das Gehirn augenblicklich ein Reaktionskommando, manchmal ein kompliziertes, mehrstufiges, aber ein automatisches Kommando, das nicht mit dem Bewusstsein »abgestimmt« ist. Das einfachste Beispiel solch eines Kommandos: Sie haben sich in den Finger gestochen und ziehen unwillkürlich die Hand zurück. Der Schmerzreflex hat eingesetzt.

Komplizierter sieht die Sache mit der bewussten Regulierung der Lebenstätigkeit des Organismus aus. Grundlage ist ebenso wie im ersten Fall die Information, die auf uns bekannten Wegen im Gehirn eintrifft. Aber die Antwortreaktion kann sehr unterschiedlich sein, nicht eindeutig, und ihr Charakter wird von Ihren Wünschen, Gewohnheiten, von all dem bestimmt, was zu dem Begriff »psychisches Leben« gehört. Dabei kann die Reaktion sowohl positiv sein (»ja«) wie negativ (»nein«). Nehmen wir an, Sie haben lange Zeit geraucht, aber schließlich haben Sie beschlossen, aufzuhören. Der Organismus fordert die nächste Portion Nikotin, aber Sie verweigern es ihm. Es haben genau die »Bremsen« eingesetzt, von denen Pawlow gesprochen hat.

Die Fähigkeit zur Selbstbegrenzung ist uns von Geburt an gegeben. Aber den Willen, sie zu realisieren, wenn dies die Umstände und der gesunde Menschenverstand erfordern, muss man erziehen, am besten in der Kindheit, obwohl es auch im reifen Alter oder gar am Lebensabend nicht zu spät ist. Das ist keine einfache Sache, weil man meist entgegen seinen Gewohnheiten, Eigenheiten und Wünschen agieren muss, die uns von der modernen Zivilisation anerzogen und aus der widernatürlichen Lebensweise geboren wurden. Es ist eine schwierige, aber absolut notwendige Aufgabe, besonders wenn Sie Krebs und anderen grausamen chronischen Leiden vorbeugen wollen, die die Menschheit im 20. Jahrhundert übermannt haben.

Auf dem langen Weg zur Gesundheit gilt es zuerst die Fähigkeit des Organismus zur Selbstregulierung wiederherzustellen, nachdem man sich von der Idee verabschiedet hat, dass er isoliert von dem Einfluss der Umwelt existieren kann; den Geist der Konfrontation mit der Natur zu überwinden, von dem unsere ganze Zivilisation belastet ist; sich nicht von der Natur zu isolieren, sondern mit ihr in eins zu verschmelzen, nach ihren Gesetzen zu leben und zur natürlichen Lebensweise zurückzukehren. Das zu machen ermöglicht Ihnen das von mir erarbeitete System der natürlichen Gesundung.

Die Wiederherstellung der natürlichen Immunität

Ich spreche nicht zufällig von der Wiederherstellung des Immunsystems anstatt von einer Vorbeugung möglicher Störungen seiner Funktion. Denn die Unzulänglichkeit der Abwehrkräfte des Organismus des modernen *Homo artefactus,* des künstlichen Menschen, ist durch die unnatürliche Lebensweise seiner Eltern bereits im Moment der Zeugung vorherbestimmt und vertieft sich im Verlauf seiner eigenen, nicht weniger widernatürlichen irdischen Existenz. Das System der Immunabwehr ist eines der wichtigsten Instrumente, mit deren Hilfe die Selbstregulierung unseres Organismus verwirklicht wird. Gerade dieses System reguliert die Wechselbeziehungen des Menschen mit der Außenwelt. Das Immunsystem »verwaltet« ja die Reinigung des menschlichen Organismus von toxischen Substanzen und Allergenen, von eigenen beschädigten und degenerierten Zellen und ihren Zerfallsprodukten. Konkret ist das Immunsystem, das die Entstehung von Krebszellen nicht verhindert, dennoch in der Lage, ihre Verbreitung über Blut- und Lymphkreislauf zu verhindern.

Bei Tierversuchen wurde festgestellt, dass das Wachstum von ihnen injizierten Krebszellen nur dann erfolgt, wenn man nicht weniger als 1000 lebende Krebszellen in ihren Organismus eingeführt hat, von denen jede einzelne zum »Anstoß« für die Kettenreaktion einer unkontrollierten Zellteilung werden kann. Aber von diesen 1000 hat nur eine die Chance zu überleben, weil die übrigen 999 vom Immunsystem vernichtet werden.

Zum Immunsystem gehören die Milz, die Thymusdrüse, das Knochenmark, das Blut und die Lymphknoten.

Das Kommandozentrum, das die Abwehrhandlungen des Immunsystems lenkt, ist die Thymusdrüse. Und die Natur hat sich nicht zufällig um ihre sichere Verwahrung gekümmert, indem sie sie im Brustkorb über dem Herz angesiedelt hat, in der Nachbarschaft der Lunge, also unter dem Schutz der Rippen. In unserem Körper gibt es nur einige wenige Organe, die einen noch verlässlicheren Schutz haben – das Gehirn, das Rückenmark und das Knochenmark.

Aus dem Gewebe des Knochenmarks werden die Lymphozyten gebildet (weiße Blutkörperchen). Ein Teil von ihnen, die so genannten B-Zellen, durchwandern die Thymusdrüse und verwandeln sich dabei in T-Zellen. Die B-Zellen bilden Antikörper, die für die Immunität gegen verschiedene Infektionen sorgen, und die T-Zellen vernichten fremdartige Zellen und Krebszellen.

Die Milz ist eines der wichtigsten Blutdepots, nimmt an der Blutbildung teil, bildet Antikörper, hält Bakterien und Toxine fest, macht sie unschädlich und zerstört abgestorbene Erythrozyten und Thrombozyten.

Die Lymphknoten dienen vermutlich hauptsächlich als Filter. Sie halten fremdartige Teilchen und Bakterien fest und verhindern, dass diese im Organismus zirkulieren.

Über die Rolle des Immunsystems zu urteilen gestattet auch der folgende allgemein bekannte Umstand: Angeborene Defekte erhöhen die Häufigkeit von Erkrankungen, zum Beispiel an Krebs, um das Hundertfache. Solche Defekte sind vorläufig noch nicht typisch, aber es ist zu beachten, dass ihre Zahl mit jedem Jahr ansteigt. Das Abweichen von der natürlichen Lebensweise ist für den Menschen nicht folgenlos und drückt auf den schmerzhaftesten Punkt: den Genfonds der menschlichen Rasse.

Dafür wurden chronische Erkrankungen alltäglich, die meiner Meinung nach mit der widernatürlichen Lebensweise und vor allem mit der falschen Ernährung zusammenhängen. Unter den Lebensanforderungen des Menschen ist die Atmung die wichtigste. Und die Natur hat für einen Mechanismus gesorgt, welcher die Versorgung des Organismus mit Sauerstoff unter beliebigen, sogar den extremsten Bedingungen sichert. Das drückt sich darin aus, dass das wichtigste Blut bildende Organ – die einheitliche Knochenmarksstammzelle, die neben den typischen Blutzellen auch die Hauptelemente der Lymphe bildet (die vorderste Bastion des Immunsystems) – unter allen Bedingungen in erster Linie den Organismus mit den roten Blutkörperchen (Erythrozyten) versorgt. Diese sind mit dem »Transport« des Sauerstoffs in die Zellen befasst, wo er für die Durchführung von unzähligen Oxidationsreaktionen erforderlich ist, die die Lebenstätigkeit unseres Organismus sichern. Ein bedeutender Teil des Sauerstoffs wird für die Verbrennung der mit der Nahrung eintreffenden Nährstoffe verbraucht.

Wir wissen schon, dass die so genannten wissenschaftlich begründeten Empfehlungen uns das Fünffache dessen zu essen vorschreiben, was unter Bedingungen einer heilkräftigen Ernährung erforderlich ist. Entsprechend wächst auch der Bedarf an Sauerstoff um das Fünffache. Das wird, wenn auch nur zum Teil, auf Kosten der Adaptionsreserven des Organismus kompensiert. Das Immunsystem ist gezwungen, ständig unter Hochspannung zu arbeiten, an der Grenze seiner Möglichkeiten. Die Ergebnisse spürt früher oder später die Mehrheit der Menschen am eigenen Leib. Die Widerstandsfähigkeit des Organismus gegen Infektionskrankheiten sinkt, ebenso gegen die Wirkung zahlreicher kanzerogener Faktoren, wozu auch die ionisierende Strahlung gehört.

Die Vorbeugung von Störungen der Atmung

Die Atmung gibt den Ton beim emotionalen Reichtum des Menschen an, bei seiner geistigen Tätigkeit, bei der Blutzirkulation, bei Ernährung und Wärmeregulation – kurz gesagt, bei allen wichtigen Lebensprozessen des menschlichen Organismus, die seine Wechselbeziehung mit der Umwelt herstellen.

Deshalb kann uns der Umstand nicht unbesorgt lassen, dass heute die Atmung der Menschen im 60. Lebensjahr auf das Niveau eines 10-jährigen Kindes zurückfällt.

Die falsche Atmung führt dazu, dass sich die Versorgung der Gewebe mit Sauerstoff verschlechtert, dass die Blut bildenden Organe ihre Tätigkeit immer mehr auf die Produktion von Erythrozyten verlagern und dabei das in diesem Alter ohnehin schon geschwächte Immunsystem belasten. Dadurch eröffnen sich immer breitere Möglichkeiten für das Eindringen von Krankheitserregern in den Organismus. Der Hauptgrund für diese Besorgnis erregenden Veränderungen ist die widernatürliche Lebensweise der Menschen. Hier bedarf es einer Korrektur mittels einer Anhebung des allgemeinen Kulturniveaus, darunter ihres unabdingbaren Elements – der Körperkultur. Das wiederum setzt eine hohe persönliche Verantwortung jedes Einzelnen für seine eigene Gesundheit voraus.

Mit dieser Verantwortung ist vor allem eine falsche, dem Menschen als biologischer Art fremde Ernährung nicht vereinbar.

Wegen des übermäßigen Nahrungskonsums dehnt sich der Magen aus, in der Bauchhöhle bilden sich Fettablagerungen, der hypertrophierte Magen-Darm-Trakt behindert die Funktion des Zwerchfells – eines der wichtigsten Organe zur Sicherung der Atmung –, indem es seine Flexibilität einschränkt. Dabei führt eine hohe Amplitude der Bewegung des Zwerchfells zu einer tiefen langsamen Atmung, während eine niedrige Amplitude zu einer schnellen, oberflächlichen Atmung führt. Wodurch unterscheidet sich der erste Atmungstyp von dem zweiten?

Von Gelehrten wurde festgestellt, dass bei tiefer Atmung im Blut des Menschen so genannte Endorphine entstehen (Verwandte des Morphiums), welche auf die Hirnrinde wirken und dem Menschen helfen, Angst und Sorgen aus seinem Gedächtnis zu löschen. Das bewirkt eine effiziente Kontrolle und Steuerung der Funktionen verschiedener Organe, unter anderem des Herz-Kreislauf-Systems. Die Endorphine haben auch eine starke Wirkung auf das geistige und psychische Wohlbefinden und schaffen eine gute emotionale Stimmung.

Das Gesagte zwingt uns, mit ganz anderen Augen auf das Drogenproblem und seine Lösung zu sehen. Für mich ist es zum Beispiel völlig offensichtlich, dass sich in diesem Problem die Widersprüche und Gebrechen der modernen Zivilisation in einem harten Knoten verstrickt haben. Deshalb ist die Drogensucht nicht eine Abweichung von der Norm, sondern sie ist die Norm unserer künstlichen Lebensweise. Ich wäre gerne im Irrtum, aber ich denke, dass diese Erscheinung immer größere Ausmaße annehmen wird, egal ob es sich um Alkoholismus oder um die Sucht nach Giftstoffen handelt, weil ihre Wurzeln nicht sozial bedingt sind, sondern in der Störung der physiologischen Funktionen unseres Organismus liegen. Die falsche Ernährung deformiert, wie wir gesehen haben, die Funktion der Verdauung, was wiederum zur Verringerung der natürlichen Konzentration von Endorphinen im Organismus führt und dadurch das normale psychische Leben des Menschen aus dem Lot bringt. In ihm entsteht der Bedarf an künstlichen Mitteln, welche seine Psyche stabilisieren und ihm den Stress nehmen, der im Überfluss von unserer gnadenlosen, grausamen Zivilisation erzeugt wird. Nicht zufällig wächst der Konsum von Beruhigungsmitteln in der Welt nicht täglich, sondern stündlich an und nimmt immer mehr Züge einer ausgewachsenen Sucht an. Aber für einige Menschen reicht das noch nicht, sie greifen zu noch stärkeren Mitteln – zu Drogen, die vor allem für die Jugend gefährlich sind. Während beim Erwachsenen meist die so genannten »Bremsen« arbeiten, von denen Pawlow gesprochen hat, ist die Psyche eines Halbwüchsigen überhaupt noch nicht geschützt. Die frühzeitige Reifung seines Organismus, die durch eine falsche Ernährung hervorgerufen wird, wird nicht von einer entsprechenden geistigen Entwicklung begleitet. Der Jugendliche fühlt sich körperlich schon erwachsen, obwohl er in seiner geistigen Entwicklung noch ein Kind ist. Daraus entspringt eine heftige innere Not, ein Bedürfnis nach Selbstbestätigung, das sich sehr häufig in sinnlosen Zerstörungen äußert, weil jeder kreative Akt ein bestimmtes Wissen und professionelle Kenntnisse erfordert, die der Jugendliche noch nicht hat. Mit Hilfe von Drogen und Alkohol versucht er, in seine Traumwelt zu fliehen. Wenn wir ernsthaft besorgt sind über das Drogenproblem, so muss im Team mit dem Arzt, dem Psychologen und dem Kriminalisten auch ein Experte für heilkräftige Ernährung sein.

6

Heilkost

Vorläufige Bekanntschaft

Heute können Ihnen Kinder, und natürlich auch Erwachsene, die Namen von Dutzenden Medikamenten aufzählen, die zur Behandlung chronischer Erkrankungen verwendet werden, während sehr, sehr wenige eine Ahnung haben von den uns durch die Natur geschenkten mächtigen Mitteln gegen Krankheiten – von der Heilkost.

Ich gestehe, ich habe auch nicht sofort die Rolle der Ernährung bei der Behandlung von Kranken begriffen. Zu meinem großen Bedauern hat man uns an der medizinischen Hochschule und dann beim dreijährigen Praktikum an der chirurgischen Klinik keine Diätologie beigebracht. Die Lücke dieser für einen behandelnden Arzt unverzichtbaren Kenntnisse zu füllen half mir die Ärztin Wolkowa, Assistentin von Professor S. Wowksi. Das war zur Zeit des Finnischen Krieges, als ich zur Leiterin der chirurgischen Abteilung eines Militärkrankenhauses ernannt wurde und zum ersten Mal verpflichtet war, selbstständig verantwortliche Entscheidungen zu treffen.

Damals habe ich erfahren, dass es eine spezielle diätologische Vorbereitung der Patienten auf eine Operation gibt sowie eine entsprechende Diät nach der Operation und dass davon in bedeutendem Maß der Erfolg des operativen Eingriffs abhängt.

Seither ist viel Wasser die Wolga hinuntergeflossen, aber ich behielt nicht nur die damals gelernte Lektion in Erinnerung, sondern ich erweiterte unaufhörlich meine Kenntnisse auf diesem noch nicht genügend erforschten Gebiet der Medizin. Ich habe buchstäblich wie ein Schwamm alles in mich hineingesogen, was irgendwie mit der Heilkost zu tun hatte.

Niemals werde ich meine langen Gespräche mit dem Chefkoch des Instituts für Neurochirurgie vergessen, wo ich nach dem Krieg zu arbeiten begann. Ungeachtet seines vorgerückten Alters war er ein jugendlich wirkender und kräftiger Mann, der buchstäblich verliebt war in seinen Beruf und unglaublich viel wusste. Gerade von ihm habe ich nicht wenig über die heilenden Eigenschaften von Lebensmitteln erfahren und über die heilenden Eigenschaften eines Aufgusses aus Kiefernnadeln, der ungewöhnlich reich an Vitamin C ist. Er selbst aß nur frische Produkte, die ihre natürlichen Eigenschaften bewahrt haben, wobei er pflanzlicher Nahrung den Vorzug gab.

Bei der Vorbereitung auf eine Operation am Gehirn in besonders schweren Fällen und bei ihrer Betreuung nach dem Eingriff hat dieser erstaunliche Mensch ungewöhnliche Heilgerichte zubereitet, die er mit Säften aus Kräutern und Beeren bereicherte.

Sein Auftauchen im Institut für Neurochirurgie war keineswegs ein Zufall. Operationen am Gehirn sind das komplizierteste Gebiet der Chirurgie, da gibt es keine unbedeutenden Eingriffe. Deshalb hat sich die Organisation des Heilungsprozesses an dem Institut immer durch Präzision und Durchdachtheit bis ins kleinste Detail ausgezeichnet. Zur Arbeit hierher wurden nur die Besten der Besten eingeladen, und so kam auch der ehemalige Chefkoch des Restaurants »Metropol« hierher.

Die umfassenden Kenntnisse auf dem Gebiet der Heilkost, die ich im Verlauf meiner langen wissenschaftlichen und ärztlichen Tätigkeit ansammeln konnte, helfen mir heute, die schwersten chronischen Krankheiten zu heilen. Ich gehe so weit zu sagen, dass die Heilkost einer der mächtigsten und wirksamsten Faktoren zur Wiederherstellung der Gesundheit ist.

Aber was ist denn Heilkost überhaupt? Würde man sagen, das ist heilkräftige Ernährung, die im Hinblick auf schwere pathologische Störungen der Organfunktionen und der Systeme des menschlichen Organismus angepasst wurde, würde man sich mit einer zwar erschöpfenden, aber sehr allgemeinen Formulierung zufrieden geben. Den Leser interessieren wohl auch der Charakter solch einer Ernährung, die Auswahl der Lebensmittel und die täglichen Rationen.

Ich möchte gleich vorwegschicken, dass es keine Standardrezepte geben kann, weil sich ein und dieselbe Krankheit bei unterschiedlichen Menschen unterschiedlich äußert, und dementsprechend muss auch die Ernährung unterschiedlich sein. Wenn Ihnen jemand solche Standardrezepte anbietet, ist das das erste Anzeichen für seine unzulängliche Kompetenz oder eine ganz gewöhnliche Gewissenlosigkeit.

In diesem Kapitel werde ich über einige Patienten mit schweren chronischen Erkrankungen erzählen, die mit Hilfe der Heilkost gesund wurden, ich werde die täglichen Rationen sehr genau beschreiben, die Auswahl der Lebensmittel, aber ich mache das ausschließlich zu dem Zweck, um Ihnen zumindest eine allgemeine Vorstellung davon zu vermitteln, wodurch sich die Heilkost von der heilkräftigen Ernährung unterscheidet. Die Heilkost blind zu kopieren ist keinesfalls ratsam, weil das möglicherweise Ihre Krankheit verschlimmern kann.

Als ich an der 8. Moskauer Klinik als Ärztin für Naturheilverfahren arbeitete, wandte sich ein Herr P. an mich, der an einer bösartigen Geschwulst in der Kehlkopfgegend sowie an Diabetes litt. Davor war er schon in der chirurgischen Abteilung der 67. Moskauer Klinik gewesen, welche damals von Professor Pogossow geleitet wurde und wo dem Kranken die Geschwulst auf operativem Weg entfernt werden sollte. Aber während der die Operation vorbereitenden Untersuchungen waren dem Endokrinologen die Symptome einer Insuffizienz des Kohlehydratstoffwechsels nicht entgangen, also Diabetes, bei dem bekanntlich die Wunden nach einer Operation sehr schlecht verheilen. Deshalb war Professor Pogossow gezwungen, dem Patienten P. eine Überweisung zu einer konservativen Behandlung auszustellen.

Darauf kam der Kranke zu mir und ich erklärte mich bereit, ihn zu behandeln, weil ich mich bestens gerüstet fühlte: Meine Erfahrung als Chirurgin zusammen mit meiner Methode der Behandlung von Diabetes im System der natürlichen Gesundung gaben mir die sichere Hoffnung auf Erfolg.

P. hatte einen typischen Diabetes, aber die Funktionen der Bauchspeicheldrüse waren intakt, sodass die Möglichkeit gegeben war, in der Heilkost Säfte zu verwenden, wenn auch bei weitem nicht alle, denn der Diabetes war durch eine chronische Gastritis sowie durch Entzündungen von Zwölffingerdarm (Duodenitis), Dünndarm (Enteritis) und Dickdarm (Kolitis) verkompliziert. Mit anderen Worten, beinahe der gesamte Magen-Darm-Trakt P.s war entzündet. Deshalb verschrieb ich ihm eine schonende Safttherapie. Er bekam Karotten-Apfel-Saft, Sanddornsaft sowie Saft von wilder Kiwi mit Zitrone und Leinsamensud.

Mit Rücksicht auf die Geschwulstbildung am Kehlkopf

hätte ich auch Rote-Rüben-Saft verschreiben müssen, welcher das Wachstum der Geschwulst bremst, aber er vertrug ihn überhaupt nicht. Ich musste den Patienten langsam daran gewöhnen und fügte den Saft anfangs fast tropfenweise den anderen Mischungen bei. Das dauerte zwei Wochen, dafür trank P. danach mit Vergnügen sogar den von den meisten Menschen schlecht vertragenen, reinen, frisch gepressten Rote-Rüben-Saft mit Zitrone.

Die Anzahl der Saftgaben und ihre Dosen vergrößerten sich mit der Verringerung der Rationen der »Heil«nahrung, die P. vorher von den Endokrinologen verschrieben worden war. Der Patient begann mit geringen Mengen gemischter Säfte, nicht mehr als 100 g am Tag, bis er schließlich vier Gläser täglich trank.

In dem Maße, wie die Entzündungssymptome im Magen-Darm-Trakt abklangen, reduzierte ich auch die Menge der verschriebenen Leinsamen, bis ich sie ganz absetzte. Jegliche Anti-Diabetes-Medikamente wurden am zehnten Tag der Behandlung abgesetzt.

Danach wurde es möglich, die Aufmerksamkeit auf die Haupterkrankung zu lenken, die bösartige Geschwulst am Kehlkopf. Nach drei Wochen Heilkost im System der natürlichen Genesung, welche sich der Patient vollständig zu Eigen gemacht hatte, kehrte er zu Professor Pogossow zurück. Die Untersuchung zeigte das völlige Fehlen irgendwelcher Anzeichen einer Störung des Kohlehydratstoffwechsels, was auch in der Krankengeschichte festgehalten wurde.

Die Operation und die Verheilung der Operationswunde verliefen ohne Komplikationen. Aber das Personal der chirurgischen Abteilung hatte die Geräusche der Saftpresse bemerkt, die häufig aus dem Zimmer des Operierten drangen, und machte dem Leiter der Abteilung darüber Meldung. Man muss sagen, dass Professor Pogossow ein mutiger und entschlossener Mensch war, der keine Angst vor Neuheiten hatte. Als er erfahren hatte, dass die Nahrung des Operierten aus fünf Glas Rote-Rüben-Saft mit Zitrone und Heilkräutersud bestand und dass der Patient im Lauf des letzten Monats keine anderen Lebensmittel gesehen hatte, erlaubte Pogossow nicht nur, die Safttherapie fortzusetzen, sondern er bat mich sogar, einen Vortrag vor den 35 Hörern eines Kurses zu halten, welchen er am staatlichen Institut für Ärztefortbildung durchführte. Der Professor selbst präsentierte unseren Patienten, welcher bereits am zwölften Tag nach der komplizierten Operation Fragen beantwortete, wenn auch flüsternd, doch deutlich und präzise, was bei den Anwesenden einen starken Eindruck hinterließ.

Seither sind 20 Jahre vergangen, P. ist quicklebendig und arbeitet auf seinem Wissenschaftsgebiet. Seine Stimme ist völlig intakt, er hat keine Metastasen, und der Diabetes ist vollständig ausgeheilt. Mein ehemaliger Patient lebt weiter nach dem System der natürlichen Gesundung.

Das angeführte Beispiel gibt Ihnen einige Vorstellungen darüber, was Heilkost in quantitativer und qualitativer Hinsicht bedeutet und welcher Art ihre allgemeine Wirkung auf den menschlichen Organismus ist. Und jetzt, denke ich, ist es an der Zeit, darüber zu sprechen, worin der wohltätige Einfluss der Heilkost auf den Organismus eines Kranken besteht.

Physiologische Aspekte der Heilkost

Die Physiologie der Ernährung insgesamt und der Heilkost im Besonderen erfordert derart breite Kenntnisse über den Organismus des Menschen und seine Verdauungsorgane, dass es von meiner Seite aus anmaßend wäre, Ihnen zu versprechen, ich würde Sie in die unergründlich komplizierte Innenwelt unseres Körpers einführen, von dem eines der wichtigsten Organe der Verdauungstrakt in seiner funktionellen Zusammenarbeit mit dem Gehirn ist. Dies gilt umso mehr, als sogar Gelehrte, die ihr ganzes Leben den Geheimnissen der Physiologie der Ernährung gewidmet haben, nicht auf alle Fragen eine Antwort haben. Nicht zufällig hat der Pawlow-Schüler Alexander M. Ugolew, dessen Andenken ich dieses Buch widme, gemeint, dass gerade im Problem der Ernährung vielleicht mehr als sonstwo Ethik und Wissenschaft, Gut und Böse, Kenntnisse und ungelöste Rätsel zusammen auftreten.

Wodurch erklärt sich die mächtige Einwirkung der Heilkost auf den gesamten menschlichen Organismus? Um das zu verstehen, wird es für Sie ausreichen, einige physiologische Besonderheiten der Tätigkeit des Verdauungstraktes kennen zu lernen und seine wahrhaft entscheidende Rolle für Körper und Geist. Und hier müssen wir uns nochmals zu den Untersuchungen von Alexander Ugolew hinwenden, die eine neue Seite in der von Pawlow begründeten Lehre über die Physiologie des Verdauungstrakts aufgeschlagen haben.

Leider haben die wahrhaft revolutionären Schlussfolgerungen Ugolews und der Mitarbeiter des von ihm geleiteten Labors noch keine praktische Resonanz gefunden: weder in den herrschenden Vorstellungen von der menschlichen Ernährung noch in der offiziellen Medizin, die blind der westlichen symptomorientierten Medizin Gefolgschaft leistet und schlichtweg die reichen Traditionen der einheimischen Heiltradition vergessen hat, die den Menschen in der Einheit seines geistigen, seelischen und körperlichen Lebens sah.

Bezogen auf die Heilkost gewinnt eine Entdeckung Ugolews ein außerordentliches Gewicht, nämlich die von der riesigen Rolle, die der Magen-Darm-Trakt im endokrinen System spielt. Er hat herausgefunden, dass im menschlichen Organismus die Masse der endokrinen Elemente des Verdauungstraktes die Masse aller endokrinen Drüsen zusammengenommen überwiegt. Die endokrinen Zellen dieses Traktes produzieren etwa 30 Hormone und hormonartige Substanzen.

Außerdem dienen viele Nahrungskomponenten als Vorläufer der Hormone und nehmen folglich nicht nur am Aufbau verschiedener Eiweiße teil, sondern auch an der Formierung der hormonellen Komponente unseres Körperinneren.

Die Entdeckung der endokrinen Funktion des Magen-Darm-Traktes erklärt in vieler Hinsicht, warum es mir, indem ich seine Funktion durch Heilkost normalisiere, gelingt, die Tätigkeit aller Organe und Systeme unseres Organismus zu stabilisieren, und weshalb ich damit viele chronische Erkrankungen heilen kann, die mit einer Störung der Tätigkeit des Hormonsystems zusammenhängen.

Die bakterielle Darmflora ist für den Menschen lebenswichtig. Heute kann man als wissenschaftlich bewiesen annehmen, dass die Bakterien in unserem Darm den Bedarf an Vitaminen und Aminosäuren sichern, die die essenziellen genannt werden.

Als Ugolew noch lebte, hatte ich die Gelegenheit, mit ihm die Möglichkeit der Aneignung des Stickstoffs aus der Atmosphäre durch unseren Organismus mit Hilfe von Stickstoff bindenden Bakterien zu erörtern. Ich verteidigte meinen Standpunkt und argumentierte, dass die Nahrung des Menschen nicht die einzige Quelle für Energie und Substanz ist, wie uns die Anhänger der Theorie der ausgewogenen Ernährung weismachen wollen, und zum Beweis verwies ich auf die Anwesenheit von Stickstoff bindenden Bakterien in den oberen Atemwegen und im Darm. Selbst wenn man diese Tatsache nicht berücksichtigt, argumentierte ich, so bleiben die mit tierischem Eiweiß angereicherten heutigen Nahrungsrationen dennoch zu hoch. Ugolew widersprach mir stets. Ich weiß nicht, ob es unsere Diskussionen waren oder ob andere Umstände eine Rolle spielten, aber in dem kurz vor seinem Tod erschienenen Buch *Theorie einer adäquaten Ernährung und Trophologie* bekannte Ugolew: » Offenbar ist dank der Anwesenheit von Stickstoff bindenden Bakterien im Magen-Darm-Trakt eine tatsächliche Bindung von atmosphärischem Stickstoff und seine Aufnahme in den biologischen Zyklus möglich, unter Umgehung des Zwischengliedes der pflanzlichen Lebensmittelkette.« Mit anderen Worten: Der Mensch kann seinen Eiweißbedarf, dessen Grundlage neben anderen chemischen Elementen der gebundene atmosphärische Stickstoff bildet, nicht nur durch Verzehr von Nahrungsmitteln, sondern auch auf anderem Wege decken, was uns zwingt, grundsätzlich die heute herrschenden Ansichten über den Ernährungsprozess insgesamt und über die Rolle der bakteriellen Darmflora im Besonderen zu überdenken. Im Licht des Gesagten erscheinen uns Berichte von Menschen gar nicht mehr so phantastisch, die jahrelang keine Nahrung zu sich nehmen und sich dennoch ziemlich wohl fühlen, wie etwa über Joann Postnik (= Johann der Faster), der zwölf Jahre lang bis zu seinem Tod nicht einmal einen Krümel Nahrung zu sich nahm.

Solch eine Zurücknahme des Selbst erfordert höchste Erleuchtung des Geistes und tiefsten Glauben, was der großen Mehrheit der Menschen nicht zugänglich ist.

Und deshalb wollen wir uns mit realeren Dingen beschäftigen und kehren zu unserem Thema zurück – der Heilkost.

Das neue Verständnis der Rolle der Bakterien, die unseren Darm bewohnen, erfordert auch einen qualitativ neuen Zugang zu vielen unserer alltäglichen Vorstellungen und Handlungsweisen.

Was macht ein Mensch gewöhnlich, wenn er die ersten Symptome einer Erkältung spürt? Er läuft in die Apotheke, um sich mit den effizientesten Antibiotika einzudecken. Diese werden auch von Ärzten bei der Behandlung der verschiedensten Leiden breit eingesetzt. Es steht schon in Frage, ob sie wenigstens helfen, die schlimmsten Symptome zu beseitigen, ganz zu schweigen von deren Heilung. Aber daran, dass diese »Wunder wirkenden« Mittel der Mikroflora des Darms einen schweren Schlag versetzen, besteht kein Zweifel. In meiner Praxis hatte ich mit Hunderten Fällen von Dysbakterie zu tun, die durch Antibiotika ausgelöst wurde. Wobei die von der Dysbakterie ausgelösten Erkrankungen weitaus gefährlicher waren als die, die man mit Hilfe der Antibiotika heilen wollte. Das Bemühen, die Bakterien zu hegen, unsere winzigen Helfer und Freunde, ist einer der Eckpfeiler meiner Konzeption einer Heilkost.

Gerade deshalb nehme ich so ungern und nur in Notfällen Zuflucht zum Heilfasten und lehne synthetische medizinische Präparate ab. Denn sowohl das vollständige Hungern als auch die synthetischen Medikamente fügen den Bakterienkolonien, die sich an ein Zusammenleben mit unserem Organismus zum gegenseitigen Vorteil angepasst haben, irreparable Schäden zu. Wie schon gesagt, geben sie uns gebundenen Stickstoff, essenzielle Aminosäuren und Vitamine und wärmen uns zudem, indem sie die Temperatur unseres Organismus aufrechterhalten. Wir wiederum versorgen sie mit Nahrung: den Fasern der Pflanzen. Wenn wir sie zwingen, zusammen mit uns zu hungern oder schädliche Pillen zu schlucken, verdammen wir sie damit zu einem kläglichen Dahinvegetieren, was sich sogleich negativ auf den Zustand unseres eigenen Organismus auswirkt. Die Heilkost bringt dagegen große Vorteile und hat diese Mängel nicht.

Von dem bereits am Anfang des Buches erwähnten W. Wernadski stammt der Gedanke, dass jeder biologischen Art ihre chemische Zusammensetzung der Zellen eigen sei. Auch der *homo sapiens* macht hier keine Ausnahme.

Wir wissen bereits, dass als Folge der ausgewogenen Mischkost die Beständigkeit der chemischen Zusammensetzung der Zellen, aus denen alle Organe, Systeme und Gewebe unseres Körpers bestehen, gestört wird und das innere Körpermilieu verunreinigt wird, was der Grund für die unterschiedlichen Arten von Abweichungen im Prozess der Selbstregulierung des menschlichen Organismus ist und schließlich zur Entstehung chronischer Erkrankungen führt.

Eine der zahlreichen Aufgaben, die mit Hilfe der Heilkost gelöst werden, ist auch die Wiederherstellung der dem Menschen eigenen artgerechten chemischen Zusammensetzung der Zellen. Ohne diese verlieren alle Gespräche über die Rückkehr der Gesundheit ihren Sinn.

Heute ist eine Vielzahl von Methoden sowie Medikamenten in Anwendung, die dabei helfen sollen, Schlacken aus dem inneren Milieu unseres Körpers zu entfernen. Manchmal werde ich gefragt, wie ich zu diesen Methoden und Präparaten stehe. Als Antwort gebe ich immer den bekannten Aphorismus: Kämpfe nicht für die Reinheit, sondern vermeide den Dreck. Angewandt auf unsere Ernährung bedeutet das den Verzicht auf den Konsum von Lebensmitteln, die negativ auf die Zellzusammensetzung des Organismus und besonders des Gehirns wirken – als Folge einer ungenügenden Filtrierung der Nahrungssubstanzen in Dünndarm und Leber. Einfacher gesprochen geht es um einen Umstieg auf heilkräftige Ernährung. Aber genügt das? Vergessen wir nicht, dass die in ihrer Grundlage verhängnisvolle ausgewogene Mischkost mit ihren über jedes Maß aufgeblähten Nahrungsrationen tief gehende pathologische Veränderungen in Anatomie und Physiologie hervorruft.

Der Magen dehnt sich aus, worauf die ihn bedeckende Schleimhaut äußerst dünn wird, was wiederum eine Atrophie der Drüsen des Magen-Darm-Traktes mit ihrer sekretorischen und exkretorischen Funktion fördert.

Der überdehnte Magen zieht auch einige andere äußerst unangenehme Folgen nach sich. Die Rede ist konkret von pathologischen Veränderungen der Klappe, die die Magenhöhle vom Zwölffingerdarm trennt. Je mehr Ihr Magen überdehnt ist – und er ist wohl überdehnt, wenn Sie sich an die Empfehlungen der Kalorien-Diätologen halten –, desto stärker öffnet sich diese Klappe und macht dem Magensaft den Weg in den Zwölffingerdarm frei bzw. der Gallenflüssigkeit den Weg aus dem Zwölffingerdarm in den Magen. In jedem Fall können die unterschiedlichsten chronischen Erkrankungen die Folge sein. Eine streng begrenzte Heilkost hilft dabei, dem Magen sein natürliches Volumen zurückzugeben, welches 250 bis 350 Kubikzentimeter umfasst.

Aber der Verdauungstrakt des Menschen beginnt und endet nicht mit dem Magen. Unser Verdauungssystem kann man mit einer langen Zimmerflucht eines Palastes vergleichen, deren Zimmer voneinander durch dicht schließende Türen getrennt sind, wobei in jedem Zimmer, bildlich gesprochen, ein eigenes Mikroklima herrscht, ein eigenes saures oder basisches Milieu – und wenn die Klappen dazwischen auch nur ganz wenig geöffnet sind, entstehen schwere chronische Krankheiten.

Ich habe in meinem Buch *Wir fressen uns zu Tode* über die »wundersame« Heilung meiner ehemaligen Patientin Svetlana Kruglikova berichtet, in deren Krankenblatt mehr als ein Dutzend chronische Erkrankungen angeführt waren, die sie de facto in eine Invalide verwandelt hatten. Darunter waren Bauchspeicheldrüsenentzündung, Magengeschwür, Kolitis und Gastritis, welche unmittelbar mit einer Funktionsstörung der Klappen des Magen-Darm-Traktes zusammenhängen, vor allem des so genannten Pförtners, der den Magen mit seinem sauren Magensaft vom Zwölffingerdarm trennt, aber auch der Klappe, die zwischen dem Dünndarm und dem Dickdarm liegt. Auch andere chronische Erkrankungen stehen, wie wir heute wissen, auf die eine oder andere Weise mit pathologischen Normabweichungen der physiologischen Funktionen unserer Verdauungsorgane im Zusammenhang.

Es genügte, Svetlanas Verdauungsorganen mit Hilfe einer Heilkost ihre natürliche Norm zurückzugeben, eine zweistündige Gymnastik, später regelmäßiges Laufen und abhärtende Wasseranwendungen in den Tagesablauf aufzunehmen, und mit der Gesundheit Svetlanas ging es sofort bergauf. Heute ist sie ungeachtet ihres Rentenalters eine anziehende, gesunde Frau voller Energie.

Eine besondere Bedeutung für die Normalisierung der Verdauungstätigkeit hat die Mundhöhle. Von hier gelangt die Information über die Zusammensetzung der Nahrung ins Gehirn und entsprechend wird ein Programm über die Einbeziehung der verschiedenen Verdauungsorgane gestartet und die Zusammensetzung der abzusondernden Enzyme festgelegt.

Bei dieser Gelegenheit möchte ich ein paar Worte über die so genannte »Trennkost« verlieren, die besonders unter Menschen populär ist, die sich nicht von ihrem verhängnisvollen Hang zum Fleischverzehr lossagen wollen. Einen bedeutenden Beitrag zur Entwicklung der Trennkost hat der bekannte amerikanische Ernährungswissenschaftler G. Shelton geliefert, dessen Untersuchungen zum Problem des Zusammenpassens verschiedener Nahrungsmittel bis heute ihre Bedeutung nicht verloren haben, wenn auch mit einigen Einschränkungen. Wir registrieren sehr wohl den therapeutischen Effekt der Trennkost, bemerken aber zugleich, dass dieser Effekt von kurzfristigem Charakter ist und die Trennkost als solche in einer Reihe mit den anderen Mitteln der Symptomheilung steht, die von der offiziellen Medizin angewandt werden, weil bei dieser Ernährung das tierische Eiweiß in Form von Fleisch und Fleischprodukten Bestandteil der Nahrung bleibt. Deshalb ist die Trennkost als ein Versuch zu bewerten, das Unvereinbare zu vereinigen – den ständigen Fleischkonsum mit der Gesundheit des Menschen.

Aber auf dieser Grundlage die ganze Diätlehre Sheltons abzulehnen hieße, das Kind mit dem Bade auszuschütten. Die Frage des Zusammenpassens von pflanzlichen Lebensmitteln, deren Verzehr die Grundlage sowohl der heilkräftigen Ernährung als auch erst recht der Heilkost ist, wird niemals ihre Aktualität einbüßen. Ich bin nur gegen eine Vulgarisierung seiner Lehre und gegen die Versuche, sie ihrer wissenschaftlichen Grundlage zu berauben und auf einige Empfehlungen zu reduzieren, die auf einem Blatt Papier Platz haben, auf das die Hausfrau von Zeit zu Zeit einen Blick wirft, wenn sie in ihrer Küche werkelt. Bei so einem primitiven Zugang zur Ernährung der Menschen und ihrer Heilung bleibt das weitaus wichtigere Thema außen vor – das Problem der Verträglichkeit des einen oder anderen Lebensmittels für einen individuellen Menschen, besonders wenn dieser Mensch krank ist. Hier kann es keine fertigen schematischen Lösungen geben, die für alle Fälle des Lebens passen, zumal es in der Welt nicht einmal zwei absolut gleiche Menschen gibt. Jeder hat seine geistige, psychische und anatomisch-physiologische Individualität, die einen nicht standardisierten Zugang erfordert.

Damit Ihnen die Bedeutung eines solchen Zugangs klarer wird, mache ich Sie mit der Heilung einer anderen Patientin bekannt, die vor zehn Jahren von den behandelnden Ärzten praktisch zum Tode verurteilt worden war.

Ein Urteil mit aufgeschobener Vollstreckung

Die Rede ist in diesem Fall von der bekannten Kinderärztin und großen Krankenhausmanagerin Tamara Michajlowna Z. Jedes Mal, wenn ich heute diese Energie sprühende, blühende Frau treffe, erinnere ich mich daran, wie sie vor zehn Jahren zum ersten Mal von ihrem Sohn zu mir gebracht wurde: Vor mir stand eine völlig ausgezehrte Frau mit Blähbauch, durch dessen dünne Wände die Hügel ihrer veränderten Leber mit hässlich herausgequollenen Venen (Medusenhaupt) sichtbar waren. Das waren die Folgen einer 13-jährigen Behandlung nach einer Pilzvergiftung, die eine hypertrophierte Leberzirrhose hervorgerufen hatte. Tamara Michajlowna rang buchstäblich mit dem Tod, als ein ins Zentralinstitut für Gastroenterologie gerufenes Konsilium entschied, dass nur die Entfernung von zwei Dritteln ihrer Leber ihr Leben retten könne und das verbliebene, weniger befallene Drittel eine Zeit lang ihre Funktionen erfüllen könnte. Als die Patientin mit der ihr eigenen Direktheit fragte, ob sie denn dann überleben würde, bekam sie zur Antwort: »Sie werden überleben, zumindest ein Jahr.«

Sie werden zugeben, dass so eine Antwort wohl kaum die Stimmung von jemandem hebt: Im vollen Bewusstsein dessen zu leben, dass das Todesurteil zwar beschlossen, nur seine Ausführung noch für eine gewisse Zeit aufgeschoben ist – das ist eine für die Psyche eines Menschen unerträgliche Belastung. Zum Glück sagte jemand aus dem Konsilium Tamara Michajlowna, er hätte kürzlich einen Vortrag von G. S. Schatalova gehört, welche Heilergebnisse demonstriert hätte, die für ihn und seinen Kollegen vorläufig nicht zu erreichen seien.

Nachdem sich der Zustand der Patientin täglich verschlimmerte, brachte man sie schließlich und endlich zu mir. Bei unserer Begegnung sagte ich, dass ich aber angesichts der Ausweglosigkeit der Lage bereit sei, die Behandlung zu übernehmen, wenn Tamara Michajlowna mir ihrerseits helfen würde. Ich sage es sogleich: Das Ergebnis übertraf alle Erwartungen, aber der Weg zum Erfolg war lang und schwer. Die Hauptschwierigkeit bestand darin, so weit wie möglich die Leber zu schonen und somit die Funktionen des kranken Organs einzuschränken. Aber wie konnte das erreicht werden, wenn der Mensch ohne Nahrung nicht leben kann, die Substanz der Lebensmittel aber auf alle Fälle die Leber in Mitleidenschaft zieht?

Es gab nur einen Ausweg: die Menge der Nahrung bei allseitiger Verbesserung ihrer Qualität so weit als möglich zu reduzieren, was wir auch taten. Es stellte sich heraus, dass Tamara Michajlowna nur dann normal leben konnte, ohne dass sich ihre Krankheit verschlimmerte, wenn sie pro Tag nicht mehr als zwei Esslöffel Weizenbrei aß. Keinerlei andere Lebensmittel kamen in ihre Tagesration. Es versteht sich, dass der Weizen gekeimt war, weil er sich so durch einen Reichtum an Nährstoffen und Vitaminen auszeichnete, deren Gehalt Dutzende Male höher ist als im ungekeimten Weizen.

Hier sollte ich an ein Detail erinnern, welches wir nicht sofort berücksichtigt hatten. Als es uns gelungen war festzustellen, dass für Tamara Michajlowna Weizen die beste Nahrung ist, fiel uns plötzlich auf, dass es meiner Patientin schlechter ging. Fieberhaft begann mein Kopf zu arbeiten, während ich versuchte, einen Grund zu finden. Das waren doch die ersten und also die schwierigsten und verantwortlichsten Schritte im Heilungsprozess. Was stellte sich schließlich heraus? Dass der Weizen aus einem automatisierten Getreidespeicher stammte, wo er in voller Übereinstimmung mit der Lagerungstechnik gebeizt worden war. Nach diesem Fall habe ich es zu einer festen Regel gemacht: Ich verwende für eine Heilkost kein Getreide, von dessen Essbarkeit ich mich nicht durch Auspendeln überzeugt habe.

Bei der Zusammenstellung der Nahrungsration für Tamara Michajlowna stieß ich auch auf eine zweite Schwierigkeit: Ungeachtet dessen, dass im gekeimten Weizen eine große Menge der unterschiedlichsten Vitamine vorhanden ist, reicht das Vitamin C offenbar nicht aus. Unser Organismus kann es nicht bereitstellen. Wir mussten eine Vitamin-C-Quelle finden, die die Bauchspeicheldrüse nicht belastete – diese war bei meiner Patientin ebenfalls angegriffen.

Unter Ärzten ist bekannt, dass Menschen mit einer Entzündung der Bauchspeicheldrüse weder Obst und Gemüse noch Säfte daraus vertragen. Tamara Michajlownas

Organismus nahm auch keine Kräutersäfte auf, mit denen ich manchmal Menschen behandle, wobei ich ihnen das Schlucken beinahe tropfenweise verschreibe. Kräutersäfte sind äußerst effizient, aber es ist sehr schwierig, ihre heilkräftigen Eigenschaften über den Winter zu erhalten.

In dieser schier ausweglosen Situation kam uns die Zierde des russischen Waldes zu Hilfe – die Föhre. In ihren jungen Schösslingen ist viermal mehr Vitamin C enthalten als in Paprika, die bezüglich des Gehalts an Vitamin C als Spitzenreiter gilt. Aus den frischen Schösslingen bereitete meine Patientin ein Getränk, das ihren kranken Organen keinen Schaden zufügte. Abends weichte sie neben dem Weizen auch noch ein Büschel junger Föhrentriebe in gutes Wasser ein, am nächsten Morgen brachte sie dieses Wasser zusammen mit den Trieben zum Kochen, ließ es 20 Minuten auf kleiner Flamme stehen und trank es anschließend anstelle von Wasser. (Bei der Gelegenheit möchte ich anmerken, dass ich keine synthetischen, »reinen« Vitamine verwende. Sie wirken auf den Organismus, besonders auf den kranken, viel zu scharf, weil sie sich erst in sein Milieu »einpassen« müssen. Die Vitamine, die in den Pflanzen enthalten sind, haben diesen Mangel nicht, weil sie schon in den biologischen Zyklus eines Lebewesens integriert sind.)

Ich habe so ausführlich über alle Besonderheiten der Heilung von Tamara Michajlowna erzählt, damit Sie verstehen, wie wichtig ein individueller Zugang zu jedem Kranken ist. Denn sogar ein und dieselbe Krankheit äußerst sich bei verschiedenen Menschen auf verschiedene Weise und die Kunst des Arztes besteht darin, die individuellen Besonderheiten eines jeden von ihnen zu berücksichtigen.

Deshalb sehe ich mit gemischten Gefühlen die riesigen Säle, die mit fanatischen Anhängern des einen oder anderen Heilers gefüllt sind, die von ihm die augenblickliche Befreiung von allen Leiden erwarten. Rein menschlich habe ich Mitgefühl mit diesen Leuten und wünsche ihnen Gesundheit, ohne die das Leben keine Freude macht. Aber als Ärztin und Gelehrte sowie als Staatsbürgerin kann ich mich nicht eines Schuldgefühls gegenüber den Menschen erwehren, eines Gefühls meiner eigenen Schuld und der der Ärzte und Gelehrten insgesamt dafür, dass wir so wenig für die Bildung unserer Mitbürger tun, dass wir sie so wenig mit den Errungenschaften der biologischen Wissenschaft bekannt machen, welche den Menschen von dem naiven Kinderglauben an Wunder befreien und ihm dafür ein Verständnis der Gesetze geben würde, nach denen lebende Organismen funktionieren. Mit deren Kenntnis bekämen die Menschen erst die Möglichkeit, sie im Alltag zu befolgen, einem frühzeitigen Altern vorzubeugen und sich bis zu ihren letzten Tagen einen klaren Verstand und Weisheit in den Gedanken zu erhalten.

In meiner ärztlichen Praxis vergesse ich das niemals und beginne die Behandlung damit, dass ich dem Kranken die Gründe seiner Erkrankung erkläre, den Sinn meiner Behandlungsvorschläge und den Effekt, den sie bringen sollen. Sobald der Patient all das versteht, wird meine tägliche Fürsorge nicht nur überflüssig, sondern sogar unerwünscht. Deshalb werden all meine Patienten, wie man sagt, ambulant behandelt und im Grunde behandeln sie sich selbst, sie suchen mich nur selten auf, damit ich den Verlauf ihrer Gesundung überwache und falls nötig Korrekturen in der Strategie und Taktik der Behandlung vornehme.

Am Ende meines Berichts über Tamara Michajlowna möchte ich sagen, dass es uns mit vereinten Kräften gelungen ist, ihre lebensgefährliche Krankheit zu besiegen. Der

Magen-Darm-Trakt wurde in einen so erfreulichen Normalzustand gebracht, wie er heute für die erdrückende Mehrheit der so genannten »praktisch gesunden« Menschen unerreichbar ist. Der Magen ist nicht mehr überdehnt und hat seinen natürlichen Umfang wieder gefunden. Sobald dies eingetreten war, schloss sich augenblicklich die Klappe, die ihn vom Zwölffingerdarm trennt. Vollständig wiederhergestellt sind die natürlichen Funktionen des Dünndarms, welcher der Leber keine Schwierigkeiten mehr bereitet, die ihrerseits einst zur Ursache der Erkrankung wurde. Die Leber hat zu natürlichen Maßen zurückgefunden und ihren ursprünglichen Platz unterhalb des Brustkorbs wieder eingenommen. Auch die Funktion der Bauchspeicheldrüse hat sich normalisiert.

Kaum war der Dickdarm in seine normale Funktion gebracht, begann sich das äußere Erscheinungsbild von Tamara Michajlowna zu verbessern und die Wärmeregulation ihres Organismus kam ins Lot. Während ihrer Erkrankung hatte sie ständig gefroren, nachdem in den 13 vorhergehenden Jahren ihrer medikamentösen Behandlung die Mikroflora ihres Darmes praktisch ausgerottet worden war. Aber gerade die dort hausenden Bakterien, die im Prozess ihrer Lebenstätigkeit Wärme absondern, verwandeln unseren Dickdarm in eine Art Zentralheizung. Er liegt so in der Bauchhöhle, dass er all unsere inneren Organe wärmen kann. Sobald wir die Bakterienflora des Dickdarms wiederhergestellt hatten – und dazu mussten wir sie praktisch völlig neu anlegen –, verschwand auch das permanente Gefühl des Fröstelns, das meine Patientin gequält hatte.

Auch die Nahrungsration von Tamara Michajlowna wurde reicher. Sie durfte im Verlauf des Tages ein Glas (frisch gepressten) Saft trinken. Dem Brei aus gekeimtem

Weizen wurden Karotten und Petersilie beigefügt, später Zwiebel und Knoblauch und etwas Rote Rüben. Als sie die Erlaubnis bekam, nicht nur geriebenes Gemüse zu essen, sondern auch Gemüsebrühe, wurde ihre Ration gleich reicher. Sie isst nach wie vor einmal täglich, wobei die Menge der von ihr verzehrten Nahrung 250 bis 300 g beträgt.

Zuletzt füge ich hinzu, dass die noch vor kurzem todkranke Frau heute eine derartige Menge häuslicher Verantwortung auf ihren Schultern trägt, dass eine jüngere, »praktisch gesunde« Hausfrau diese nicht bewältigen würde. Daneben findet sie noch Zeit und Kraft, in ihrem Beruf zu arbeiten, und sorgt nicht nur für das Wohlbefinden ihrer Familie, sondern denkt ernsthaft über den Erwerb einer Datscha nach.

Man kann endlos streiten, wie viele Kalorien, welche Mengen Eiweiß, Fette und Kohlehydrate der Mensch für ein normales Leben braucht, man kann behaupten, dass die von mir verschriebenen Rationen zu Unterernährung und sonstigen unzähligen Leiden führten. Aber nicht umsonst heißt es, dass an Tatsachen nicht zu rütteln ist. Und mit ihnen kann es auch der gerissenste Polemiker nicht aufnehmen.

Deshalb lassen wir die sinnlosen Diskussionen mit den Anhängern der ausgewogenen Ernährung und stellen ihre »Errungenschaften« den realen Ergebnissen gegenüber, die die heilkräftige Ernährung und die Heilkost den Menschen bringen.

Im ersten Fall sind die Ergebnisse Massenverfettung und weit verbreitete chronische Leiden, die die Menschen befallen, sobald ihre Adaptionsreserven aufgebraucht sind, die leichtfertig durch ein Übermaß an für uns nicht geeignete Produkte verschleudert werden.

Im zweiten Fall kommt es zu einer wirklichen, keiner

»praktischen« Gesundheit, zu einem geistigen und körperlichen Aufblühen des Menschen, zur Heilung von chronischen Krankheiten, die er bekommen hatte, während er sich nach den Rezepten der Theoretiker der ausgewogenen Ernährung gerichtet hatte, welche sich nach wie vor als Hüter der Wahrheit in letzter Instanz ausgeben.

7

Ernährung und Herz-Kreislauf-Erkrankungen

Im Teufelskreis der Krankheit

Einen bedeutenden Teil chronischer Erkrankungen bringe ich mit einer Störung der steuernden Hirnfunktionen in Zusammenhang. Sehr häufig ist die Ursache solcher Störungen die traditionelle, für die Mehrheit der Menschen gewohnte Mischkost, die den Verzehr von tierischen und pflanzlichen Lebensmitteln vorsieht. Von den negativen Folgen dieser Ernährung ist schon ziemlich ausführlich die Rede gewesen, deshalb werde ich mich nicht wiederholen. Ich möchte mich nur bei der Art Ernährung aufhalten, die die höhere Nerventätigkeit des Menschen beeinflusst, das heißt, die eine Wirkung auf das System der Selbstregulierung des Organismus hat. Der bekannte Physiopathologe Paschutin hat bereits 1900 auf das Verhängnis der Mischkost hingewiesen, die tierische Eiweiße und die in Früchten und Pflanzen enthaltene Stärke enthält. Der Gelehrte war der Meinung, dass so eine Nahrung im Magen des Menschen zu Gärungsprozessen führt unter Absonderung einer Säure, welche die Tätigkeit des Gehirns beeinträchtigt. In kleinen Dosen ruft sie Schläfrigkeit bei den Menschen hervor. Beim Frosch paralysiert diese Säure sogar schon in geringen Mengen das Herz.

Sowohl der eine wie der andere Umstand illustriert sehr

deutlich den Einfluss der Ernährung auf die Gehirntätigkeit und ihre regulierenden Funktionen.

Meine ärztliche Praxis bestätigt diesen Schluss. In diesem Zusammenhang möchte ich zu dem etwas weiter oben erwähnten Beispiel der Heilung eines Kranken zurückkehren, der gleichzeitig mit einer Herzinsuffizienz an einer schweren Hautkrankheit litt, und möchte mich etwas genauer bei seinen »Herzensangelegenheiten« aufhalten.

Als man ihn zu mir brachte, erblickte ich etwas Rundes, Formloses, das am allerwenigsten an eine menschliche Gestalt erinnerte. Die Gesichtszüge waren wie glatt gebügelt und ohne Konturen. Als ich den Patienten betrachtete, kam ich zu dem Schluss, dass bei ihm die Funktion der rechten Herzkammer gestört war, wobei ein direkter Zusammenhang mit Störungen der Tätigkeit des Magen-Darm-Trakts zu verfolgen war: Erstens ließen sich völlig eindeutig Abweichungen im Wasser-Salz-Haushalt erkennen; zweitens klagte der Patient über einen aufgeblähten Bauch, was von Gärungsprozessen im Magen-Darm-Trakt zeugt, vor allem im Dickdarm. Übrigens ruft die reichliche Produktion von Gasen beim Gären neben den rein körperlichen Unannehmlichkeiten ernsthafte Störungen der Funktionen der Bauchatmung und der Herztätigkeit hervor. Wenn die Gase den Bauch aufblähen, drücken sie auf das Zwerchfell und begrenzen nicht nur seine Beweglichkeit, sondern drücken es auch noch in die Brusthöhle. Dabei verringert sich das Volumen des Brustkorbs, was die Tätigkeit der Lunge erschwert und zu einer Verlagerung der Herzachse in die Horizontale führt.

Aber den negativen Einfluss auf das höhere Nervensystem des Menschen rufen nicht nur die Gärungsprozesse hervor. Wir berücksichtigen oftmals nicht den Umstand, dass auch die Krankheit selbst ein ernster Faktor ist, der unsere Psyche destabilisiert und damit auch den Prozess der Selbstregulierung. Es bildet sich ein Art Teufelskreis: Unregelmäßigkeiten im Verdauungstrakt führen zu Störungen in der Psyche, was wiederum zu Unregelmäßigkeiten in der Selbstregulierung führt. Diese verstärken ihrerseits die Normabweichungen in der Tätigkeit der Verdauungsorgane und anderer Systeme unseres Körpers.

Die Kunst des Arztes

Sehr vieles habe ich durch die Arbeiten von Iwan Pawlow verstanden, der als Erster in der Welt die Tätigkeit des Verdauungstraktes mit der Gehirntätigkeit in Zusammenhang gebracht hat. Leider ist vielen Ärzten dieser wissenschaftlich überprüfte Zusammenhang unzureichend bekannt. Es ist paradox, aber Fakt: In den Bibliotheken sind die Arbeiten Pawlows fast nicht zu finden, aber in den Kellern, wo die wegen geringer Lesernachfrage aussortierten Bücher lagern, kann man die unbezahlbaren Arbeiten dieses Genies der Physiologie finden. Im Übrigen habe ich seine Bücher, die in meiner Bibliothek einen Ehrenplatz einnehmen, gerade in solchen Kellern »erbeutet«.

Ich sage das nicht mit Vorwurf an die praktischen Ärzte, die derart überlastet sind, dass sie, wie man sagt, sowieso nicht zum Schnaufen kommen. Fehlerhaft in seiner Grundlage ist das System der Ausbildung selbst, weil man die zukünftigen Ärzte nicht lehrt, selbstständig und kreativ zu denken, sondern im Gegenteil ihr Denken in den engen Rahmen des ärztlichen Handwerks presst, das auf der Vorstellung basiert, dass es genüge, die kleinsten Details zu studieren, aus denen das System unseres Organismus aufgebaut ist, um durch Einwirkung auf diese den Organismus in Ordnung zu bringen. Dabei wird nicht berücksichtigt, dass bei dem Versuch, eines der vielen Organe in Ordnung zu bringen, die in ihrer Gesamtheit ein geschlossenes System bilden, seine Selbstregulierung nur noch zusätzlich behindert wird.

Auch so genannte Heiler, welche ohne medizinische Grundausbildung, die elementare Kenntnisse über den Aufbau des menschlichen Organismus voraussetzt, für die Behandlung der unterschiedlichsten Erkrankungen eine ziemlich begrenzte Auswahl an Standardmethoden verwenden, die von den Grundlagen der Volksmedizin weit entfernt sind, rufen bei mir nicht unbedingt Vertrauen hervor. Jede dieser Methoden kann in dem einen oder anderen Fall effizient sein, aber sie sind wie auch die Schulmedizin an der Behandlung der Symptome und nicht an der Behandlung ihrer Ursachen orientiert.

Leider sind unter solchen schnell gebackenen »Heilern« auch viele, die nach ihrer Bekanntschaft mit einzelnen Punkten aus meinem System der natürlichen Gesundung diese bei der Behandlung aller Patienten gleichermaßen anwenden, ohne dabei die körperlichen, psychischen und geistigen Besonderheiten jedes Einzelnen zu berücksichtigen. Aber so bleibt die Kunst des Arztes nur ein Handwerk. Methoden und Verfahren zur Behandlung der unterschiedlichsten Krankheiten gibt es bekanntlich eine Unzahl. Ihre Verwendung hat solche Ausmaße angenommen, dass man heute von der Existenz sowohl einer alternativen wie auch einer Schulmedizin sprechen kann, die immer mehr die Züge eines medizinischen Business annimmt. Aber nachdem es keine klare wissenschaftliche Konzeption gibt, die den menschlichen Organismus als ganzheitliches System betrachtet, das wiederum Teil eines Systems einer höheren Ordnung ist – des Systems der lebenden und der nicht lebenden Natur, des Kosmos im Ganzen –, realisieren all diese Verfahren und Methoden, voneinander isoliert angewendet, nicht einmal einen kleinen Teil ihrer potenziellen Möglichkeiten.

Zwei Ansichten über den menschlichen Organismus

Die erfolgreiche Anwendung des Systems der natürlichen Gesundung in der Behandlungspraxis gab mir die Grundlage dafür, ihre Anwendung anstelle der Konzeption der Symptombehandlung vorzuschlagen. In meinem Vortrag im wissenschaftlichen Rat der Akademie der Wissenschaften der UdSSR im Jahre 1980 habe ich erläutert, dass die Symptombehandlung nur den Zustand des Patienten lindert, aber die Ursachen der Erkrankung selbst nicht beseitigt. Im Ergebnis ist der Mensch verurteilt, sein Leben lang mit der Krankheit zu koexistieren. Das System der natürlichen Gesundung hingegen bringt ihm eine schnelle und vollständige Heilung. Zum Beweis meiner Schlussfolgerungen legte ich dem Wissenschaftlichen Rat die Krankengeschichten von 49 von mir geheilten Patienten vor, welche vor allem unter Bronchialasthma, Prostata-Adenom, Fettleibigkeit, insulinabhängigem Diabetes, Parodontose und anderen Krankheiten gelitten hatten. Der Beschluss des Wissenschaftlichen Rates war eindeutig und sein Sinn spiegelt ziemlich exakt den bekannten Aphorismus wider, dass nicht sein kann, was nicht sein darf.

Nach dieser eindrücklichen Sitzung begriff ich, dass ich die rosarote Brille wegwerfen sollte, mit der ich mir Illusionen bezüglich des Interesses der Vertreter der offiziellen Medizin an einem wirksamen Schutz der Volksgesundheit gemacht hatte. Nun war es für mich wichtig, mich selbst mit doppelter Energie an die Arbeit zu machen.

Die seitdem vergangenen 13 Jahre gingen für mich nicht umsonst vorbei. Ich führte zahlreiche Experimente durch, über welche ich bereits in meinem ersten Buch berichtet habe. Ich studierte die neuesten sowjetischen und ausländischen Biologen, Physiker, Physiologen, Biochemiker, Biophysiker und Philosophen, heilte Dutzende weitere schwerstkranke Patienten, von denen viele von der offiziellen Medizin bereits aufgegeben worden waren, ich las die Arbeiten von russischen Ärzten, die im 17. bis 19. Jahrhundert gelebt und gearbeitet haben und deren Namen, Ideen und Leistungen noch auf Anerkennung warten. Das Ergebnis dieser tagtäglichen mühseligen Arbeit war eine neue Konzeption, mit deren Grundlagen sich der Leser schon vertraut machen konnte, die Konzeption einer heilkräftigen Ernährung, welche eine neue Richtung in der Ernährungswissenschaft darstellt. Sie ist frei von den Unzulänglichkeiten der ausgewogenen, der vegetarischen und anderer Ernährungskonzepte. Bei aller scharfen Kritik an deren negativen Aspekten lehnt die neue Konzeption nicht die von ihnen zu Tage gebrachten neuen wissenschaftlichen Fakten ab, im Gegenteil, sie sammelt, verallgemeinert und erklärt diese von völlig neuen Positionen aus, deren Richtigkeit von der Praxis bestätigt worden sind.

Ich hoffe, dass die in dieses Buch aufgenommenen Beispiele einer erfolgreichen Anwendung der heilkräftigen Ernährung zusammen mit den anderen Elementen des Systems der natürlichen Gesundung zur Behandlung von schweren Herz-Kreislauf- sowie Krebs-Erkrankungen noch zusätzlich die Reihen der Anhänger meines Systems vergrößert.

Mein Patient Bogatyrjow (auf Deutsch: Ritter) hatte

bis zum 40. Lebensjahr seinem Namen alle Ehre gemacht und war niemals erkrankt. Aber 1986 verspürte er nach einer schweren Angina einen ihm bis dahin unbekannten Zustand von Müdigkeit, Fahrigkeit und ein Stechen in der Herzgegend. So ging das fast acht Jahre. Die Herzschmerzen wurden langsam stärker, es kam Atemnot bei körperlicher Anstrengung dazu und ein pulsierendes Geräusch in der Herzgegend. Anfang 1994 legte er sich ins Krankenhaus und wurde Invalide (2. Gruppe). Im Februar 1994 schickte ihn das Pjatigorsker Institut für Kardiologie zur prothetischen Versorgung mit drei Herzklappen an das Bakuljew-Institut für Herz-Kreislauf-Chirurgie. Der Weg von Pjatigorsk nach Moskau machte Bogatyrjow schwer zu schaffen – es kam zu Atemnotanfällen, die von starken Schweißausbrüchen und unerträglichen Schmerzen in der Herzgegend begleitet waren. In der Aufnahmestation des Instituts erfuhr er von der hohen Sterblichkeitsrate bei einer Ersetzung von drei Herzklappen und weigerte sich strikt, den Eingriff vornehmen zu lassen. Der Patient wurde zu mir geschickt. Was habe ich gesehen?

Auf den frischen Röntgenaufnahmen war ein riesiges Herz mit verschwommenen Konturen auszumachen. Es nahm einen bedeutenden Teil des Brustkorbs ein. Die aufsteigende Aorta war völlig sklerotisiert. Der Schatten der Speiseröhre, die mit Kontrastmittel gefüllt war, war eigenartig nach rechts verschoben ...

Das Akademiemitglied Bakuljew, nach dem das Institut für Herz-Kreislauf-Chirurgie benannt ist, war ein glänzender Virtuose, aber auch er hätte von einem Herzen mit degeneriertem zerfließenden Gewebe die Finger gelassen. Einen chirurgischen Schnitt kann man bei einem dermaßen veränderten Organ nicht nähen – die Nahtstellen reißen ein und die Ränder der chirurgischen Verletzung klaffen weiter. Bakuljew war seinerzeit mein Opponent bei der Verteidigung meiner Dissertation und hat mir viel beigebracht, vor allem dass ein chirurgischer Eingriff immer gerechtfertigt sein muss. In dem konkreten Fall bestand praktisch keine Chance für eine erfolgreiche Operation. Die einzige Möglichkeit blieb eine konservative Behandlung, die auf eine Selbstregeneration des Herzgewebes ausgerichtet war.

Das von mir entworfene System der natürlichen Gesundung ist ein multifaktorieller Begriff. Es schließt sowohl eine rationelle Ernährung und Atmung ein als auch Bewegungsaktivität sowie die Wiederherstellung der Wärmeregulation des Organismus in Einheit mit der Umwelt – und, was das Wichtigste ist, die Normalisierung der Psyche in ihren bewussten und unbewussten Bereichen.

Hier ist die Bemerkung angebracht, dass für Herzkranke das Sterberisiko bei einem Infarkt stark von der Ernährung abhängt. Wenn jemand Fleisch isst, liegt der Risikofaktor bei 50 Prozent, bei fleischloser Ernährung bei 15 Prozent und bei einer Ernährung ohne Fleisch- und Milchprodukte bei 4 Prozent.

Die Zusammenstellung eines Speiseplans für solch einen Patienten ist äußerst schwierig. Es geht bei weitem nicht nur um den Charakter der Erkrankung. Ich kann nicht sagen, dass ich bei der und der Krankheit die und die Diät verschreibe. Viel zu viel hängt von dem Zustand des Patienten ab, von den Besonderheiten seiner Persönlichkeit, von der Zeit der Behandlung und sogar von dem Ort, wo die Behandlung durchgeführt wird. Was meinen Bogatyrjow angeht, so musste ich wegen des Zustands seines Magens, der Bauchspeicheldrüse, der Leber und des Darms meine Wahl auf gekeimten Weizen beschränken.

Ich verschrieb Bogatyrjow, dreimal täglich einen flüssigen Brei aus gekeimten Weizenkörnern zu essen. Auf jede Mahlzeit kamen nicht mehr als 40–45 g Weizenkeime. Das sind etwa zweieinhalb Esslöffel. Die Körner muss man nach dem Keimen trocknen und zu Mehl mahlen. Daraus wird mit Wasser in wenigen Minuten ein Brei gekocht. Das war das Einzige, was Bogatyrjow aß.

Im Februar begannen wir mit der Behandlung und schon im Frühling ging es ihm wesentlich besser, er konnte schon Säfte aus Kräutern und Gemüse trinken. Bald kehrte mein Patient an seinen Arbeitsplatz zurück. Und seine Arbeit erforderte keine geringen Körperkräfte, denn er war Elektromonteur. Bogatyrjow fühlte sich wieder wie ein Bogatyrjow. Er fuhr Fahrrad und schleppte es sogar problemlos in den siebten Stock. Ich füge hinzu, dass die Ultraschalluntersuchung eine unbedeutende Veränderung der Mitralklappe anzeigte, bei einem praktisch normalen Umfang des Herzens. Ich möchte bemerken, dass diese Verbesserungen vor dem Hintergrund einer Tagesration eintraten, die ein halbes Jahr lang nicht über 450 Kilokalorien lag.

Ein anderer sehr schwerer Fall war ein bekannter Wirtschaftsmann, der an einem schweren Herzleiden laborierte. Auf Rat eines Bekannten rief er mich an und wir vereinbarten ein Treffen. Ich erblickte einen etwas beleibten Mann mit einem gutmütigen, offenen Gesicht. Seine Augen strahlten Geist aus, aber in einem Winkel konnte man auch Angst erkennen, gemischt mit Hoffnung.

Ich verstand seinen Zustand sehr gut: Im Ergebnis einer diagnostischen Operation hatten die Ärzte eine sklerotische Plaque an der Basis aller drei Zweige der Koronararterien festgestellt. Man hatte dem Kranken keinerlei Lebenshoffnung gemacht, wenn er sich nicht operieren ließe. Er bekam zehn Tage Bedenkzeit.

Ich muss sagen, dass ich generell zu Operationen negativ eingestellt bin (obwohl ich selbst Chirurgin bin), umso mehr, wenn es um Herzoperationen geht. Und dem Kranken hatte man einen der kompliziertesten Eingriffe vorgeschlagen – eine Shunt-Operation, wo anstelle der angeschlagenen Gefäße neue eingesetzt werden, die aus der Vene des Patienten selbst hergestellt werden.

Nachdem ich den Patienten sorgfältig radiästhetisch untersucht hatte, gelang es mir festzustellen, dass die Blutversorgung der Herzmuskeln bei weitem nicht so schwach war, wie dies die behandelnden Ärzte angenommen hatten. Die Brustschmerzen in der Herzgegend bei den geringsten körperlichen Belastungen sind nicht immer Symptome einer Ischämie im Herzbereich. Häufig deuten sie auf eine Störung der Hirnfunktion hin, was zweifellos durch sklerotische Veränderungen im Gehirn begünstigt wird. Meine Erfahrung als Ärztin flüsterte mir ein, dass ein operativer Eingriff in diesem Fall nicht angezeigt war, weil die bedrohlichen Symptome einer Stenokardie, die von einem allgemeinen Prozess der Arteriosklerose zeugten, auf operativem Weg nicht beseitigt werden können.

Und ich irrte mich nicht mit meiner Diagnose, weil schon die ersten Schritte zur Heilung der Arteriosklerose auch die Herzschmerzen beseitigten, das gesamte Wohlbefinden des Patienten deutlich verbesserten und weil auch die leisen Anzeichen einer Arteriosklerose im Gehirn und der Verschlackung des Organismus verschwanden. Bereits am fünften Tag nach seinem Treffen mit mir konnte der Patient mit einer mit Obst beladenen Tasche in den vierten Stock steigen. Die Fruchtsäfte und die flüssigen Cremes aus heilkräftigen Körnern hatten schnell ihre Aufgabe erfüllt. Die Muttermale im Gesicht meines Patienten, die vorher entzündet waren, wurden blasser und verkleinerten sich. Es verschwand der Schrecken in seinen Augen. Dazu trug auch bei, dass der Kranke meine Anweisungen äußerst aufmerksam befolgte, worüber sich seine sorgsame Frau nicht wenig wunderte, die ihren Mann keine Minute aus ihrer Obhut ließ. Der Patient freute sich immer auf ein Treffen mit mir, er war stolz auf seine Mitwirkung an der gelungenen Behandlung der Krankheit. Nach meinem Ratschlag stand er, wie alle wirklich gesunden Menschen, vor Morgengrauen auf, um den Sonnenaufgang zu begrüßen, anstatt zu warten, dass die Sonne ihn weckte. Jeden Morgen ging er munteren, energischen Schritts fünf bis sechs Kilometer. Obwohl das Essen buchstäblich aus ein paar Bröseln bestand, war das kein Heilfasten. Fasten verschreibe ich ohnehin nur in Einzelfällen, weil es mit unerwünschtem Stress verbunden ist, dem Gefühl ständigen Unwohlseins und weil es manchmal auch krankhafte Auswirkungen zeitigt. In dem konkreten Fall wäre es für meinen Patienten alles andere als nützlich gewesen.

Die Behandlung im System der natürlichen Gesundung hatte ein weiteres Mal seine Effizienz gezeigt. Die Beine des Kranken wurden kräftiger, seine Stimmung hob sich, die Herzschmerzen machten sich nur noch selten bemerkbar. Das waren die Ergebnisse der ersten Behandlungsetappe.

Die zweite Etappe fand außerhalb Moskaus statt, weit weg vom Stress der Großstadt. Es war nötig, das innere Gleichgewicht des Patienten wiederherzustellen, das von den düsteren Prophezeiungen der Ärzte gestört worden war. Es standen das Loslassen von der Angst vor einer bis dato unvermeidlich erscheinenden Herzoperation auf dem Plan, eine Rückkehr der Lebensfreude etc. Das heißt, ich musste die für eine endgültige Heilung erforderliche seelische Verfassung beim Patienten erreichen.

Damit der Leser meine Gedanken besser begreift, erzähle ich von einem Gespräch mit einem Krebskranken. Auf meine Frage, womit er sich in der Freizeit beschäftige, antwortete der Patient, dass er viel lese und fernsehe. Aber als ich ihn ersuchte, zumindest den Inhalt eines gelesenen Buches oder einer gesehenen Sendung zu erzählen, konnte er das nicht. Sein Bewusstsein war beim Lesen und beim Fernsehen nicht aktiv dabei, weil es auf die Krankheit konzentriert war. Deshalb war eine Bedingung für meine Teilnahme am Heilungsprozess, dass der Kranke ein Tagebuch führte, in dem die interessantesten Ereignisse festgehalten wurden, Begegnungen mit Menschen, persönliche Gefühle, wobei der Patient das ausschließlich für sich machen sollte.

Das ist nur eine von vielen Methoden, den Patienten aus dem Teufelskreis der Gedanken über chronische Erkrankungen herauszureißen. Übrigens ist keine der Methoden ein für alle Mal festgelegt, weil die Individualität jedes Menschen unwiederholbar ist. Deshalb muss auch der Zugang zu jedem einzelnen individuell sein. Die Methoden der Fließbandbehandlung von Krankheiten, wie sie in unseren Krankenhäusern angewandt wird, ist mit dem System der natürlichen Gesundung einfach nicht vereinbar.

Aber es gibt eine doch etwas universellere Methode, welche ich in vielen Fällen anwende – die Methode des autogenen Trainings in Bewegung. Ihr Ziel ist die Verbindung der bewussten mit der unbewussten Hirntätigkeit, die Herstellung der Einheit der Funktionen. Die bewusste Einwirkung auf die Selbstregulierung des Organismus, die mit einem künstlich vorgegebenen Laufrhythmus in Verbindung steht, wird auf eine bewusste Wahrnehmung der Natur umgelegt, auf die Empfindung der Freude am Dasein. So wird die Einheit des geistigen, psychoemotionalen und körperlichen Wesens des Menschen wiederhergestellt.

Die bewusste Selbstregulierung betrachte ich als »Grobsteuerung« des Organismus mit nachfolgender Feinstimmung auf dem feinsten Niveau des Unbewussten. Die Bedeutung der unbewussten automatischen (Fein-) Stimmung ist leicht zu verstehen, wenn man sich etwa an die Erfahrung von Autoliebhabern erinnert. Wenn sie sich nach einer langen Pause ans Steuer setzen, halten sie sich verbissen am Steuer fest und kontrollieren jede Bewegung. Dabei verbrauchen sie viel Kraft und ermüden schnell. Wenn aber der Automatismus der in der Vergangenheit erworbenen Fertigkeiten einsetzt, lenken sie das Fahrzeug leicht, ungezwungen, ohne Müdigkeit zu verspüren.

Etwas Ähnliches geschieht auch mit der Wiederherstellung der Gesundheit eines scheinbar unheilbar Kranken. Kaum dass wir ihn auch nur zeitweilig aus der Einmischung unserer von der künstlichen Lebensweise deformierten Psyche freigeben, »erinnert« er sich schnell an das Programm der natürlichen Selbstregulierung, die von der Natur in ihm angelegt wurde.

Gerade auf diese Weise geschah es mit der Wiederherstellung der Gesundheit meines Patienten, des bekannten Ökonomen, dessen Namen ich wegen der ärztlichen Schweigepflicht für mich behalte. Ich wiederhole nur, dass ich niemals gewagt hätte ihn zu behandeln, wäre nicht die umwerfende Exaktheit der radiästhetischen Diagnose gewesen, die es dem Arzt erlaubt, den Grund einer Erkrankung aufzuspüren und außerdem einen nutzlosen chirurgischen Eingriff zu vermeiden. Dabei wenden sich die Menschen meist an mich, wenn alle der offiziellen Medizin bekannten Behandlungsmethoden ausprobiert wurden und nur noch eine Notmaßnahme bleibt, welche ich als letzten und häufig hoffnungslosen Versuch betrachte, einen tragischen Ausgang zu verhindern. In dem einen konkreten Fall befand ich mich praktisch in Opposition zu einer in unserem Land und über seine Grenzen hinaus bekannten, hervorragend ausgestatteten wissenschaftlichen Lehr- und Heilanstalt, in der bedeutende Experten von Weltrang arbeiten. Aber was das Wichtigste ist: Hier stießen zwei Sichtweisen des menschlichen Organismus aufeinander, zwei Wege zur Wiederherstellung seiner Gesundheit.

Im Widerstreit: Die Natur gegen die Chirurgie

Auch der Organisationschef der militärischen Bauwirtschaft, den ich kurz vor dem beschriebenen Fall behandelte, war keine Ausnahme. Sein Zustand war noch mehr Besorgnis erregend: Er hatte schon drei Infarkte hinter sich und lag mit einem drohenden vierten auf der Intensivstation des zentralen Militärkrankenhauses.

Der leitende Arzt bestand auf einer Notoperation am Herzen, wobei seine meiner Meinung nach empörende Argumentation nicht gerade originell war: »Stellen Sie sich vor«, sagte er, »Sie sitzen auf einem Pulverfass, die Zündschnur brennt und jeden Augenblick kann die Explosion losgehen. Was passiert, muss man nicht erklären. Das erwartet Sie, wenn Sie die Operation verweigern.«

Zum Glück war die Frau des Patienten klug und voll liebender Fürsorge für ihren Mann. Außerdem wusste sie gut über die Möglichkeiten des Systems der natürlichen Gesundung Bescheid, weil sie zwei Jahre lang meine Gesundheitsschule besucht hatte. Sie bestand darauf, dass mich ihr Mann um ärztliche Hilfe ersuchte. Nach der Untersuchung sagte ich, mir sei als Chirurgin völlig klar, dass er eine Operation nicht überleben könne. Ich schlug ihm vor, das Krankenhaus zu verlassen und ambulant die Genesung seines Herzens im System der natürlichen Gesundung anzugehen. Die gewöhnlichen Methoden vermischte ich mit individuellen. Auf Grund seiner Charaktereigenschaften brauchte er selbstständiges Handeln. Besondere Aufmerksamkeit schenkte ich seiner psychischen Situation, dem angespannten familiären Klima zwischen ihm und seinem Vater. Wer von ihnen im Recht war, kann ich nicht beurteilen. Klar war nur, dass in so einer Situation die Behandlung nicht fortgesetzt werden konnte. Deshalb schlug ich ihm vor, sobald er halbwegs auf den Beinen war, Moskau für die Zeit der Behandlung zu verlassen. Damals bereitete ich gerade ein Gesundheitslager in den Bergen vor, von dem bereits die Rede war, und schlug meinem Patienten vor, daran teilzunehmen. Ich hatte die Vorstellung, dass die großartige wilde Natur, die Bergluft, das Gletscherwasser zusammen mit den streng dosierten körperlichen Belastungen, heilkräftiger Ernährung und dem Austausch mit Gleichgesinnten eine positive Wirkung auf die Psyche dieses Mannes und auf seine Gesundheit haben würden. Die größten Unsicherheiten hatte ich wegen des Aufstiegs auf 3000 Meter Höhe, wo sich das Lager befand. Aber alle Ängste erwiesen sich als unbegründet. Der Aufstieg verlief glücklich, das Befinden des Patienten verbesserte sich rasch. Ein nicht geringes Verdienst daran gebührt seiner Frau, die streng darüber wachte, dass ihr Mann konsequent allen meinen Empfehlungen und Vorschreibungen nachkam. Dass er ein vollständig gesunder Mensch wurde, der seine ehemalige Herzerkrankung vergessen durfte, verdankte er auch ihr.

Aber in den Bergen versetzte er sie und auch mich ganz schön in Aufregung. Eines Morgens kam sie in höchster Sorge zu mir: Ihr Mann sei verschwunden. Hier verspürte ich vielleicht zum ersten Mal in meiner ärztlichen Karriere so etwas wie Unsicherheit. Es konnte alles Mögliche passiert sein: ein Mann mit krankem Herzen, allein in einer wilden Schlucht ...

Ich wandte mich an die Mitbewohner unserer Hütte, eine Gruppe von Bergsteigern, mit der Bitte, das nahe gelegene Waldmassiv zu durchkämmen. Und gerade als sie sich zur Suchaktion aufgestellt hatten und ich begonnen hatte, sie zu instruieren, was zu tun sei, wenn es dem Patienten nicht gut ginge, da erblickten wir plötzlich auf einem Gletscher auf der anderen Seite der Schlucht einen beweglichen roten Punkt. Ich nahm das Fernglas und sah: Mein Patient ging im Trainingsanzug über den Gletscher und labte sich an den unter dem Eis hervorsprudelnden Wasserbächen.

In diesem Augenblick hätte ich wohl den Verletzer der Ordnung am liebsten verprügelt, so sehr hatte uns sein Verschwinden erschreckt. Aber als er glücklich im Lager auftauchte, mit vor Entzücken leuchtenden Augen, stolz darauf, dass er Belastungen überwunden hatte, die er nicht einmal in seinen besten Jahren geschafft hatte, da jubilierte auch mein Herz.

Ich habe hier nicht von der wiedergewonnenen Gesundheit zweier schwer kranker Menschen erzählt, um irgendwelche besonderen Verdienste meines Systems hervorzuheben. Denn mein System ist nichts anderes als ein Mittel, um die schlummernden naturgegebenen Kräfte des menschlichen Organismus zu wecken, welche automatisch zur inneren Reinheit führen und die Bedingungen für ein normales Funktionieren aller Organe und Systeme sowie ein optimales Gleichgewicht in den Beziehungen zur Außenwelt schaffen. Leider ist bei den meisten Menschen diese Fähigkeit unter Einwirkung der künstlichen Lebensweise verloren gegangen. Wenn ich durch die Straßen Moskaus gehe oder wenn ich in überfüllten Sälen Vorträge halte, bemerkt mein professioneller Arztblick sowohl die grauen, zerrupften Haare, die ihren natürlichen Glanz verloren haben, als auch die glanzlosen Augen, die matten, weiß gefleckten Fingernägel und die blassen Gesichter ohne den natürlichen Rotschimmer – alles Alarmsignale, die unser Körper ausstößt, wenn die versteckten, seine Gesundheit unterminierenden Leiden noch nicht ans Tageslicht gelangt sind wie ein böser Flaschengeist. Ganz zu schweigen von den Körperformen meiner Landsleute, die äußerst weit entfernt sind von denen, die in den griechischen Skulpturen dargestellt sind.

Aber am meisten Besorgnis erregend ist der Umstand, dass eine falsche Ernährung und der Versuch, sich von seiner Umwelt zu isolieren, sich drückend auf die Psyche der Menschen auswirkt, weil sie die natürliche Selbstregulierung ihres Organismus behindern und ihr schöpferisches Potenzial einengen.

8

Die Rolle der Ernährung bei der Entstehung und Behandlung von Krebs

Im Zwist mit der Natur

Sogar seelisch starke Menschen erblassen, kaum hören sie die Diagnose: Krebs. Dieses Wort wird wie ein Todesurteil verstanden, gegen das es keine Berufung gibt. Den Krebs nennt man die Krankheit des 20. Jahrhunderts, welche nach der Zahl der tödlichen Ausgänge den zweiten Platz nach den Herz-Kreislauf-Erkrankungen einnimmt.

Aber ist Krebs denn eine Krankheit, wie man heute üblicherweise meint? Und wenn es keine Krankheit ist, was ist es dann? Und was sind die Gründe für den »Aufstand der Zellen«, welche unaufhaltsam zu wachsen beginnen, in die umliegenden gesunden Organe hineinwachsen und durch die Blutgefäße »wandern«, um in anderen Organen und Geweben Anker zu werfen und den neuen »Gastgebern« einen heimtückischen Schlag zu versetzen? Ist es nicht paradox, dass die eigenen Zellen unseres Organismus, welche die ganze Zeit korrekt ihrem Dienst zur Sicherung seiner Lebenstätigkeit nachgekommen sind, sich plötzlich ihren Pflichten widersetzen? Wer oder was hindert sie, weiter ihren Verpflichtungen nachzukommen? Niemand als wir selbst. Sie werden sich bald davon überzeugen.

Der Angriff auf den Krebs wird in viele Richtungen geführt, es gibt nicht wenige Theorien, welche den Mechanismus seiner Entstehung beschreiben, und es wurden eine Menge kanzerogener Stoffe entdeckt, welche die Entstehung von Krebszellen stimulieren. Aber ein irgendwie geschlossenes Bild aus dem Mosaik einer Unmenge von Fakten ergibt sich bisher nicht, und zwar zumindest aus dem einen Grund: Die Erforscher von Krebs betrachten den menschlichen Organismus häufig als etwas Selbstständiges, das abgetrennt von der Natur existiert und nicht mit ihr in einem großen einheitlichen Ganzen verbunden ist.

Wenn wir aufmerksam alles analysieren, was nach heutigem Wissen zu den Gründen bösartiger Neubildungen gehört, so können wir uns leicht davon überzeugen, dass die überwiegende Mehrheit dieser Gründe nicht von der Natur hervorgerufen worden sind, sondern, von wenigen Ausnahmen abgesehen, ein Ergebnis der Tätigkeit des Menschen selbst sind. Sowohl die Mehrheit der chemischen Verbindungen als auch die ionisierenden Strahlungen, die toxischen Metalle und noch vieles, vieles andere wurde in großen Mengen vom Menschen gewonnen, erzeugt oder abgebaut. Aber all das stellt nur in Verbindung mit der Schwächung des menschlichen Organismus eine Gefahr dar, mit der Zerstörung aller seiner Funktionen, welche durch die Entfernung des Menschen von der Natur und seine Ignoranz ihrer Gesetze und Regeln hervorgerufen wird.

»Egoisten« und »Kollektivisten«

Ein übermäßiger Konsum von Nahrung, welche noch dazu mit tierischen Eiweißen und Fetten angereichert ist, ruft eine von den Bedürfnissen des Organismus nicht motivierte überschüssige Produktion von Energie hervor, welche, wenn sie durch seine Gewebe strömt, zu einer vorzeitigen Alterung des Menschen führt. Im Wesentlichen ereignet sich ein kolossaler energetischer Schlag auf alle Zellstrukturen, Organe und Systeme unseres Körpers, der vergleichbar ist mit der Wirkung ionisierender Strahlung, nur zeitlich in die Länge gezogen. Nicht zufällig ruft Strahlung im Organismus Veränderungen hervor, welche in vielem vergleichbar sind mit denen, welche in einem abgenützten Körper vor sich gehen, meist im Alter.

Was verändert sich in unserem physischen Körper bei der Annäherung an die letzte Grenzlinie, die den Schlussstrich unter unser Leben zieht? Erstens arbeitet die übergroße Mehrheit der Zellen, aus welchen zusammen mit den Bindegeweben alle Organe und Systeme des menschlichen Organismus aufgebaut sind, weniger aktiv und auch die Anzahl der Zellen verringert sich. Wesentlich verringert sich die Sensibilität gegenüber Signalen, welche ihre Tätigkeit regeln, was in vielen Fällen mit Herz-Kreislauf-Erkrankungen endet, mit einem Vor-Krebs-Zustand oder eben mit Krebs. Was ist der Grund?

Die Zellen des menschlichen Organismus bestehen aus ebensolchen funktionalen Systemen wie die selbstständig in der Natur existierenden einzelligen Organismen. Aber letztere sind, in unserer Sprache ausgedrückt, »Egoisten« und leben nur für sich, ohne sich mit irgendwelchen anderen Interessen abzustimmen. Sie vermehren sich intensiv, wobei die Geschwindigkeit der Teilung ausschließlich von den Möglichkeiten ihres Organismus und dem Vorhandensein von Nahrung bestimmt wird.

Im Unterschied dazu sind die Zellen des menschlichen Körpers »Kollektivisten« und arbeiten im allgemeinen Interesse, wobei sie sich entsprechend den Signalen verhalten, welche unter anderem die Geschwindigkeit ihrer Teilung bestimmen. Aber sobald die Kraft der ihnen erteilten Signale schwächer wird oder die Fähigkeit zu ihrer Aufnahme sinkt, was meist im Alter geschieht, beginnen sie, sich wie »souveräne« einzellige Organismen aufzuführen, und beginnen, sich unkontrolliert zu teilen, wobei sich ihre Nachkommenschaft aus verschiedenen Gründen, auf die ich hier nicht näher einzugehen brauche, unterschiedlich verhält. Im einen Fall bildet die Nachkommenschaft eine gutartige Geschwulst, welche sich entwickelt, ohne andere Organe zu berühren. Im zweiten Fall wächst die Geschwulst gleichsam in die Gewebe der Nachbarorgane hinein und beschädigt sie. Dabei können sich Zellen der bösartigen Geschwulst, wie ich bereits erwähnt habe, losreißen und mit dem Blut- oder Lymphstrom in andere, weiter entfernte Organe wandern. Und wenn das Immunsystem, als Ergebnis langen Verschleißes, mit seinen Verpflichtungen zum »Herausfischen« und Vernichten der Krebszellen nicht nachkommt, entstehen so genannte Metastasen – sekundäre bösartige Neubildungen.

Es versteht sich, dass das von mir skizzierte Bild äußerst schematisch ist und deshalb vom Standpunkt des »reinen« Gelehrten in bestimmten Details anfechtbar ist, aber insgesamt gibt es dem Leser zumindest eine sehr allgemeine, vereinfachte Vorstellung von den Ursachen von Krebs. Und mehr ist hier auch nicht nötig.

Ist Krebs heilbar?

Ja, er ist heilbar. Von der Medizin wurden Fälle von Selbstheilung bei Krebs registriert. Mögen es nicht viele sein im Vergleich zu Millionen von Fällen mit tödlichem Ausgang, aber selbst wenn es viel weniger dieser Fälle gäbe, ja sogar nur einen einzigen, so würde auch er davon zeugen, dass eine grundsätzliche Möglichkeit besteht, den Prozess der unkontrollierten Zellteilung zu stoppen oder ihn sogar umzukehren. Wir haben heute direkte experimentelle Beweise für die Möglichkeit, aus einigen bösartigen Zellen normale Tochterzellen zu bekommen. Mit anderen Worten, der Prozess der unkontrollierten Zellteilung kann vom Organismus wieder unter Kontrolle gebracht werden.

Wie die Analyse der Fälle von Selbstheilung (vollständiger Remission) bei Krebs oder eines langzeitigen Anhaltens des Wachstums der Geschwulst zeigt, ist der Grund für eine derartige Entwicklung der Ereignisse in einem vom Krebs befallenen Organismus meist die Mobilisierung seiner Abwehrkräfte unter Einwirkung von Infektionskrankheiten, Eiterungen, Fieber, Lungenentzündung, Impfinfektionen etc.

All das spricht nicht dafür, dass man sich nach Erhalt der pessimistischen Diagnose sofort eine der aufgezählten Krankheiten holen soll. Eine Lungenentzündung etwa kann genauso tödlich sein wie der Krebs und sie kann auch der Grund für seine Entstehung sein. Wichtig ist, sich etwas anderes zu merken: Die unkontrollierte Zellteilung ist nicht das Gleiche wie die Kettenreaktion einer Atomexplosion, die mit keinerlei Mitteln umzukehren ist. Krebs ist prinzipiell heilbar, und die Natur selbst zeigt uns den Weg dazu – indem wir den Organismus zum Widerstand bringen.

Ich würde das nicht so kategorisch behaupten, hätte mich meine eigene Erfahrung nicht davon überzeugt. Um kein leeres Stroh zu dreschen, führe ich einige von zahlreichen Fällen an, wo Krebskranke dank des Systems der natürlichen Gesundung ins normale Leben zurückkehrten. Möglicherweise scheint die mehrfach wiederholte Behauptung der breiten Möglichkeiten dieses Systems bei der Behandlung der unterschiedlichsten chronischen Krankheiten zu überheblich. Ich schließe auch nicht aus, dass jemand bei sich denkt: »Sollte nicht gerade die Schatalova als ausgebildete Ärztin wissen, dass alle Versuche, ein Allheilmittel zu finden – ein universales Medikament gegen alle Krankheiten –, immer mit einer vollständigen Niederlage geendet haben?«

Ich füge meinerseits hinzu, dass sie nicht anders enden konnten, weil das Bemühen, eine solche Medizin zu finden, nicht realistischer ist als der Versuch, das perpetuum mobile zu erfinden.

Aber das System der natürlichen Gesundung als eine Art Medikament zu sehen bedeutet, nicht nur sein Wesen nicht zu verstehen, sondern auch den Charakter der Beziehungen des Menschen mit der Umwelt nicht zu begreifen.

Das System der natürlichen Gesundung erlaubt es, unsere Verbindung mit der Welt wiederherzustellen und dem Menschen jene Bedingungen zurückzugeben, unter denen er sich im Verlauf seiner gesamten Existenz entwickelt hat und welche einzig und allein in der Lage sind, die natürliche Selbstregulierung seines Organismus wiederzugewinnen und seine normale Lebenstätigkeit zu sichern.

Davon, dass das der einzige Weg zur Wiederherstellung der Gesundheit ist, überzeugt mich die Praxis der Behandlung von Krebskranken, welche gewöhnlich zu mir kommen, wenn die offizielle Medizin, nach der Erschöpfung des gesamten Arsenals der ihr zur Verfügung stehenden Mittel, eingestanden hat, dass sie am Ende ihres Lateins ist.

So war es auch bei einer meiner Patientinnen namens Nadja, welche an einer bösartigen Geschwulst an den Eierstöcken litt und in einer der bekanntesten und angesehensten Kliniken Moskaus behandelt wurde. Das ist eigentlich eine eigene Krankenstadt, in der vom Standpunkt der offiziellen Medizin ideale Bedingungen zur Wiederherstellung der Gesundheit herrschen.

Bevor Nadja zu mir kam, war sie schon dreimal innerhalb eines halben Jahres in dem Krankenhaus gewesen, wo sie buchstäblich vor die Hunde ging. Ihr war die Geschwulst vollständig entfernt worden, aber es wurden Metastasen im Darm und in der Leber entdeckt. Die in diesen Fällen übliche Behandlung hatte keine Wirkung.

Die Krankheit schritt stürmisch voran und Nadjas Tage waren gezählt, nachdem die Erkrankung die unheilvolle Form der Hyperthermie (Überhitzung) angenommen hatte. Eine ganze Woche sank das Fieber nicht unter 38 bis 39°C, und die Frau war dabei, vor unseren Augen zu verbrennen. In diesen Fällen ist die offizielle Medizin tatsächlich hilflos.

Ein so heftiger Verlauf der Krankheit sagte mir, dass der Organismus mit dem Krebs kämpfte, indem er diesen auf den ersten Blick selbstmörderischen Weg wählte. Aber eben nur auf den ersten Blick, zumal heute bekannt ist, dass die Krebszellen auf erhöhte Temperatur empfindlicher reagieren als normale, nicht entartete Zellen. Nicht zufällig wird in der ganzen Welt intensiv nach Möglichkeiten der lokalen Temperaturerhöhung in der Geschwulst gesucht, welche gesundes Gewebe nicht berühren soll.

Es scheint, dass es genügt, den Organismus in seinem Kampf mit der bedrohlichen Krankheit zu unterstützen

Gerson ISBN 3-89526-000-2

und ihn in diesem Kampf nicht unterliegen zu lassen. Aber die Methoden der Symptombehandlung sind gerade auf dem gegenteiligen Prinzip aufgebaut. Alle äußeren Reaktionen des Organismus werden als Symptome der Krankheit selbst angesehen, und das Hauptaugenmerk wird auf die Niederwerfung dieser Reaktionen gerichtet. Im Fall Nadjas drückte sich das in der Verschreibung stark fiebersenkender Mittel aus.

Ich konnte nicht ruhig zusehen, wie vor meinen Augen alles getan wurde, um den verhängnisvollen Ausgang zu beschleunigen, und auf Bitte ihres Mannes nahm ich mich ihrer Behandlung an. Als Erstes setzte ich alle fiebersenkenden Mittel ab und ergriff kurzfristig Maßnahmen, um die natürliche Reinigung des Organismus zu aktivieren. Ich verschrieb Nadja Bäder, Kontrastabreibungen, Reinigungsklistiere nach der Methode des amerikanischen Arztes Gerson, welche von ihm bereits 1946 vorgeschlagen und in der von seiner Tochter geführten Krebsklinik erprobt wurden.

Das Wesen der Methode besteht darin, dem Kranken eine große Menge reinigender Einläufe zu verschreiben: sechs bis acht am Tag. Dem Wasser, dessen Temperatur 38°C beträgt, wird Kaffeesud und Zitronensaft beigemischt. Ich erweiterte die Zahl der Ingredienzien durch die Beigabe von frisch gepresstem Saft der Roten Rübe. Auf eine Klistierflasche mit 1,5 bis 2 Litern kommen etwa 100 Kubikzentimeter Sud von grünem (= ungeröstetem) Kaffee, 3 bis 4 Teelöffel Zitronensaft und ein Glas Rote-Rüben-Saft.

Die Anzahl der Einläufe hängt vom Zustand des Patienten ab: je schlechter, desto mehr Einläufe. Das ganze sieben bis zehn Tage lang, danach wird die Anzahl der Einläufe langsam gesenkt. In der letzten Etappe erfolgen sie in Abständen von ein bis zwei Tagen, bis der Patient einen eigenen Stuhlgang hat.

Die hohe Effizienz der Methode Gersons erkläre ich damit, dass sie erlaubt, die Toxine aus dem Körper zu entfernen, die bei Krebs im Dickdarm gebildet werden und welche auf das Gehirn wirken, wobei sie die Selbstregulierung der Lebensprozesse stören.

Bei Nadjas Behandlung wurde außerdem heilkräftige Kost angewendet, welche die Tätigkeit des Verdauungstrakts normalisiert. Obwohl es in solchen Fällen üblich ist, Reinigungsfasten zu verschreiben, bin ich gegen dessen wahllose Anwendung und ziehe sanftere, schonendere Behandlungsmethoden vor, welche sich in der Praxis meist als effizienter erweisen. Große Aufmerksamkeit wurde der Schaffung einer entsprechenden psychologischen Stimmung geschenkt, damit die Patientin selbst zu einer aktiven Teilnehmerin am Heilungsprozess wurde.

Schrittweise kam Nadja auf die Beine, und die Behandlungsmethoden erhielten einen immer aktiveren Charakter: tägliche Waldspaziergänge, Wasseranwendungen, körperliche und Atemgymnastik. Und nach 30 Tagen wurde meine Patientin aus dem Krankenhaus entlassen. Im Schlussbericht ihrer Krankengeschichte stellte man fest, dass keine Metastasen der Geschwulst entdeckt wurden. Eine nochmalige Untersuchung bestätigte den glücklichen Ausgang der Krankheit. Seither sind schon mehr als vier Jahre vergangen. Nadja lebt und ist gesund. Sie hat eine wunderbare Familie, einen liebenden Mann, einen erwachsenen Sohn. Die Genesung Nadjas wurde in vielem von dem bewundernswert zärtlichen und sorgsamen Verhalten ihres Mannes, ihrer Freunde und Nächsten unterstützt. Keine geringe Bedeutung gebe ich auch dem Können meiner Krankenpflegerin, welche mit Sachkenntnis alle meine

Anweisungen umsetzte. Sie selbst war zwei Jahre vor dem beschriebenen Fall von Brustkrebs, der bereits Metastasen gebildet hatte, befreit worden.

Nur die behandelnden Ärzte zeigten kein Interesse an dem System der natürlichen Gesundung, dank dessen ein laut ihnen zum Sterben verurteilter Mensch am Leben blieb. Erst lauschten sie aufmerksam meinen Erläuterungen, in der Erwartung, dass ich ihnen irgendwelche wundertätigen »Geheimnisse« der Heilung der Patientin offenbarte, aber nachdem ich über derartige Geheimnisse nicht verfügte, erlosch ihre Neugier sehr bald.

Sie, die nach den Postulaten der Symptombehandlung ausgebildet wurden, weigerten sich zu verstehen, dass für den Organismus des Menschen das Wichtigste ist, dass man ihn nicht daran hindert, in Übereinstimmung mit der Natur zu leben – den Rest erledigt er selbst. Ihre prinzipielle Ablehnung meiner Vorstellungen von der Fähigkeit des Organismus zur Selbstregulierung und Selbstregeneration zwingt sie häufig, die Hände in den Schoß zu legen in Fällen, wo – wie Nadjas Beispiel gezeigt hat – es möglich ist, einen Menschen zu retten und ihm die Gesundheit wiederzugeben.

Ich kämpfe für einen Menschen, solange er dies selbst will

Ich berichte noch von einem weiteren Fall aus einer langen Liste Geheilter, die hoffnungslos an Krebs erkrankt gewesen waren – hoffnungslos vom Standpunkt der offiziellen Medizin aus. Die Rede ist von einem hohen Funktionär des Verwaltungsbezirks Kamtschatka. Ein unauflöslicher Knoten von Widersprüchen in seinem Leben wurde zu einem gewaltigen Stress, welcher sich schädigend auf die wie es schien unerschütterliche Gesundheit dieses Menschen auswirkte. Zu den Unannehmlichkeiten in der Arbeit kamen ernsthafte familiäre Zwistigkeiten. Schließlich begann er tief ins Glas zu schauen und viel zu rauchen. Und Schnaps und Tabak sind wie Öl in das Feuer, in dem die Gesundheit verbrennt.

Sein strahlendes Äußeres erblasste, die wehenden schwarzen Haare wurden matt, die Gesichtsfarbe und dann der ganze Körper wurden gelb. Es traten deutliche Anzeichen einer Gelbsucht auf. Der Kranke wurde nach Moskau ins onkologische Zentrum gebracht, da man eine Geschwulst zwischen Leber und Bauchspeicheldrüse festgestellt hatte. Aber der Gesundheitszustand und die Lage der Geschwulst zwangen die Chirurgen, sich mit einer rein palliativen Operation ohne Entfernung der Geschwulst zu begnügen.

Am 20. Tag nach der Operation brachte man den Patienten zu mir zur Untersuchung. Sein physischer Zustand war alles andere als gut: kaputte Haare, ein verlorener, verzagter Blick, unsicherer Gang, gebückte Haltung, gelbe Haut, mit einem Wort: ein äußerst schwerer Fall. Andererseits hatte er eine schöne junge Frau und ein kleines Kind. Ich entschloss mich, ein enormes Risiko einzugehen. Ich warnte die Verwandten, dass jeder Ausgang möglich sei, sogar der ungünstigste. Sie waren auf alles gefasst.

Unter Berücksichtigung des Umstandes, dass der Patient eine Neigung zu Alkohol und Tabak hatte und sich unregelmäßig ernährte, legte ich besonders großen Wert auf die Reinigung des Organismus von Toxinen. Ich möchte insbesondere diesen Umstand betonen, nachdem in der heilkräftigen Ernährung das Verfahren bei jedem Patienten strikt individuell ist. Einheitliche Methoden gibt es hier nicht und kann es nicht geben.

Mein Patient ernährte sich mehrere Monate lang von flüssigen, speziell zubereiteten Breien und Gemüsesäften, wobei der Rote-Rüben-Saft überwog. Niemals machte seine Ration mehr als 400 kcal am Tag aus. Erst nahm der Patient deutlich ab, doch bald entsprachen seine Körpermaße der Norm.

Im vierten Behandlungsmonat wurde er deutlich kräftiger, es kamen die Körperübungen mit Elementen des dynamischen autogenen Trainings zur Anwendung, welche er dreimal täglich ausführte.

Schrittweise traten Veränderungen auch in der Psyche des Patienten ein – die wichtigste Bedingung der Heilung im System der natürlichen Gesundung. Schließlich und endlich wurde ihm klar, wie nichtig all die Reizquellen waren, die ihm früher seine Ruhe genommen hatten. Mein Patient bekam neue Lebensfreude und seelisches Gleichgewicht.

Um all diese Veränderungen zum Besseren zu stabilisieren, hielt ich es für unumgänglich, den Patienten zu seinem Vater zu schicken, in sein Heimatdorf, wo er seine glückliche Kindheit verbracht hatte, an die sich der Kranke häufig erinnerte. Bald war er wieder im Kaukasus, am Ufer des wilden Terek, in dem er zur Verwunderung seiner Dorfnachbarn sogar im Winter badete.

Einige Monate nach unserer ersten Begegnung konnte ich diesen einst hoffnungslos Kranken bereits zur Teilnahme an einer 500-km-Wanderung durch die Wüste Karakum einladen. Aber zuerst überzeugte ich mich von seiner vollständigen Genesung: Er ließ eine Generaluntersuchung in derselben Klinik durchführen, in der seinerzeit Nadja gelegen hatte. Man kann sich das Erstaunen der Ärzte vorstellen, als sie seine Krankengeschichte studierten und sich überzeugten, dass er jetzt ein ganz gesunder Mensch war.

Aber das Interessanteste dabei ist, dass die Ärzte, obwohl

sie keine Krankheitssymptome feststellten, auf Grund der Akte, welche irgendwann einmal im onkologischen Zentrum angelegt worden war, meinem Patienten einen Bescheid gaben, auf dem schwarz auf weiß stand: Der Patient braucht einen operativen Eingriff.

Lange Zeit erklärte ich mir eine derart übervorsichtige Position damit, dass die unter den Postulaten der symptomatischen Medizin ausgebildeten Ärzte ihr Misstrauen gegenüber den Regenerationsmöglichkeiten des menschlichen Organismus nicht überwinden können. Aber in der Folge erfuhr ich, dass die Sachlage komplizierter war. Mich machten regelrechte »Verhöre« seitens der Ärzte über »wundertätige Geheimnisse« stutzig, welche mir angeblich ermöglichten, hoffnungslos Kranke zu heilen. Der Leser weiß bereits, dass ich solche Geheimnisse weder hatte noch habe. Im Gegenteil, ich erzähle überall und jedem, ohne etwas zu verbergen, von meinem System der natürlichen Gesundung, welches hilft, den Menschen ihre durch künstliche Lebensweise angeschlagene Gesundheit zurückzugeben.

Aber gerade dies gefällt weder den Theoretikern der ausgewogenen Ernährung noch den Vertretern der Schulmedizin. Würde ich als Ergänzung zu den Hunderten bereits existierenden noch eine weitere Methode erfinden, würden sie vor Erleichterung aufatmen, mir gönnerhaft auf die Schulter klopfen und mir vorschlagen – wie sie das bei einigen Wunderheilern machen –, gemeinsame Forschungen zu unternehmen. Sie würden mir dafür ihre Labors zur Verfügung stellen, weil sie wissen, dass keine einzige isoliert hergenommene Methode und auch nicht der fähigste Wunderheiler die geringste Bedrohung für die theoretischen Grundpfeiler darstellen, auf denen sowohl die Theorie der ausgewogenen Ernährung als auch die moderne Lebensmittelindustrie und die Schulmedizin ruhen. Die Theoretiker segnen die Lebensmittelindustrie für die Vernichtung der natürlichen Eigenschaften der Lebensmittel, ihre »Optimierung«, was seinerseits massenhaft chronische Erkrankungen hervorruft und die Ärzte und auch die Wunderheiler mit ständiger Arbeit versorgt.

Es versteht sich, dass ich das Gesagte nicht auf die erdrückende Mehrheit der (russischen) Ärzte beziehe, welche unter schwierigen Bedingungen arbeiten und Kranken, leidenden Menschen zu Hilfe eilen. Und es ist nicht ihre Schuld, dass sie den Weg zur Gesundheit ihrer Patienten im trüben Licht der Schulmedizin suchen müssen. Ihre Funktionäre befriedigt eine solche Situation aber offensichtlich durchaus. Wenn nämlich eine prinzipiell andere Position die Oberhand hätte, zu der auch ich mich rechne, so wären die Vertreter der von mir genannten allmächtigen Triade einfach überflüssig. Aber nachdem es bis dahin noch weit ist, kehren wir zu unserem Kranken zurück, genauer: zu unserem ehemaligen Kranken.

Nachdem ich den genannten Bescheid gesehen hatte, schlug ich ihm ohne zu zögern vor, an einem dem Leser bereits bekannten Experiment teilzunehmen: an unserem 500-km-Marsch durch die Wüste des zentralen Karakum. So sehr war ich von der Gesundheit dieses Menschen überzeugt.

Ich erzähle etwas genauer von den anderen Teilnehmern: Außer meinem Patienten nahm ich einen jungen von mir geheilten Diabetiker mit auf den Marsch, wobei ich mich nicht mit einer Notreserve Insulin eindeckte, so gut fühlte er sich. Einen ehemaligen Herzpatienten, der kurz zuvor folgende Eintragung in seiner Krankengeschichte bekommen hatte: Kann sitzend arbeiten ohne körperliche Anstrengungen. Weiter einen Nierenkranken, der dank des

Systems der natürlichen Gesundung wieder genesen war. Noch vor einem Jahr hatte er an einer schweren Nierenbeckenentzündung gelitten. Seine Frau hatte mich überredet, mich seiner anzunehmen, nachdem sie vom Krankenhaus zu hören bekommen hatte: »Tote nehmen wir nicht.« Das hatte mich derart schockiert und empört, dass ich augenblicklich mein Einverständnis zu seiner Behandlung gab. Mein Patient ist auch heute bei bester Gesundheit. Mit uns ging auch ein ehemaliger Hypertoniker, der 20 Jahre lang erfolglos medikamentös behandelt worden war, sowie ein ehemaliger Patient mit Zwölffingerdarmgeschwür. Die Ärztin, die unsere Expedition begleitete, hatte vormals unter Leberzirrhose gelitten und war vollständig genesen – dank des Systems der natürlichen Gesundung. Dazu kommen noch die Autorin dieser Zeilen, welche damals schon 75 Jahre alt war, sowie ein 59-jähriger Schaffner, der kurz vor der Rente stand. Sie haben somit eine umfassende Vorstellung von der Zusammensetzung unserer Expedition. Nach dem Kanon der Schulmedizin hätte so eine Expedition überhaupt nicht stattfinden können. Aber wie ich bereits geschrieben habe: Sie kam zustande und hat glänzend die unbegrenzten Möglichkeiten des menschlichen Organismus demonstriert, der zu natürlichen Existenzbedingungen zurückgeführt wurde.

Mein Krebspatient hielt sich wacker. Er war der einzige Teilnehmer der Durchquerung, der permanent in den Spiegel blickte und registrierte, wie sich sein Äußeres veränderte. Sogar sein Gang hatte sich verändert: geschmeidig und weich, wie bei einem Jäger.

Aber zwei, drei Monate nach der Wüstendurchquerung, als er sich wieder völlig gesund fühlte, kehrte er zu seiner früheren Lebensweise zurück: wieder Restaurants, wieder Alkohol und Naschereien. Und natürlich erneut die ersten Symptome einer Erkrankung. Auf seine wiederholten Bitten hin behandelte ich ihn wieder, obwohl es nicht zu meinen Spielregeln gehört, Menschen zu behandeln, die gesund sein wollen, aber sich dabei von keiner einzigen ihrer verderblichen Gewohnheiten und Leidenschaften verabschieden wollen. Das ist ein hoffnungsloses Unterfangen, weil man einem Menschen keine Gesundheit geben kann, wenn er selbst aktiv dagegen Widerstand leistet.

Ich schickte meinen Patienten wieder zum Vater, der dieses Mal besonders aufmerksam für ihn sorgte. Aber kaum fühlte er sich wieder gesund, beschloss er, nach Kamtschatka zurückzukehren, obwohl ich ihn eindringlich bat, das nicht zu tun, weil ich wusste, dass ihn die alten Zechgenossen nicht in Ruhe lassen würden. Aber er machte, was er für richtig hielt. Da wusch ich meine Hände in Unschuld: Einen erwachsenen Kerl, der aus Erfahrung klug hätte werden können, wie einen kleinen Jungen in kurzen Hosen an der Hand zu nehmen, ist nutzlos. Außerdem habe ich dazu weder Lust noch Zeit.

Ich könnte viele Fälle der Heilung von Krebs im System der natürlichen Gesundung schildern, weil ich mich an alle ehemaligen Patienten erinnere, an ihre Krankengeschichte, die Diagnose, den Verlauf der Behandlung. Ich erinnere mich, wie sich ihr Äußeres veränderte, die Gesichter rosig wurden und die von Krankheit gebeugten Rücken sich aufrichteten. Das gibt mir Freude und die Kraft, die Arbeit meines ganzen Lebens fortzusetzen. Das Einzige, was ich immer vermeide, ist eine Fernbehandlung von Kranken. Der Arzt muss seinen Patienten sehen und der Patient seinen Arzt. Deshalb sage ich sehr häufig Menschen ab, die sich mit verzweifelten Briefen aus anderen Städten an mich wenden. Aber die Entwicklung der Technik hat meine beschränkten Möglichkeiten etwas erweitert.

Behandlung über Videoaufzeichnung

Eine Ausnahme meiner Regel, nicht auf Entfernung zu behandeln, machte ich im Zusammenhang mit Walja P. aus Krasnodar. Sie hatte sich an mich gewandt, nachdem man ihr die Brustdrüse entfernt hatte und ihr sechs Behandlungszyklen mit Chemotherapie verschrieben hatte. Walja fühlte sich sehr krank, und in der Operationsnarbe konnte man eine Verdichtung fühlen. Die Frau kam zu mir, und ich konnte mit radiästhetischen Untersuchungen feststellen, dass die Geschwulstbildung weiterging. Man musste unbedingt eine Behandlung im System der natürlichen Gesundung durchführen, aber praktisch schien es nicht durchführbar, weil wir in verschiedenen Städten lebten. Die Ausführung der Atem- und Bewegungsübungen in meinem System hat einige Besonderheiten, die man auf Papier nicht beschreiben kann. Die Patientin musste sehen, wie ich diese Übungen ausführe, und ich musste den Körper der Patientin bei der Ausführung der Übungen sehen. Wie sonst soll man einem Menschen erklären, welche Empfindungen er bei der oder der Pose oder Bewegung haben soll? Sonst sind Fehler unvermeidlich, was den Effekt der Behandlung mindert.

Eine Videoaufzeichnung hat uns gerettet. Ich habe eine ganze Kassette für Walja besprochen, wo ich ihr auf das Genaueste ihren Tagesablauf beschrieb und erklärte, was sie essen sollte und wie sie ihr Essen zubereiten sollte. Ich zeigte ihr sämtliche Übungen, die sie ausführen sollte, und erläuterte die Demonstration ausführlich.

Dann fuhr Walja nach Krasnodar und begann mit der Selbstbehandlung nach meinen Anweisungen. Die Videoaufzeichnung erlaubte ihr, die Effizienz der Behandlung zu kontrollieren. Seither sind vier Jahre vergangen. Meine

Schülerin (jetzt kann ich sie wohl so nennen) ist gesund und sagt, dass sie sich nicht einmal in der Jugend so wohl gefühlt habe wie jetzt. Die Operationsnarbe hat sich vollständig regeneriert.

Ungefähr die gleiche Geschichte ist mit einem anderen Patienten aus Krasnodar passiert, der an Harnblasenkrebs litt. Die Diagnose war in dem Krankenhaus gestellt worden, wo er sich zu einer Untersuchung aufhielt, und in einem Krebsvorsorgezentrum bestätigt worden. Nachdem er sich am Leiden der dort anwesenden Patienten satt gesehen hatte, beschloss er, auf eine Operation zu verzichten. Seine Tochter kam mit der vollständigen Krankengeschichte, den Analysebefunden und den Röntgenaufnahmen zu mir. Auf Grundlage dessen legte ich einen Behandlungszyklus im System der natürlichen Gesundung fest. Ebenso wie bei Walja P. wurden meine ausführlichen Erläuterungen auf Video aufgenommen, und die Tochter fuhr zu ihrem Vater zurück. Ich muss meinem externen Patienten Respekt zollen. Er ging erfolgreich auf die ihm empfohlene Lebensweise ein: Er ernährt sich im Rahmen der heilkräftigen Ernährung, eignete sich die Atemtechniken an sowie die Bewegungen im Zustand des dynamischen autogenen Trainings, übergießt sich mit kaltem Wasser, schläft nur auf harter Unterlage und hält sich an andere Empfehlungen des Systems von Nishi, von dem hier noch die Rede sein wird. Er fühlt sich hervorragend und findet keine Symptome der bedrohlichen Erkrankung mehr.

Ich weiß, dass das halbe Maßnahmen sind und keine Technik je den persönlichen Kontakt zwischen Arzt und Patient ersetzen kann. Deshalb lasse ich meine Hoffnung nicht ruhen, eines Tages ein Zentrum für die Umschulung von Ärzten zu eröffnen, damit das System der natürlichen Gesundung nicht Hunderten und Tausenden, sondern Hunderttausenden Menschen die Gesundheit zurückgibt.

Die Besonderheiten der Behandlung von Krebs

Ich lehne die übliche Behandlung von Krebs kategorisch ab, weil sie eine gewaltsame Einmischung des Arztes in das Leben unseres Organismus beinhaltet, gerichtet auf die Genesung des von Krebs befallenen Organs (bzw. der Organe) mit Hilfe eines chirurgischen Eingriffs, einer Bestrahlung oder starker chemischer Präparate. Ich akzeptiere solche Methoden nicht, weil sie meist einen kurzfristigen Effekt haben, ohne den Hauptgrund für den Krebs zu beseitigen – die Störung der Selbstregulierung unseres Organismus. Mehr noch, sie verstärken seine Deregulierung, und wenn sie auch für eine bestimmte Zeit das Leben verlängern, so machen sie den Patienten zum Invaliden für die ganze übrige Zeit seines irdischen Daseins. Die Menschen sind derart an solche Beziehungen zwischen Arzt und Patient gewöhnt, dass jede andere Verfahrensweise als Fahrlässigkeit, Gleichgültigkeit oder Verletzung der ärztlichen Berufspflicht angesehen wird. Grundlage derartiger Beziehungen ist die an sich schon verhängnisvolle Ansicht, dass jede Krankheit ein »Schaden« in dem einen oder anderen System oder einzelnen Organ sei und der Arzt ein Mechaniker, dazu verpflichtet, ihn zu »reparieren«. Das bezieht sich auch im vollen Umfang auf die Wunderheiler.

In diesem Sinn des Wortes behandle ich die Menschen nicht, zumal ich weder Operationen durchführe, obwohl ich selbst Chirurgin bin, noch Zuflucht nehme zu Bestrahlung oder Chemotherapie mit hochwirksamen synthetischen oder auch natürlichen, jedenfalls aber stark konzentrierten Präparaten oder Verbindungen. Meine Aufgabe als Ärztin sehe ich darin, dem Menschen zu erklären, warum er erkrankt ist, und ihm zu helfen, die natürliche Selbstregulierung seines Organismus wiederzuerlangen. Und die Mittel dazu kennt der Leser bereits. Mit anderen Worten, *der Hauptakteur im Kampf gegen die Krankheit ist der Kranke selbst, sein Wille, sein Bemühen, nicht eine kurzfristige, sondern eine vollständige Genesung mittels Überganges zu einer natürlichen, gesunden Lebensweise zu erreichen.*

Und der erste Schritt auf dem Weg zur Gesundheit ist die Genesung seiner Seele, ihre Reinigung von Brutalität, Bosheit, Neid, Feigheit. Der kürzeste Weg dahin ist Einheit mit der Natur, zumindest zeitweilige Selbstisolation von der modernen Gesellschaft und ihrem Kult der Gewalt und des hemmungslosen Erwerbs der Segnungen des Lebens bzw. dessen, was dafür gehalten wird.

Meinen Patienten schlage ich vor allem vor, die Stadt zu verlassen, deren Atmosphäre von Nichtigkeiten durchsetzt ist mit ihrem trügerischen Wertesystem und ihrer Gleichgültigkeit gegenüber dem einzelnen Menschen. Der Wald, die Wiese, der Fluss und der See sollten zumindest zeitweilig ihre nächsten Freunde werden. Betrachten Sie sorgfältig die Sie umgebende natürliche Welt: Sie ist eins und doch dabei äußerst individualisiert. Im Wald sieht man nicht zwei gleiche Bäume, jeder hat seinen Charakter, seine Gestalt. Lauschen Sie dem Rauschen der Blätter, den Stimmen der Vögel, dem Murmeln des Wassers und Sie werden fühlen, wie die uns Städter beherrschende Nervenanspannung, das Gefühl unbewusster Angst, die Erwartung irgendwelcher unvorhersehbarer Unannehmlichkeiten und Unglücksfälle von Ihnen abfallen, sich von Ihnen lösen wie eine Schlangenhaut und es erfasst Sie ein Gefühl der Leichtigkeit, der vollen Harmonie mit der Natur. Und die Hauptsache: Geben Sie sich nicht der Mutlosigkeit hin, glauben Sie an die bisher nicht in vollem Maß erkannte, wahrlich unversiegbare Fähigkeit Ihres Organismus zur Selbstheilung.

Aber für die Realisierung dieser Fähigkeit müssen Sie ihm Bedingungen schaffen, damit jedes Organ, jedes System im vollen Ausmaß seiner Möglichkeiten zu arbeiten beginnen kann. Methoden, welche den Stoffwechsel korrigieren und stimulieren, existieren nicht wenige. Auch ich benütze sie sehr vielfältig, wobei ich meine Korrekturen einbringe, welche von meinen Vorstellungen über den menschlichen Organismus und seine Beziehung zur Welt der lebenden und leblosen Natur geprägt sind.

Die ernsthaftesten Systeme sind heute meiner Meinung nach die makrobiotische Methode von J. Osawa und das System von Nishi. Ihre Autoren erörtern ihre eigenen Ansichten zu den Ursachen der Entstehung von Krebs und machen Rezeptvorschläge, um ihn diätetisch zu behandeln. Aber beide leiden – ungeachtet ihrer Unterschiede – unter einem wesentlichen Mangel: Schuld an der Entstehung von Krebs haben ihrer Ansicht nach Erscheinungen sekundären Charakters, welche jedoch nichts als Symptome einer allgemeinen »Erkrankung« des Organismus sind, nämlich der Störung seiner natürlichen Selbstregulierung. So legt Osawa bei der Krebsbehandlung das Hauptaugenmerk auf die Wiederherstellung des Säure-Basen-Gleichgewichts (Yin-Yang-Gleichgewicht), Professor Nishi sieht die Ursachen von Krebs im Sauerstoffmangel und der damit zusammenhängenden erhöhten Menge an Kohlensäure im menschlichen Körper, im Vitaminmangel, in chronischer Verstopfung – und entsprechend baut er seine Strategie und Taktik der Behandlung auf. Einen bedeutenden Platz im System der Ansichten von J. Osawa nehmen die Anschauungen der Weisen des Ostens ein, welche meinten, dass glücklich der sei, der

- ein langes gesundes Leben lebt und sich für alles interessiert,
- keine Geldsorgen hat,
- instinktiv Unglücksfälle und Schwierigkeiten vermeiden kann, welche einen vorzeitigen Tod nach sich ziehen,
- versteht, dass Ordnung für das ganze Universum charakteristisch ist,
- nicht danach strebt, in der ersten Reihe zu laufen, was zum Rückfall in die letzte Reihe führt, und keine Angst hat, der Letzte zu sein, um dann für immer Erster zu sein.

Osawa ruft dazu auf, ein solches Verständnis von Glück anzunehmen, und behauptet, dass ein »anderer Weg, der darin besteht, sich in intellektuelle und theoretische Forschungen zu vertiefen, lang, schwer und langweilig« sei, und weil die meisten bedeutenden Menschen auf Grund eigener Anstrengungen oder eigenen Könnens bedeutend wurden, sei die »schulische Bildung nutzlos und abzuschaffen« und eine »Berufsausbildung eine Maschine zur Herstellung von Sklaven, das Sklavendenken aber sei unvereinbar mit Glück«. Man kann mit der philosophischen Konzeption J. Osawas einverstanden sein oder nicht, aber es wäre zumindest unvernünftig, seine Erfolge in der Heilung von Menschen zu ignorieren, welche dank des Talents des hervorragenden Klinikers und der von ihm erarbeiteten Theorie der einfachen Behandlung erzielt wurden; deren Wesen besteht darin, natürliche Produkte zu verwenden und auf Medikamente, Operationen und passive Behandlung zu verzichten. Ebenso unvernünftig wäre es, die Erfahrung der Anhänger des Systems von Nishi zu ignorieren, welche sich bemühen, auf den Organismus der Krebskranken mit einer speziellen Diät, mit Körper- und Atemübungen sowie mit Abhärtungsmaßnahmen einzuwirken.

Die Empfehlungen der Anhänger des einen wie des anderen Systems haben in vieler Hinsicht empirischen Charakter, nachdem ihre Grundlagen vor Jahrtausenden gelegt wurden, als die Wissenschaft im modernen Sinn überhaupt noch nicht existierte.

Bei der Ausarbeitung meines Systems der natürlichen Gesundung habe ich die Systeme von Osawa und Nishi ebenso studiert wie auch viele andere und habe mir den diätetischen Kern herausgesucht, der für die Wiederherstellung der Selbstregulierung des Organismus herangezogen werden kann. Die Grundlage des Systems der natürlichen Gesundung bilden jedoch meine eigenen Forschungen und Experimente, welche es erlauben, an das Problem der Gesundheit und Langlebigkeit des Menschen von der energetischen Zweckmäßigkeit aus heranzugehen, von der vielfältigen Regeneration von Energie und Substanz im menschlichen Organismus, von der artgerechten Ernährung und in einem weiteren Sinn von einer natürlichen, uns von der Natur vorgegebenen Lebensweise. Ich bin meilenweit von dem Gedanken entfernt, irgendeine neue Religion zu schaffen, und appelliere deshalb nicht an den Glauben an ein Wunder, sondern ich appelliere an Verstand, Geist und Seele und stütze mich dabei nicht nur auf die Kraft der emotionalen Wirkung des Wortes, sondern auch auf die Macht des wahren Wissens, das sich auf die Logik unverrückbarer Fakten stützt. Eine andere Sache ist es, dass ich die von der Wissenschaft zusammengetragenen Fakten von einem unüblichen Standpunkt aus betrachte. Die Erfahrung lehrt, dass das Gewohnte bei weitem nicht immer ein Synonym für das Richtige ist. Das Gesagte bezieht sich in vollem Maß auch auf die Behandlung von Krebs.

Das eigentliche Ziel der Krebsbehandlung ist es, den Organismus in den Zustand der natürlichen Gesundheit zurückzuführen, in welchem alle seine Organe und Systeme aufeinander abgestimmt funktionieren, freundschaftlich, mit voller Kraft. Das ist keine einfache Sache, weil sie eine kardinale Infragestellung des gesamten Wertesystems des Patienten erfordert, eine Umkehr seiner Lebensweise. Was soll daran so kompliziert sein?, könnte man meinen: Es gibt einen guten Willen, den Wunsch, gesund zu sein, und alles andere kommt von selbst. Aber kaum betreten Sie den Weg der Heilung, stürzt sich die menschliche Gesellschaft massiv auf Sie, eine Gesellschaft, welche ihr Leben auf andere Gesetze gründet als die der Natur und die ihre eigene Werteskala entwickelt hat, auf der Reichtum, Macht und Gewalt die obersten Plätze einnehmen. Die Einfachheit des natürlichen Lebens ruft herablassenden Spott hervor und wird als Anzeichen von Minderwertigkeit und Nichtsnutzigkeit eines Menschen angesehen. Die Produktivkräfte der Gesellschaft sind auf die Produktion von für die Menschen lebensgefährlichen Nahrungsmitteln ausgerichtet, auf Kleidung und Schuhwerk, welche nicht den natürlichen Bedürfnissen der Menschen entsprechen.

Sie sollten reine, belebende Luft atmen und stattdessen atmen Sie etwas ein, das aus Staub, Rauch und anderen giftigen Gasen besteht anstelle von Sauerstoff und Stickstoff. Sie wollen sich von natürlichen Nahrungsmitteln ernähren, welche unsere Natur im Überfluss bereitstellen würde, sind aber gezwungen, sich mit den Produkten der von Düngemitteln und giftiger Chemie verseuchten Felder zu begnügen. Sie möchten bequeme, weite Kleidung tragen, die die Hautatmung begünstigt, aber Modegesetzgeber,

Textil- und Konfektionsindustrie drängen Ihnen Modelle auf, die quasi extra dazu da sind, Sie von der Umwelt zu isolieren, den Körper zusammenzupressen und den normalen Blutkreislauf und die Atmung zu behindern.

Sie wollen aus den besten Absichten heraus sich und Ihre Familie mit heilsamer Kost versorgen, die die natürlichen Eigenschaften der Nahrung bewahrt, aber Sie stoßen auf eine taube Wand des Unverständnisses: Die Lakaien der Schulwissenschaft haben sie mit ihrem Verständnis von der »guten und gesunden Nahrung« errichtet.

Wägen Sie also mehrmals ab, ob Sie in Ihrem Streben nach Gesundheit zu der Heldentat bereit sind, der gesamten Gesellschaft zu widerstehen. Ziehen Sie dabei in Betracht, dass hier keinerlei Kompromisse zulässig sind, nachdem die Rede von Leben oder Tod ist. Jeder Handel mit sich selbst, jedes Nachgeben gegenüber dem Druck der öffentlichen Meinung zieht die einzig mögliche Strafe nach sich, die Todesstrafe.

Die natürliche Lebensweise muss für Sie tatsächlich natürlich werden. Das ist auch die strategische Richtung Ihrer Behandlung. Aber der Übergang zu einer solchen Lebensweise ist kein spontaner und kann sich, wie der Leser schon weiß, über Monate hinziehen – und die entarteten Zellen tun inzwischen ihre schmutzige Arbeit. Unter diesen Bedingungen ist die Hauptaufgabe die Notwendigkeit, gleichsam die Zeit zu komprimieren und den Übergang zu beschleunigen, was auch die Taktik der Behandlung bestimmt. Der Angriff auf die Krankheit muss in zwei Richtungen geführt werden. Es ist notwendig, erstens den Prozess der Wiederherstellung der natürlichen Selbstregulierung des Organismus maximal zu intensivieren und zweitens die Teilung der Krebszellen zu bremsen und wenn möglich zumindest eine Zeit lang anzuhalten. Dafür gibt es zwei Methoden. Bevor ich davon erzähle, mache ich den Leser mit dem physiologischen, biochemischen, biophysikalischen und energetischen Sinn der darin enthaltenen Elemente bekannt. Dafür muss ich an einige Aspekte der Ursachen der Entstehung von Krebs erinnern. Eine der Ursachen ist zum Beispiel die Störung des Gleichgewichts bei der Arbeit der Blut bildenden Organe, in deren Folge die Atemfunktion auf Kosten des Immunsystems verringert wird*. Diese Störung stellt an sich schon eine Abweichung von der Norm dar, welche durch den überhöhten Konsum einer an tierischem Eiweiß und Fett reichen Nahrung hervorgerufen wurde. Im Organismus des tatsächlich, nicht aber des praktisch gesunden Menschen kommt eine derartige Störung nicht vor.

Eines der wichtigsten Systeme des menschlichen Organismus ist das endokrine System. Das ist ein Teil des Mechanismus der natürlichen Selbstregulierung, wobei die geringfügigsten Störungen seiner Arbeit in der Lage sind, unvorhersehbare Folgen für den gesamten Organismus hervorzurufen.

Wie auch jedes andere System ist das endokrine auf die Versorgung der Bedürfnisse eines normalen Menschen ausgelegt, der in Übereinstimmung mit den Gesetzen der Natur lebt. Aber wenn Sie Tag für Tag mehr Nahrung zu sich nehmen als nötig? Dann erfährt das endokrine System eine Überlastung, die vergleichbar ist mit der, der die Kosmonauten ausgesetzt sind, wenn ein Raumschiff sie in die Erdumlaufbahn bringt.

Indem sie die Arbeit der wichtigsten Systeme unseres Organismus aus dem Gleis bringt, vor allem das Immun- und das endokrine System, ebnet die überschüssige Nahrung

* Vgl. das Kapitel »Die Wiederherstellung der natürlichen Immunität«.

nicht nur bösartigen Neubildungen den Weg, sondern fördert auch deren hemmungsloses Wachstum. Die Forscher haben schon vor langer Zeit festgestellt, dass Krebszellen mehr Nahrung verbrauchen als normale.

Aus dem Gesagten geht ein einzig möglicher logischer Schluss hervor: Man muss bis zum Äußersten das Eindringen von Nährstoffen in den Körper begrenzen, wenn nicht gar ganz unterbrechen.

Heilfasten: Für und Wider

Der erste Schritt zur Genesung kann das Fasten sein. Nicht zufällig nimmt es einen bemerkenswerten Platz in allen religiösen Glaubensrichtungen ein: Die Enthaltsamkeit von der Nahrung wird als Vorbedingung für geistige und physische Reinigung und Gesundheit des Menschen angesehen.

Was ist meiner Meinung nach der therapeutische Effekt des Fastens? In der ersten Etappe nimmt es die unerträgliche Belastung von allen Organen und Systemen des Organismus und gibt ihnen die Möglichkeit, sich zu erholen und zu ihrem natürlichen Zustand zurückzukehren. Gleichzeitig geht eine Reinigung des Organismus von den Abfallprodukten des Stoffwechsels vor sich – von den so genannten Schlacken.

In der zweiten Etappe geht der Organismus über zur Ernährung auf Kosten der eigenen Ressourcen: Alle Gewebe unseres Körpers, die keine lebenswichtige Bedeutung haben, werden für ihn zur Nahrung. In dieser Periode des Fastens kommen alle Fettablagerungen und überflüssiges Muskelgewebe in Bewegung. Es sind Fälle bekannt, wo schon im Prozess des Fastens gutartige wie auch bösartige

Geschwülste verschwanden, weil bei Mangel an Nährstoffen der Prozess der Zellvermehrung fremder Zellen gebremst oder ganz eingestellt wird dank der Einschaltung des Mechanismus der Selbstregulierung des menschlichen Organismus.

Ich muss gleich warnen, dass diese Methode bei weitem nicht so ungefährlich ist, wie es auf den ersten Blick erscheinen mag, besonders wenn das Trockenfasten angewendet wird, wo der Mensch nicht nur keine Speisen zu sich nimmt, sondern auch kein Wasser. Der arterielle Blutdruck kann sich in die eine oder andere Richtung stark verändern, der Herzrhythmus kann gestört werden und es kann zu Ohnmachtsanfällen kommen. Bei lang anhaltendem Fasten ist eine Vergiftung des Organismus durch Zerfallsprodukte der Gewebe möglich. Deshalb kann es nur unter ständiger Beobachtung durch den Arzt geschehen und mit zwingend notwendiger Durchführung von Reinigungsprozeduren, vor allem durch Reinigungseinläufe. Es ist zu unterstreichen, dass ich ein totales Fasten äußerst selten anwende und auch hier nicht zur Behandlung aller Menschentypen, sondern nur derer, deren Konstitution einen bedeutenden Verlust an Körpermasse innerhalb sehr kurzer Zeit erlaubt. Für kleingewachsene, magere Personen ist das überhaupt ausgeschlossen.

Aber in äußersten Fällen, wenn die Krankheit rapide voranschreitet, ist das Fasten einfach unumgänglich. In diesem Zusammenhang fällt mir ein Patient mit Wirbelsäulenkrebs ein, der zu mir kam und bei seinem ersten Besuch noch selbst vom Auto bis zu meinem Haus gehen konnte. Da er mich nicht antraf, kam er am nächsten Tag wieder und konnte denselben Weg nur noch mit fremder Hilfe zurücklegen. In diesem Fall musste ich zu langem Fasten Zuflucht nehmen, darunter auch mit »trockenen« Tagen.

Es wurden aber auch andere Mittel angewendet: Magnettherapie, ausschließliche Verwendung von strukturiertem Wasser, das mit Silberionisatoren behandelt war; an Körper- und Atemübungen wurden nur die lebenswichtigen verschrieben; breit angewendet wurden Abhärtungsprozeduren. Nach dem Fasten wurde der Kranke in seiner Nahrung streng eingeschränkt. Für einen ganzen Tag bekam er eine halbe Tomate, 3 bis 4 Lambertsnüsse, 2 bis 3 Löffel ohne Salz gekochten Buchweizen.

Überhaupt verstehe ich den Begriff »Fasten« ziemlich weit. In meiner Praxis wende ich, wie schon erwähnt, sowohl das vollständige Fasten als auch das Trockenfasten an, das kurzfristige und das langfristige, das so genannte Kaskadenfasten, bei dem sich kurze Perioden vollständigen Fastens mit einer Monodiät abwechseln, die aus geringen Mengen eines einzigen Produkts besteht. Während des Fastens ist die Anwendung irgendwelcher Medikamente vollständig ausgeschlossen, sogar so genannter »harmloser« wie Kopfwehtabletten oder Schlafmittel.

Der Leser weiß bereits, dass ich prinzipiell die medikamentöse Behandlung ablehne, weil sie auf die Beseitigung der Symptome ausgerichtet ist und nicht der Ursachen. Aber medikamentöse, Heil bringende Maßnahmen zur Wiederherstellung der Selbstregulierung des Organismus wende ich ziemlich breit an. Dazu gehören allgemein stärkende Mittel: z. B. Mumijo*, Ginsengwurzel, Leuzea Carthamoides**, Eleutherokokken und Lebensmittel, die reich an Vitamin C sind. Dabei wende ich niemals Vitamin C

* Ein biologisch aktives Produkt natürlichen Ursprungs. Harzähnliche Substanz, die aus Felsritzen im Altaigebirge tropft. Sie enthält verschiedene organische Substanzen und Spurenelemente und wird in der Volksmedizin angewandt.

** Ein Wurzelpräparat aus der Gruppe der Adaptogene, zu der auch die Ginsengwurzel gehört.

in reiner Form an, sondern suche in der Natur nach Vitamin-C-reichen Pflanzen, Gemüsen und Früchten, und ich finde sie in ausreichender Menge.

Zu den Medikamenten kann man auch jene Nahrung zählen, welche, um einen bekannten Ausdruck von Hippokrates zu zitieren, als Heilmittel dienen kann, so wie das Heilmittel auch als Nahrungsmittel verwendet werden kann. Diese Möglichkeit gibt uns die Pflanzennahrung. Nur sie erlaubt es, den Stoffwechsel zu normalisieren. Aber bei der Behandlung von Krebs gibt es Einschränkungen. Wenn ich meinen Kranken eine Diät verschreibe, gebe ich bestimmten Gemüsesorten (Roten Rüben, Karotten), Früchten (Äpfeln), Beeren (roten Johannisbeeren) und Getreidearten (Weizen, Hafer, Buchweizen, Gerste) den Vorzug. In sehr geringer Menge ist Honig zulässig, Zitronensaft, Knoblauch und Zwiebel. Alle anderen Gemüse, Früchte, Kräuter, Samen, Nüsse, Getreidesorten und Hülsenfrüchte zähle ich zur zweiten Gruppe, die nach der vollständigen Reinigung des Organismus vom überschüssigen Konsum von Lebensmitteln und von Schlacken zum Zug kommt.

Bei der Ernährung von Krebskranken ist es besonders wichtig, die Erhaltung der biologischen Eigenschaften der Nahrung zu kontrollieren. Im ersten Teil des Buchs habe ich bereits die Aufmerksamkeit des Lesers auf eine Besonderheit unserer Verdauung gelenkt, die Selbstverdauung, die allem Lebenden eigen ist. Nach den Angaben von Akademiemitglied A. M. Ugolew wird die Verdauung der Nahrung zu 50 Prozent von Enzymen bestimmt, die nicht von unserem Magensaft stammen, sondern von den konsumierten Nahrungsmitteln. Dabei wird bei lang anhaltender Wärmebehandlung der Nahrung der Mechanismus der Selbstverdauung zerstört, sodass die Aufspaltung der Eiweiße, Fette und Kohlehydrate einen bedeutend höheren Energieaufwand erfordert, was für den ohnehin geschwächten Organismus des Krebskranken äußerst unerwünscht ist.

Meine Heilernährung berücksichtigt diese Besonderheit, was sie auch von den Systemen Osawas und Nishis unterscheidet. In der Küche der heilkräftigen Ernährung werden Verfahren wie Braten mit Tier- oder Pflanzenfett sowie langes Kochen überhaupt nicht angewendet. Dagegen nehmen diese Verfahren in den Rezepten von Osawa viel Raum ein. Das System von Nishi schließt für die Diät von Krebspatienten einige Sorten Fleisch und Fisch ein, was, wie der Leser schon weiß, nicht nur der Gesundheit eines Kranken, sondern auch der Gesundheit eines absolut gesunden Menschen Schaden zufügt.

Wasseranwendung bei Krebs

Eine riesige Bedeutung in unserer Ernährung, speziell bei Krebskranken, hat das Wasser bzw. die richtige Wasserverwendung.

Bekanntlich gibt es 135 Arten von Wasser. Aber wir brauchen jenes, welches aus zwei Wasserstoff- und einem Sauerstoffatom besteht, und zwar aus bestimmten Isotopen mit einem bestimmten Atomgewicht. Aber das reicht noch nicht: Notwendig ist auch eine bestimmte Struktur des Wassers. Wie ich bemerkt habe, spielen diese beiden Faktoren eine entscheidende Rolle bei der Wiederherstellung der Gesundheit. Deshalb verbiete ich meinen Kranken kategorisch das Trinken von Leitungswasser. Am besten verwendet man strukturiertes destilliertes Wasser oder notfalls (wenn man sicher ist, dass es nicht verseucht ist) Quellwasser.

Safttherapie

Ein unverzichtbares Element der heilkräftigen Ernährung und richtigen Wasseranwendung bei Krebs sind frisch gepresste Gemüse- und Obstsäfte. In diesem Zusammenhang ist zu unterstreichen, dass anders als Obst und rohes oder gekochtes Gemüse (Gemüse wird in vier Stunden verdaut, Obst in einer Stunde), die nicht gleichzeitig eingenommen werden dürfen, frisch zubereitete Säfte daraus beliebig kombiniert werden können. Sie werden praktisch augenblicklich absorbiert.

Eine besondere Rolle bei der Behandlung von Krebs spielt der Saft der Roten Rübe. Wie zahlreiche Untersuchungen gezeigt haben, stoppt er die Entwicklung der Geschwulst. Wodurch ist das bedingt?

Heute kann man als zweifelsfrei erwiesen annehmen, dass in den Krebszellen wegen der Zerstörung des Oxidationsenzyms Oxidationsprozesse eingeschränkt sind, stattdessen erhöht sich die Milchsäuregärung. Der Saft der Roten Rübe hat die Fähigkeit, die verminderte Oxidation der Krebszelle um das Vier- bis Zehnfache zu erhöhen. Es wurde auch festgestellt, dass das aktive Element hier der Farbstoff ist. Eine analoge Wirkung hat auch der Farbstoff der Heidelbeere, der schwarzen Johannisbeere, des Holunders, des Rotweins und des Johanniskrauts.

Bis jetzt herrscht noch keine Einigkeit darüber, was die endgültige Beseitigung des Krebszustandes der Zelle und die vollständige Wiederherstellung der Oxidationsprozesse betrifft. Viele Gelehrte und praktische Ärzte kamen zu dem Schluss, dass eine Unterbrechung der Einnahme des Safts der Roten Rübe zu einem Wiederaufkeimen des Krebses führt. Ich bin auf Grund persönlicher Erfahrung der Meinung, dass dies durchaus erklärlich ist: Wenn man den

Saft der Roten Rübe als Symptom-Arznei anwendet, ohne die Bedingungen für die vollständige Wiederherstellung der Selbstregulierungsprozesse des Organismus zu schaffen, wird die Krankheit zurückkehren.

Es gibt keine einheitliche Meinung darüber, ob man den Saft der Roten Rübe frisch zubereitet einnehmen soll oder ob er einige Stunden stehen soll. Er ruft nämlich in frischem Zustand Unverträglichkeit hervor: Brechreiz, Schluckauf, allgemeine Schwäche, sinkenden Puls und (arteriellen) Blutdruck. Aber der frische Rote-Rüben-Saft hat auch seine Vorzüge. Er enthält zweieinhalb Mal mehr Aktivsauerstoff als der abgestandene – sowie das für den Hämoglobinstoffwechsel notwendige zweiwertige Eisen. Der abgestandene Saft enthält nur inaktives dreiwertiges Eisen.

Den Ausweg aus der Situation fand ich darin, dass ich frischen Rote-Rüben-Saft in Kombination mit anderen Gemüse- und Fruchtsäften anwende, um eine allmähliche Gewöhnung des Organismus zu erreichen.

Wenn ihn der Mensch schlecht verträgt, kann man sogar mit einem Teelöffel beginnen, bei der nächsten Einnahme eineinhalb und so fort. Wenn sich erweist, dass der Organismus nicht so heftig reagiert, kann man die Dosis bis zu einem viertel Glas erhöhen, mit dem Ziel einer Erhöhung auf ein Glas pro Einnahme.

Die allgemein anerkannte Kapazität auf dem Gebiet der Safttherapie in unserem Land, Doktor Wassiljewa, empfiehlt das Trinken von 600 g abgestandenem Rote-Rüben-Saft pro Tag in gleichen Portionen in Abständen von vier Stunden sowie einmal nachts.

Nebenbei merke ich an, dass der Saft der Roten Rübe äußerst nützlich für Menschen gehobenen Alters ist, in deren Organismus Störungen der Zellatmung auftreten. Einige

Ärzte registrieren dabei eine verjüngende Wirkung der Roten Rübe. Bei wem mit den Jahren die Zähne dunkel werden, der kann sicher sein, dass der Rote-Rüben-Saft diesen Defekt beseitigt.

Urintherapie

Die Heileigenschaften des Urins oder Harns sind den Menschen seit langer Zeit bekannt. Es reicht z. B., eine verbrannte Stelle oder Wunde damit zu bestreichen, um den Prozess der Verheilung um ein Vielfaches zu beschleunigen. Ich kenne nicht wenige Menschen, die den Harn auch innerlich als prophylaktisches Mittel anwenden.

In meinem System der Krebsbehandlung wird ihm ebenso eine wichtige Rolle zugeteilt. Aber bevor man beginnt, den eigenen Urin zu trinken, sind einige Dinge zu beachten, die Ihnen helfen, einige am Anfang unausweichliche Zweifel auszuräumen.

Zunächst sollte man die Zusammensetzung des Urins normalisieren. Dafür ist vor allem nötig, auf die heilkräftige Ernährung umzusteigen, welche sich, wie Sie bereits wissen, durch den Genuss von pflanzlicher Nahrung auszeichnet, durch Verzicht auf Zucker und die Reduktion von Salz, und zwar Meersalz oder Steinsalz, auf ein Minimum. In der vorbereitenden Etappe ist auch Zurückhaltung bei Getreide und Hülsenfrüchten geboten, welche eine saure Reaktion des Harns hervorrufen. Im Gegensatz dazu haben Säfte, vor allem Gemüsesäfte, und auch das Gemüse selbst eine basische Reaktion. Wie ich bemerkt habe, gilt dies für tatsächlich gesunde Menschen. Bei so genannten »praktisch« gesunden (also tatsächlich nicht gesunden) Menschen ist die Reaktion des Harns sauer.

Man beginnt den Urin in kleinen Portionen ein- bis zweimal täglich zu trinken. Welchen? Am besten trinkt sich der zweite Morgenurin sowie der dritte und vierte. Der erste nächtliche ist gewöhnlich zu konzentriert und schwer, obwohl hier auch Ausnahmen möglich sind.

Bei der Behandlung von Krebs wende ich auch das Einreiben mit Urin an. Dafür ist der konzentriertere Morgenharn so lange zu kochen, bis die Hälfte oder ein Drittel der Ausgangsmenge übrig bleibt. Das erhaltene Konzentrat gibt man in einen flachen Teller und stellt diesen auf ein Gefäß mit heißem Wasser, damit er nicht auskühlt. Mit einer geringen Menge warmen Urins die Handfläche benetzen und zwei Stunden lang in die Haut einreiben. Dabei hat es keine Bedeutung, in welchen Körperteil, wichtig ist nur, dass etwa ein Glas des Konzentrats eingerieben wird. Gewöhnlich führt der Kranke selbst diese Prozedur nicht besonders gern durch. Deshalb braucht er die Hilfe seiner Nächsten.

Gesundheitsregeln nach Nishi

Jetzt berichte ich über die Behandlung, welche im System von Nishi durchgeführt wird. Sie ist nicht so Respekt einflößend wie die komplizierten Geräte zur Bestrahlung oder die nickelglänzenden Operationszimmer mit ihrer spitzfindigen Apparatur, die dem Chirurgen während der Operation hilft, aber sie bringt ziemlich beeindruckende Ergebnisse. Und was die Hauptsache ist, sie ramponiert nicht den Organismus, im Gegenteil, sie hilft ihm, in den Zustand der natürlichen Gesundheit zurückzukehren.

Einen wichtigen Platz in diesem System nehmen Abhärtungsprozeduren ein – Kontrastbäder mit Luft und Wasser, eine spezifische Diät, welche die Verwendung von zusammen ausgepressten Säften von fünf Gemüsesorten vorsieht sowie Tee aus Blättern der Dattelpflaume (Kaki), die reich an Vitamin C sind. Ich schließe in meiner Praxis in die Zahl der Gemüse, aus denen Saft gewonnen wird und die auch für die heilkräftige Ernährung verwendet werden, unbedingt die Rote Rübe ein, die Karotte, Topinambur und frisches Weißkraut. Sehr gut sind auch Kräutersäfte. Anstelle des Tees von Dattelpflaumenblättern verwende ich den nicht weniger Vitamin-C-reichen Tee aus Hagebutte sowie aus Topinamburblüten und -blättern.

Zur Diät für Krebskranke gehören für mich gekochter (ungeschälter) Reis und die genannten Gemüsesorten roh oder gekocht. Das System von Nishi sieht außerdem die Verwendung von Fisch und Huhn zusammen mit den Gemüsen vor, ich bin aber der Meinung, dass das unzulässig ist, weil die Zerfallsprodukte der tierischen Eiweiße und Fette den Körper verunreinigen. Außerdem ist zu berücksichtigen, dass Fleisch doppelt so lange verdaut wird wie Gemüse (acht bzw. vier Stunden). Gerade deshalb streiche ich Lebensmittel tierischer Herkunft sogar aus dem Ernährungsplan gesunder Menschen, ganz zu schweigen von Krebskranken. Bei der Krebsbehandlung wende ich sehr häufig Weizenkeime in ungekochter Form an und bereite daraus verschiedene Speisen. Die Hauptsache dabei ist die Creme, deren Rezept Sie auf Seite 69 finden. Hefebrot streiche ich vollständig vom Speiseplan gesunder Menschen, erst recht aber der Kranken. Es gibt sogar einige Hinweise auf kanzerogene Eigenschaften von Hefebrot.

Nachdem der Organismus von Schlacken gereinigt ist, nehme ich in die Heildiäten in sehr geringen Mengen Hülsenfrüchte auf, welche die Absorption von schädlichen Eiweißen erhöhen und laut einigen Angaben das Wachstum von Krebsgeschwülsten anhalten, wobei ich den Linsen den Vorzug gebe.

Eine wichtige Rolle im System von Nishi spielt, wie schon erwähnt, die Behandlung mit Kontrastbädern mit Luft und Wasser. Seine Anhänger sind zu Recht der Meinung, dass eine solche Behandlung die Hautatmung verstärkt und Harnstoff und andere Schlacken von der Körperoberfläche entfernt sowie die Anreicherung des Blutes mit Sauerstoff fördert. Aber damit endet, wie ich meine, nicht die Bedeutung der Kontrastbäder. Nicht weniger wichtig ist auch, dass die Behandlung des Körpers mit Kälte die Verbrennung von Fettablagerungen und Schlacken im Körper fördert, das heißt ihn reinigt und damit die Wiederherstellung seiner Selbstregulierung unterstützt.

Wie nimmt man Luftbäder?

Wenn es die Möglichkeit gibt, sollte man die Unterwäsche ausziehen, also im Freien den ganzen Körper entblößen. In den Pausen zwischen den Entblößungen sollte die Kleidung wärmer sein, als es die Witterung erfordert.

Wenn es Ihr Gesundheitszustand erlaubt, setzen Sie sich auf einen Stuhl oder Lehnsessel, wenn nicht, legen Sie sich auf eine Liege. Wünschenswert wäre es, dass Ihnen jemand beim An- und Ausziehen hilft. Dabei ist unbedingt den Empfehlungen in den beiden hier gezeigten Tabellen Folge zu leisten.

Dauer und Häufigkeit der Entblößungen bei Luftbädern

Entblößung Nr.	*Entblößungs-zeit unter freiem Himmel (sec.)*	*Aufwärmzeit (min.)*	*Entblößung Nr.*	*Entblößungs-zeit unter freiem Himmel (sec.)*	*Aufwärmzeit (min.)*
1	20	1,0	7	80	1,5
2	30	1,0	8	90	2,0
3	40	1,0	9	100	2,0
4	50	1,0	10	110	2,0
5	60	60	11	120	Keine Begren-zung
6	70	1,5			

Tag der Durch-führung des Luftbads	*Dauer der ersten Entblößung (sec.)*	*Maximale Dauer der letzten Entblößung (sec.)*	*Tag der Durch-führung des Luftbads*	*Dauer der ersten Entblößung (sec.)*	*Maximale Dauer der letzten Entblößung (sec.)*
Erster	20	70	Vierter	20	100
Zweiter	20	80	Fünfter	20	110
Dritter	20	90	Sechster	20	120

Bitte beachten Sie:

- Die Kleidung muss sehr warm sein (bis zum Schwitzen).
- Die Dauer des Verharrens im angekleideten Zustand kann man verlängern, aber die Dauer der Entblößung sollte streng eingehalten werden.

- Im Fall einer Krankheit sollte jemand dem Kranken beim Ausführen der Prozedur helfen. Bei der ersten Sitzung: von 1 bis 40 Sekunden auf dem Rücken liegen, von 40 bis 60 Sekunden auf der rechten Seite, von 60 bis 100 Sekunden auf der linken Seite, von 100 bis 120 Sekunden wieder auf dem Rücken.
- Während der Entblößung entweder die steif gewordenen bzw. eingeschlafenen Körperteile reißen oder die Übung »Goldener Fisch« machen, alternativ die Übung für die Kapillaren (siehe S. 192). Im angezogenen Zustand halten Sie sich ruhig und wärmen sich nur auf.

Die beste Zeit zum Durchführen von Luftbädern ist vor Sonnenaufgang oder nach Sonnenuntergang. Wenn Sie sich sehr schlecht fühlen, beginnen Sie am ersten Tag mittags, wenn es am wärmsten ist. Dann verschieben Sie schrittweise die Zeit um eine halbe bis eine Stunde nach vorn; um nach und nach auf fünf bis sechs Uhr morgens zu kommen.

Die Prozedur ist eine Stunde vor dem Essen oder 30 bis 40 Minuten nach dem Essen durchzuführen. Man kann sie jederzeit vor einem Bad durchführen, aber nicht früher als eine Stunde nach dem Bad.

Wie nimmt man Wasserbäder?

Jetzt mache ich Sie mit den Kontrast-Wannenbädern bekannt.

Der beste Effekt wird bei 41 bis 43°C (heiß) und 12 bis 15°C (kalt) erzielt. Zu Heilzwecken dauert eine volle kalte Wanne 1 Minute, ebenso eine volle heiße Wanne. Diese einminütigen Bäder muss man abwechseln.

Man hört immer mit einem kalten Bad auf. Weniger als 5 Zyklen sind nicht effizient, gewöhnlich wird eine Serie von 11 Zyklen empfohlen und manchmal geht eine Kur bis zu 61 Zyklen.

Wenn es keine Wanne gibt, muss man sich mit kaltem Leitungswasser übergießen, wobei man bei den Beinen beginnt und dann nach oben geht.

Bei Patienten, die schon Erfahrung haben mit Abhärtung, empfehle ich im Anfangsstadium der Erkrankung im Winter die kalte Wanne durch Einreiben mit Schnee zu ersetzen.

Sechs Gesundheitsregeln nach Nishi
Unverzichtbares Element des Systems von Nishi sind die so genannten »Sechs Gesundheitsregeln«. Die Beachtung dieser Regeln wird auch gesunden Menschen empfohlen zur Vorbeugung von Krebs und chronischen Erkrankungen.

1. Schlaf auf einer harten, geraden Unterlage: Man soll auf einem geraden, harten Bett schlafen – keine Federkernmatratze. Die Decke muss leicht und dünn sein, darf aber kein Abkühlen des Körpers im Schlaf zulassen.

Was bewirkt das harte Bett für den Organismus? Wenn der Körper darauf liegt, verteilt sich seine Masse gleichmäßig und die Muskeln entspannen sich vollständig. Außerdem korrigiert sich die Verkrümmung der Wirbelsäule, welche bei stehenden oder sitzenden Arbeiten eintritt. Eine Verschiebung der Wirbel übt, wenn sie nicht korrigiert wird, Druck auf die Nerven und die Blutgefäße in den Zwischenwirbelräumen aus, was diese paralysiert. Ein hartes, gerades Bett stimuliert auch die Tätigkeit der Haut, baut einer Lebersenkung vor, aktiviert die Tätigkeit der Hautblutgefäße und beschleunigt dadurch die Blutversorgung der Haut. All dies gibt einen guten Schlaf und gute Laune nach dem Aufstehen.

2. Hartes Kissen

Vor dem Schlaf ist der Hals so auf ein hartes Kissen zu legen, dass sich der dritte oder vierte Halswirbel am oberen Ende des Kissens befindet, sodass der Kopf oben überhängt und der Hals gestreckt wird. Am Anfang wird das schmerzhaft sein, deshalb kann man zwischen Kissen und Hals anfangs ein Handtuch legen. Aber mit der Zeit sollte man sich dazu zwingen, darauf zu verzichten. Das harte Kissen korrigiert die Lage der Halswirbel, stärkt die Wirbelsäule und stimuliert eine normale Blutversorgung des Hirns.

3. Übung »Goldener Fisch«

Gerade auf einer harten, geraden Unterlage auf dem Bauch oder auf dem Rücken liegen, die Fußspitzen zueinander gerichtet. Beide Hände unter den Hals legen und beim vierten oder fünften Halswirbel kreuzen. In dieser Lage mit dem ganzen Körper vibrieren, indem man die Bewegungen eines Fisches nachmacht, der sich im Wasser schlängelt. 1 bis 2 Minuten jeden Morgen und Abend.

Die Übung hilft, die Verkrümmung der Wirbelsäule auszugleichen, und beseitigt damit die Überspannung der Wirbelsäulennerven. Sie normalisiert den Blutkreislauf, koordiniert die Arbeit des sympathischen und des parasympathischen Nervensystems und unterstützt die Darmperistaltik und eine Reinigung des Darms.

4. Übung für die Kapillaren

Gerade auf dem Rücken liegen, den Kopf auf einer harten Unterlage, die Arme und Beine anheben und mit ihnen vibrieren. Die Übung stimuliert die Kapillaren in den Organen, verbessert die Blutversorgung im gesamten Organismus und fördert die Bewegung und Erneuerung der Lymphflüssigkeit.

5. Übung »Zusammenlegen von Händen und Füßen«
Erster Teil: Auf den Rücken legen, die Hände auf der Brust. Die Hände öffnen und die Fingerkuppen beider Hände aufeinander legen, sie aneinander drücken und entspannen. Einige Male wiederholen. Sodann die Hände mit geschlossenen Fingern am Rumpf auf und ab bewegen.

Zweiter Teil: Weiter auf dem Rücken liegen, die Beine vertikal anheben, Knie zusammen. Die Fußsohlen nebeneinander legen, mit den geschlossenen Beinen weit ausholend vor und zurück wippen. Sodann mit geschlossenen Händen und Füßen 5 bis 10 Minuten ruhen.

Die Übung koordiniert die Funktion der Muskeln und Nerven der rechten und der linken Körperhälfte, insbesondere der inneren Organe, aber auch der Muskeln, Nerven und Blutgefäße im Bereich von Leisten, Bauch und Hüfte.

6. Übung für Wirbelsäule und Bauch
Vorbereitender Teil: Auf einem Stuhl sitzend 10 Mal die Schultern hochziehen und sinken lassen. Den Kopf je 10 Mal nach links und nach rechts neigen, je 10 Mal vor und zurück neigen. Dann je 10 Mal den Kopf nach rechts hinten und nach links hinten neigen. Die Hände in horizontaler Lage nach vorne strecken und den Kopf 1 Mal nach links und nach rechts wenden. Beide Arme parallel nach oben halten und den Kopf 1 Mal nach links und nach rechts drehen. Die Arme bis auf Schulterhöhe sinken lassen, um 90 Grad abgewinkelt, in diesem Zustand halten und dann so weit wie möglich nach hinten führen, wobei man das Kinn weit nach oben legt.

Hauptteil: Nach dem Vorbereitungsteil entspannen, die Hände einige Zeit auf die Knie legen und den Hauptteil der Übung beginnen. Dafür den Körper ausstrecken, bei Wahrung des Gleichgewichts auf dem Steißbein. Dann den

Körper nach links und nach rechts schaukeln, gleichzeitig den Bauch einziehen und ausstrecken (10 Mal jeden Morgen und Abend). Beim Ausführen der Übung vor sich hin sagen, dass Sie sich mit jedem Tag besser fühlen. Eine solche Autosuggestion übt eine äußerst positive Wirkung auf Körper und Geist aus.

Diese Übung koordiniert die Funktionen des sympathischen und parasympathischen Nervensystems, regelt die Tätigkeit des Darms und fördert einen positiven Einfluss der geistigen Energie auf den Körper.

Einige Heilpflanzen der Volksmedizin zur Krebsbehandlung

Solche Pflanzen gibt es eine Menge, aber der Großteil davon ist giftig und kann nur unter Aufsicht eines Arztes oder Heilpraktikers verwendet werden. Deshalb berichte ich hier von Heilpflanzen, die jeder verwenden kann.

Weiderich (Weidenröschen). Es werden der Blütenstand und die Pflanzenblätter verwendet. Man sammelt sie beim Blühen (Juli). 5 Minuten bei 105°C, sodann am Fensterbrett fertig trocknen. Wie gewöhnlichen Tee aufgießen in folgender Proportion: 1 Teil grüner Tee, 2 Teile Weiderich.

Wirkt positiv auf das Immunsystem, kann bei Lungenkrebs die Metastasen beseitigen.

Calendula (Ringelblume). Ringelblumentee: 2 Teelöffel Blüten auf 2 Glas heißes Wasser, abseihen und im Lauf des Tages trinken.

In Alkohol angesetzt 30 Tropfen 2 bis 3 Mal täglich. Wie ich annehme, ist die Heilwirkung der Ringelblume durch den gelben Farbstoff bedingt, der vermutlich dieselbe Wirkung auf den Organismus hat wie die natürlichen Farbstoffe der Roten Rübe und des Johanniskrauts.

Wegerich (Breit- oder Spitzwegerich). Schon lange Zeit als Heilmittel verwendet. Bei Lungen- und Magenkrebs.

Anwendungsweise: Die gleiche Gewichtsmenge klein gehackter Wegerich und Honig mischen und an einem warmen Platz 3 Wochen stehen lassen, danach von der gewonnenen Flüssigkeit 3 Mal täglich einen Teelöffel einnehmen.

Wohlriechendes Veilchen. Bekannt als Schleimauswurf förderndes Mittel. Aber in der Literatur werden auch Fälle der Heilung von Lungenkrebs und Kehlkopfkrebs berichtet.

Anwendungsweise: Eine Hand voll Veilchenblätter mit zwei Gläsern heißen Wassers kochen und einen Tag stehen lassen. Den Aufguss in zwei gleiche Teile teilen. Den einen Teil innerhalb eines Tages austrinken, aus dem anderen jeden Abend warme Umschläge für die betreffende Stelle machen.

Birkenröhrling. Den getrockneten Birkenröhrling mit kaltem abgekochtem Wasser übergießen und 4 Stunden stehen lassen, anschließend mit Küchenraspel oder Fleischwolf zerkleinern, die erhaltene Masse mit 5 Teilen abgekochtem Wasser bei höchstens 50°C vermengen und 48 Stunden stehen lassen. Danach die Flüssigkeit abgießen, den Rest durch ein Tuch auspressen und die ausgepresste Flüssigkeit in das Wasser gießen, in dem vorher die Pilze eingeweicht wurden. Haltbarkeit des Safts: höchstens vier Tage.

Ich habe hier einige der zahlreichen Methoden angeführt, die ich bei der Krebsbehandlung anwende. Aber keine einzige von ihnen bringt für sich genommen eine vollständige Heilung, wenn sie nicht mit anderen kombiniert wird. Nur die richtige Abstimmung aufeinander kann eine heilende

Wirkung auf den gesamten Organismus haben. Die Kunst des Arztes besteht darin, nach der Einschätzung der individuellen physiologischen und psychischen Besonderheiten des vor ihm stehenden Kranken diesem eine komplexe Behandlung zu einer effizienten Heilung zu erteilen.

Nachwort

Mein Buch, das ich mit dem einzigen Ziel verfasst habe, den Menschen bei der Wiedergewinnung ihrer eingebüßten Gesundheit zu helfen, nähert sich dem Ende. Wie ich hoffe, konnte sich der Leser überzeugen, dass der Mensch kein Apparat ist, den man in Teile zerlegen kann, um Konstruktion, Verwendungszweck und Funktionsprinzipien jedes einzelnen davon zu untersuchen und falls erforderlich eines zu reparieren und alles wieder zusammenzusetzen.

Aber auch wenn wir ihn als ganzheitliches System betrachten und studieren, können wir uns keine klare Vorstellung von den Gesetzen machen, welche das geheimnisvolle, unseren Augen verborgene Leben steuern, sofern wir vergessen, dass der Mensch nur ein mikroskopisch kleiner Teil einer unfassbaren Welt ist – einer Welt, in der die objektiven Gesetze der Natur herrschen.

Heute haben sich in der praktischen Medizin augenscheinlich zwei Richtungen herausgebildet: die so genannte offizielle oder klassische Medizin und die alternative, vertreten vor allem durch Volksheiler und Wunderheiler. Aber wie ich schon bemerkt habe, sind beide Richtungen darauf aus, dem Menschen die Gesundheit mittels äußerer Behandlung der Krankheitssymptome zurückzugeben.

Es gibt aber nicht wenige Anhänger eines dritten Weges, des Weges der Schaffung von Bedingungen, die unser Organismus für ein normales Funktionieren und eine effektive Selbstregulierung braucht, und ich selbst zähle mich dazu.

In den zivilisierten Ländern hat diese Richtung einige, wenn auch gemessen an den Aufgaben noch ungenügende Entwicklung gefunden. Es gibt Beratungsstellen und medizinische Institutionen, bei denen ein Mensch, der sich entschlossen hat, die Systeme der makrobiotischen Ernährung nach Osawa oder das System von Nishi zu erproben, Rat und Unterstützung erhält.

In unserem Land, dessen Gelehrte einen entscheidenden Beitrag zur Entwicklung dieser dritten Richtung in der Medizin geleistet haben (Djadkowski, Setschjenow, Pawlow, Paschutin, Ugolew u. a.), befindet sie sich im Zeugungsstadium. Die Regierung konzentriert ihre Mittel ganz auf die Entwicklung der offiziellen Medizin. Die Wunderheiler, Hexen und Schamanen haben die Köpfe der Medienleute völlig für sich eingenommen und demonstrieren uns mit deren Hilfe sensationelle Fälle augenblicklicher Heilung. Wobei keiner der Journalisten sich die Mühe macht zu überprüfen, was in der Folge mit denen geschieht, die sich einer solchen Behandlung unterzogen haben, ob sie nach Jahren ihre Gesundheit und Klarheit im Denken bewahrt haben oder ob sie sich nicht neue, noch grausamere Leiden zugezogen haben. Würden sie das machen, so bliebe von den meisten Sensationen nicht viel übrig.

Die dritte Richtung, die ich die neue Medizin nenne, ist nicht gefragt. Das ist auch verständlich, weil ihre Entstehung und Entwicklung keine geringen Mittel erfordert: für die Umschulung des medizinischen Personals, für die Bildung der öffentlichen Meinung, für eine Umstellung der Betriebe der Lebensmittelindustrie und des landwirtschaftlich-industriellen Komplexes auf die Herstellung von natürlichen, ökologisch reinen Lebensmitteln unter Verwendung von prinzipiell neuen Technologien, welche es erlauben, die natürlichen biologischen Eigenschaften zu erhalten.

Man kann also nur auf den gesunden Menschenverstand vertrauen und den Unternehmergeist von Geschäftsleuten, die schon mehrfach in der Geschichte Russlands Sorge für die geistige und körperliche Gesundheit unseres Volkes getragen haben und Mittel in aussichtsreiche Richtungen von Wissenschaft, Technik, Kultur, Kunst und Medizin investiert haben.

An sie wende ich mich auch mit der Bitte um Unterstützung der von mir gewählten Richtung einer neuen Medizin.

Kulinarische Rezepte im System der natürlichen Gesundung

Abkürzungen

EL = Esslöffel

TL = Teelöffel

g = Gramm

l = Liter

ml = Milliliter

Alltagskost

Saucen

Meine Lieblingssauce

1 Glas getrocknete Meeresalgen, 2 1/2 Gläser heißes Wasser, 3 EL Koriandersamen, 1 EL Kümmel, 5–6 Pimentkörner, 1–2 Stück Sternanis, 2–3 Nelken, 1–2 TL gemahlener Ingwer (wenn möglich frisch gemahlen), 10–12 mittelgroße Zwiebeln, 100–150 g Sonnenblumen- oder Maisöl, nach Geschmack 4–5 Zehen Knoblauch.

Warum ich diese Sauce so liebe: Ihr Hauptbestandteil sind Algen*, welche äußerst reich an Spurenelementen und Mineralstoffen sind. Die Verschmutzung der äußeren Umwelt schwächt die Widerstandskraft des menschlichen Organismus, deshalb brauchen wir eine ausreichende Menge an verdaulichen Spurenelementen, umso mehr, als das Fehlen von Elementen wie Kalzium oder Selen in der heutigen verstrahlten Umwelt gefährlich ist. Es ist bekannt, dass Chrom den Blutzuckerspiegel stabilisiert, Jod die Schilddrüse stärkt, Eisen die Bildung der Erythrozyten unterstützt und die Aufnahme von Plutonium blockiert; Magnesium und Kalium unterstützen den Spannungsausgleich der Wasserstoffionen im Organismus, Zink stärkt die Ge-

*Die Autorin meint hier die Braunalge Kombu, die in Deutschland wegen des hohen Jodgehaltes nicht als Lebensmittel zugelassen ist, lediglich als Badezusatz (Anm. des Übersetzers).

hirnzellen. Vitamin B12 fördert die Blutbildung, normalisiert die Tätigkeit des Zentralnervensystems und blockiert die Aufnahme von radioaktivem Kobalt. Man könnte noch weitere positive Eigenschaften der Algen aufzählen, aber jeder sollte wissen, dass sie heute besonders nützlich sind in einer Situation erhöhter Radioaktivität.

Die getrockneten Algen in ein Literglas schütten, das heiße Wasser hinzufügen, mit einer Serviette bedecken und einige Stunden quellen lassen. Alle Gewürze miteinander in der Kaffeemühle mahlen: das Gewürzmehl auf die gequollenen Algen streuen und gut verrühren. Die Zwiebeln schälen und in möglichst dünne Scheiben schneiden. Wenn Sie Knoblauch lieben, können Sie 4 bis 5 Zehen hinzufügen. Die Zwiebel unter die Sauce rühren, Öl nach Geschmack beigeben. Mit einem Löffel »kneten«, als würde man Luft in die Sauce schlagen. Am nächsten Tag ist die Sauce fertig. Sie hält im Kühlschrank 10 bis 15 Tage, aber man kann sie bei jeder Verwendung variieren.
Geben Sie die zum Verbrauch vorgesehene Menge in eine Salatschüssel und mischen Sie sie mit einem Glas klein geschnittener Gartenkräuter. Alle Gartenkulturen sind möglich (Blätter von Roten Rüben, Feldrüben, Radieschen, Rettich, Dill, Fenchel, Gurkenblätter, aber auch »Unkräuter« wie Giersch, Sauerklee etc.). Man kann auch junge Lindenblätter nehmen bzw. Stachelbeer- oder Johannisbeerblätter. Vergessen Sie auch nicht die Frühjahrsköniginnen auf unserem Tisch: die Brennnessel und den Löwenzahn. Man kann auch einige Blätter der Melde, Klee, Hirtentäschchen nehmen, aber Männer mit Potenzproblemen sollten beim Klee vorsichtig sein. Ich denke, dass es bei der Auswahl von Kräutern genauso wie bei den Pilzen ausreicht, die giftigen zu kennen.
Wenn Sie meine Lieblingssauce zubereiten, denken Sie auch an die Blüten der Rose, des Jasmin, der Linde, der Akazie, an junge Meerrettichblätter und an den Wegerich. Meine Lieblingssauce

gibt uns die Möglichkeit, das zu servieren, was Sie fälschlicherweise für ungenießbar gehalten haben ...

Meine Lieblingssauce mit den ersten Frühjahrskräutern

1 Bund vom Grün einer jungen Pastinake, 2–3 junge Johannisbeer- oder Stachelbeerblätter. Man kann auch ein junges Meerrettichblatt hinzugeben. Etwas frischen Zitronen-, Orangen- oder Apfelsaft, alternativ 1 TL trockenen Weißwein.

Die Wurzel der Pastinake hat viele Nachteile hinsichtlich des Geschmacks, Geruchs und Bestandes an Spurenelementen im Vergleich zu vielen Gemüsen, aber sie ist im Frühjahr sehr reich an Blättern. Die Beete sind noch leer, aber die vom Herbst stehen gebliebene Pastinake erfreut durch ihr mächtiges Grün.

Die Blätter sorgfältig waschen und so klein wie möglich schneiden. In der Salatschüssel alles sorgfältig mit meiner Lieblingssauce vermischen und das Ganze mit dem Saft besprengen. Die Sauce ist fertig. Mit dieser Sauce kann man geschrotete Weizenkeime würzen. Die erhaltene graue Masse können Sie täglich zum Frühstück essen. In der Sauce, die ich empfehle, finden Sie Vitamine, Spurenelemente und Mineralstoffe, deren Mangel gerade im Frühling besonders deutlich zu spüren ist. Aber ich muss sagen, wenn Sie die Sauce als Medizin betrachten und dabei die Stirn runzeln, dann lassen Sie es lieber und kochen etwas anderes. Wenn Sie der Geschmack nicht überzeugt, so prüfen Sie, ob Sie sie richtig zubereitet haben.

Meine Lieblingssauce mit Sesam

1 Glas meiner Lieblingssauce, 1 Glas Sesam, 1 TL Meersalz.

Die Sesamkörner in einer vorgewärmten Pfanne leicht anrösten. Das Meersalz hinzufügen und nicht länger als 1 Minute erwärmen. Dann die Samen im Mörser zerstampfen oder mit einer Flasche auf dem Nudelbrett zerdrücken, die Ingredienzien der Sauce beimischen und dann mit gebratenem Reis verwenden.

Grüne Sauce

200 g Kresse, 1 TL Pflanzenöl, 1 EL Zitronensaft, 1/2 TL Honig.

Aus Zitronensaft, Öl und Honig eine Sauce schlagen. Die Kresseblätter mit heißem Wasser übergießen, abseihen, in eine Schüssel legen, mit der Sauce übergießen und mit einer leuchtenden Beere verzieren.

Sauce Béchamel

1 Glas kräftige Gemüsebrühe, 2 EL Weizenmehl, Gewürze, 1 TL erwärmtes Öl.

Das Mehl nach Möglichkeit selbst aus 7 bis 8 Esslöffeln gekeimten Weizen mahlen. In einer emaillierten Pfanne die Gemüsebrühe zum Kochen bringen, das Mehl in einer Tasse mit warmem Wasser vermischen und langsam in die auf kleiner Flamme kochende Brühe einrühren, bis die Sauce dick wird, sich vereinzelte Blasen bilden und die Sauce zu kochen beginnt. Abschließend das Öl hinzugeben. Auskühlen lassen und nach Geschmack würzen.

Sojasauce

500 g Sojabohnen, 100 g Sojaöl, 2–3 g getrockneter Ingwer, 5 Nelken, 5 g Kurkuma, 0,5 TL gemahlene Chilischoten, 5 Körner Piment, einige Körner Koriander, 5 mittlere Zwiebelknollen, nach Geschmack 100–150 g Pflanzenöl.

Die Sojabohnen zwei bis drei Tage einweichen, das Wasser mehrmals täglich wechseln. Dann das Wasser abgießen, frisches Wasser nachgießen und anderthalb Stunden aufs Feuer stellen. Wasser abgießen, frisches nachgießen und gar kochen. Die weichen Sojabohnen in einer (irdenen) Schüssel zerdrücken oder durch ein Sieb drücken bzw. passieren. Wenn die Masse zu dick wird, ein Glas von der Brühe zugeben, in der die Bohnen gekocht wurden. Alle Gewürze zu Mehl vermahlen und mit den klein geschnittenen Zwiebeln in die erhaltene Masse einrühren. Die

dicke Masse ergibt eine schmackhafte Pastete, die man selbstständig servieren oder auch zum Würzen von Salaten und anderen Saucen und Suppen verwenden kann. Nach Belieben das Pflanzenöl dazugeben.
Die Sojasauce zeichnet sich durch ihre Nahrhaftigkeit aus, aber man sollte beachten, dass die Bohnen Protinase-hemmende Eigenschaften haben. Einerseits macht sie das zu einem ausgezeichneten Antikrebsmittel, was durch viele Untersuchungen bestätigt wurde. Gleichzeitig gibt es viele Menschen, die Bohnen schlecht vertragen. Das ist dadurch zu erklären, dass die Protinasehemmstoffe, wenn sie die schädlichen Eiweiße im menschlichen Organismus verringern, desgleichen das allgemeine Niveau der Absorption von Nährstoffen verringern können. Das trifft vor allem auf nicht ausreichend gesunde Menschen zu. Bei der Ernährung nach unserer Methode sind solche Unannehmlichkeiten bei den Menschen nicht zu beobachten. Deshalb sollte man zuerst auf unsere Ernährung im System der natürlichen Gesundung umsteigen und erst dann, nach der Wiederherstellung der natürlichen Eiweißresistenz des Organismus, zur täglichen Verwendung einer kleinen Ration Hülsenfrüchte übergehen.

Gewürz aus gesalzenen Pflaumen oder Schlehen

10 schwarze Salzpflaumen, 2 TL Zitronen- oder Orangensaft, 2 EL Pflanzenöl, 2 EL trockener Wein, 5 EL Apfelsaft.

Wenn Sie keinen Zugang zu Salzpflaumen haben, können Sie auch getrocknete Pflaumen nehmen, aber der geschmackliche Hauptreiz könnte verloren gehen. Die Pflaumen leicht dünsten und mit den anderen Komponenten vermengen. In diesem Zustand kann die Masse einige Tage aufbewahrt werden.
Diese feine Würze kann man für Suppen, Saucen und andere Speisen verwenden. Zusätzliche Gewürze nach Geschmack zugeben.

Speisen mit Kartoffeln

Gekochte Kartoffeln mit Kümmel

600 g junge Kartoffeln, 1 TL Kümmelsamen, 1 Bund Lauchzwiebel, 1 Bund Dill, 1 Bund Petersilie.

Die Kartoffeln kochen, 2 bis 3 Minuten vor dem Garwerden mit Kümmel bestreuen, auf den Teller legen und das klein geschnittene Grün darüber geben.

Dampfkartoffeln mit Brennnesseln und Löwenzahn

600 g junge Kartoffeln, 100–150 g Brennnesseln, 1 Bund junge Löwenzahnblätter, Öl, Salz.

Die Kartoffeln waschen und mit einer Serviette aus grobem Leinen abreiben. In einen Topf mit heißem Wasser ein Sieb legen und die Kartoffeln im Dampf garen. Brennnesseln und Löwenzahn nicht überbrühen, besser sie mit kaltem Salzwasser übergießen, dann das Salz abwaschen und das Grün klein aufschneiden, sodann mit der Hand durchmischen. Kartoffeln in einen tiefen Teller legen, Öl darüber geben und dicht mit dem Grün bestreuend.

Kartoffelklößchen

5 große Kartoffeln, 2 EL Weizenmehl, 1 Eigelb, 2 Zwiebeln, gemahlener roter Paprika nach Geschmack, evtl. Gemüsebrühe, etwas Sonnenblumenöl.

2 Kartoffeln im Dampf kochen, danach vorsichtig die Schale abziehen. Mit dem Weizenmehl kneten. Mit dem Eigelb und den sehr klein geschnittenen Zwiebeln verrühren. Mit rotem Paprika bestreuen. Die 3 verbleibenden Kartoffeln fein reiben und mit dem fertigen Teig vermengen. Alles sorgfältig verrühren, bis eine elastische Masse entsteht, dann mit einem Dessertlöffel Klöße von länglicher Form bilden und in kochendes Wasser oder Gemüsebrühe geben. Die Klößchen mit dem Sieblöffel herausheb-

ben und vorsichtig in eine Schüssel legen. Mit Sonnenblumenöl beträufeln und reich mit Grün bestreuen.

Kartoffeln mit Karotten

500 g junge Kartoffeln, 200 g junge Karotten, 2 EL Mehl, 2 Zwiebelknollen, 2 EL und 1 TL Öl, etwas roter gemahlener Paprika, Gewürze nach Geschmack, Kräuter.

Die Kartoffeln waschen und mit einem groben Leinentuch abreiben. Ebenso macht man es mit den Karotten. Das Gemüse im Dampf kochen. Die Zwiebeln fein schneiden und in möglichst wenig Wasser mit einem Teelöffel erwärmtem Öl auf kleiner Flamme dünsten. Dafür verwendet man am besten einen kleinen gusseisernen Topf. Wenn die Zwiebel gar ist, ein halbes Glas Wasser in den Topf gießen. Wenn das Wasser kocht, das in kaltem Wasser in einem Glas verrührte Mehl beigeben. Wenn die Sauce keine gleichförmige Konsistenz bekommt, sondern Klumpen bildet, seien Sie nicht enttäuscht. Legen Sie sie auf eine saubere Serviette und drücken Sie sie durch. Wenn das Mehl kocht, nehmen Sie den Topf vom Feuer und geben zwei Esslöffel Öl zu der Masse, den gemahlenen Paprika und andere Gewürze nach Geschmack. Das alles schlagen Sie mit dem Schneebesen. Die großen Kartoffeln in vier Teile schneiden, die kleinen in zwei, die Karotten in Scheiben. Das Gemüse auf den Teller legen, mit der Sauce übergießen, vermischen. Mit klein geschnittenem Grün bestreuen.

Kartoffeln mit Pilzen

600 g Kartoffeln, 300 g frische Pilze (oder 100 g getrocknete), 1 Petersilienwurzel, 1 TL Öl, 1 Stängel Liebstöckel.

Die Kartoffeln im Dampf kochen und vorsichtig schälen. Für jene, die die Kartoffel mit Schale mögen, gilt es die Knollen besonders sorgfältig zu waschen und abzureiben. In einem eigenen Topf mit wenig Wasser die Pilze kochen, mit einem Sieblöffel herausholen, fein schneiden und mit den aufgeschnittenen Kartoffeln vermischen. Den verbliebenen Pilzsud abseihen, Öl dazugeben und die erhaltene Mischung auf die Kartoffeln gießen. Mit fein geriebener Petersilienwurzel und dem klein gehackten Liebstöckel bestreuen.

Kartoffeln mit Schafskäse

500 g Kartoffeln, 75 g Schafskäse, 1 Bund Lauchzwiebeln und Dill.
Die Kartoffeln mit der Schale kochen, in kleine Würfel schneiden und mit dem grob geriebenen Schafskäse bestreuen. Wenn Sie gewöhnt sind, ohne Salz zu essen, sollten Sie den Schafskäse 1–2 Tage in Wasser legen. Klein zerschnittene Lauchzwiebeln und Dill darüber geben.

Kartoffelsalat mit Sauce aus Meeresalgen

500 g Kartoffeln, 2–3 Zwiebelknollen, 2 EL Öl (nach Geschmack), 1 EL trockener Weißwein, 1 Petersilienwurzel, 2 EL getrocknete Meeresalgen, Lauch oder Schnittlauch, Petersilienwurzel.
Am Tag vor der Zubereitung die Algen in heißem Wasser kochen. Wenn sie aufgegangen sind, die fein geschnittenen Zwiebeln und den Löffel Wein hinzufügen. Auf Wunsch kann man auch Öl beigeben. Diese Sauce kann einige Tage im Kühlschrank stehen. Die Kartoffeln mit der Schale im Dampf garen. Wenn sie etwas erkaltet sind, in Würfel oder kleine Stücke schneiden, mit der Sauce würzen und dicht mit fein geschnittenem (Schnitt) Lauch und geriebener Petersilienwurzel bestreuen.

Pelmeni mit Kartoffeln

Teig: *2 1/2 Glas Weizenmehl, 1 Eigelb, 1 EL Sonnenblumenöl, 1 TL Zitronensaft, 1/2 Glas kaltes (eisiges) Wasser.* Füllung: *1 kg Kartoffeln, 1 Zwiebel, 1/3 TL geriebenen schwarzen Pfeffer, 1/2 Glas klein gehackte junge Brennnesseln, Giersch und Gartenkräuter.* Weitere Zutaten: *2 Zwiebeln, 1 Lorbeerblatt, Pfeffer, Petersilie, Sellerie, etwas Butter,*

Kräuter, nach Geschmack Gomasio. Für die Füllung: *die Kartoffeln auf Dampf garen, zerdrücken, mit der klein geschnittenen Zwiebel und Grünzeug vermengen. Ob man die Schale entfernen soll, hängt von der Qualität der Kartoffeln ab.*

Für den Pelmeniteig Mehl, Eigelb, Öl und Zitronensaft (diese beiden machen den Teig weicher und luftiger) in dem Eiswasser vermengen, einen nicht zu festen Teig herstellen, damit er angenehm auszuwalzen ist. Nachdem der Teig unter einem feuchten Tuch 20 bis 30 Minuten geruht hat, ihn zu einer dünnen Schicht von 1 mm auswalzen. Aus dieser Schicht mit einem dünnen Glas runde Formen ausstechen, mit den Fingern die Ränder befeuchten, in die Mitte jeweils so viel Füllung geben, dass man die Ränder zweier aufeinander gelegter Teigstücke zusammendrücken kann. Man kann die Pelmeni halbmondförmig machen (dann heißen sie Wareniki). Die Pelmeni im Salzwasser kochen, das mit den gehackten Zwiebeln, dem Lorbeerblatt, Pfeffer, Petersilie und Sellerie gewürzt ist, mit einem Wort mit all dem, was Sie zur Hand haben, damit die Gemüsesuppe schmeckt. Man kocht die Pelmeni auf großer Flamme, aber nicht alle auf einmal, sondern in zwei oder drei Partien, wobei man die fertigen Pelmeni mit einem Sieblöffel herausholt. Man serviert die Pelmeni in der Gemüsebrühe oder ohne sie, wobei man sie leicht mit Butter beträufelt und dicht mit fein gehacktem Grün bestreut. Man kann sie auch mit Gomasio servieren, einem japanischen Gewürz. Gomasio (ansonsten Salz mit Sesam) ist ein schmackhaftes und nützliches Gewürz für Getreide- und Gemüsegerichte. Zur Herstellung von Gomasio brät man die gewaschenen und getrockneten Sesamkörner 2 bis 3 Minuten in der trockenen Pfanne an, fügt Meersalz hinzu und erhitzt es noch eine weitere Minute. Dann stampft man es im Mörser klein. Auf 8 bis 9 Löffel Sesam nimmt man 1 Esslöffel Meersalz.

Pizza mit Kartoffeln

Belag: *1 kg Kartoffeln, 1 Bund Schnittlauch, 1 großer Bund würzige Kräuter, 4 EL Tomatenmark, 1 Becher Sauerrahm, 2 EL Kognak, 1 Glas Sahne, 1 Eigelb, Karotten zum Verzieren.* Teig: *$\frac{1}{2}$ Glas Molke von saurer Milch, $\frac{1}{2}$ Glas Sauerrahm, so viel Weizenmehl, dass man einen mitteldicken Teig bekommt.*

Die Teigzutaten vermengen, kneten und eine Kugel daraus formen. Mit einem Tuch bedecken und 30 Minuten stehen lassen. Den Teig in acht Teile teilen. Aus jedem Teil einen Boden bilden. Die Böden mit Tomatenmark bestreichen, das mit dem Sauerrahm gemischt wurde, mit kleinwürfeligen, in gehackten Würzkräutern und Schnittlauch gewälzten gekochten Kartoffeln belegen und mit einer Rosette aus zerdrückten Karotten verzieren. Bevor man sie ins Rohr stellt, jede Pizza mit einem Gemisch aus Eigelb, Kognak und Sahne beträufeln. Heiß servieren.

Galuschki aus rohen Kartoffeln

1 kg Kartoffeln, 2 Eigelb, etwas Mehl aus gemahlenen Weizenkeimen, Gewürze nach Geschmack: schwarzer Pfeffer, Sternanis, Koriander, roter Paprika, Muskatnuss, Gemüsebrühe, gehackte Kräuter, etwas Öl.

Die Kartoffeln gut waschen und raspeln, die Masse in einem Tuch ausdrücken. Der Kartoffelsaft lässt sich gut für andere Speisen verwenden. Aus den ausgedrückten Kartoffeln wird ein Teig gemacht. In die Masse das Eigelb rühren, Gewürze und Mehl beigeben. Mit feuchten Händen Bällchen formen. Wenn sie zerfallen, kann man etwas mehr Mehl oder im äußersten Fall noch ein Eigelb zugeben. In Gemüsebrühe kochen, dick mit Kräutern bestreuen und mit Öl beträufeln.

Kartoffeln mit Petersiliengrün

500 g Kartoffeln, 200 g Petersilie, ½ Glas Reis; Salz, roter Paprika, fein gemahlener Ingwer.

Die Kartoffeln gut waschen und mit einem Tuch abreiben, mit der Schale im Dampf kochen und in Würfel schneiden. Nur wenn es alte Kartoffeln sind schälen. Den Reis in der Kaffee- oder Getreidemühle mahlen. Das erhaltene Mehl in einer Tasse mit Wasser mischen. Ein Glas mit kochendem Wasser in einen dickwandigen Topf geben. Das mit Wasser vermischte Reismehl dazugeben. Auf kleiner Flamme 3 bis 4 Minuten kochen, dann vom Feuer nehmen und dicht mit einem Tuch abdecken. Die Petersilie fein hacken. Die Kartoffeln in eine Salatschüssel legen, die Petersilie in den Reisbrei einrühren. Leicht salzen, roten Paprika und Ingwer beigeben und die erhaltene Masse über die Kartoffeln gießen.

Saucen für Kartoffelgerichte

Gemüsesauce mit Wein

4 Zwiebelknollen, 1 Karotte, Wurzelpetersilie, Sellerie, 1 EL Tomatenmark, 2 EL Öl, Saft einer halben Zitrone (nicht unbedingt), ¼ TL roter Paprika, 2–3 Lorbeerblätter, 3 EL trockener Wein, 1 TL Honig.

Das Gemüse fein schneiden und mit den Lorbeerblättern und dem Paprika in einen dickwandigen Topf geben, mit dem Wein übergießen, den man mit einem halben Glas Wasser gemischt hat, Tomatenmark, Honig und Öl dazugeben und auf kleiner Flamme gar dünsten. Mit dem Zitronensaft abschmecken.

Knoblauchsauce

3 Knollen Knoblauch, 1 Glas Béchamel-Sauce auf Wasserbasis oder ein Glas Sauerrahm, 1 Glas fein gehackte Garten- oder Wildkräuter, Meersalz.

Den Knoblauch zerdrücken und mit der Béchamel-Sauce oder dem Sauerrahm vermischen. Man kann etwas Wasser oder Wein beigeben und dann die ganze Masse mit dem fein geschnittenen Grün vermengen. Mit reichlich Meersalz abschmecken.

Speisen mit Topinambur

Topinambur-Salat

300 g Topinambur, 100 g Lauchzwiebeln (je nach Saison ersatzweise Schnittlauch, Kresse etc.), je 50 g Dill und Petersilie, 1 EL Mehl, 1 Eigelb (falls Sie Eier essen), ½ Glas Gemüsebrühe.

Die Schale des Topinambur kann man essen, man muss ihn also nicht schälen, nur sorgfältig mit einer Bürste säubern. Die Knollen in feine Scheiben schneiden und in eine Salatschüssel geben. Dann macht man eine Sauce Béchamel: Das Eigelb in einer Tasse mit dem Mehl verrühren und langsam in die heiße Gemüsebrühe einrühren. Das Grünzeug der Sauce beigeben und zuletzt alles vermischen.

Salat aus Topinambur und Karotten

200 g Topinambur, 200 g Karotten, 1 Bund Gartenkräuter und Schnittlauch, nach Geschmack Salatdressing aus 1 TL Öl, 2 TL Zitronensaft oder Weißwein, etwas Honig.

Die Fruchtknollen und die Karotten sorgfältig waschen und fein reiben, mit dem fein geschnittenen Grün und nach Geschmack mit Salatdressing würzen.

Suppe aus Topinambur und Sellerie

200 g Topinambur, 200 g Sellerie, 1 Petersilienwurzel, 1 EL Mehl, grüne Petersilie und 4 EL Sauerrahm (falls Sie Sauerrahm essen).

Die sorgfältig gewaschenen Wurzeln klein reiben und mit 1 Liter (Quell-) Wasser kochen. Der Sellerie wird etwas länger gekocht als der Topinambur, deshalb muss man zuerst den Sellerie beigeben, nach 3 Minuten die Petersilienwurzel und dann den Topinambur. In einer trockenen Pfanne das Mehl cremefarben anrösten und in die Suppe mixen, die Suppe etwas ziehen lassen und dann servieren. Zuletzt den Sauerrahm einrühren. Mit Kräutern garnieren.

Risotto mit Topinambur

1 Glas ungeschliffener Reis, 200 g Topinambur, 2 Zwiebeln, Schnittlauch, Gartenkräuter und Brennnesseln, gemahlener Koriander, etwas Paprikapulver.

2 1/2 Glas Wasser kochen, den Reis beigeben und erst auf großer, dann auf kleiner Flamme kochen lassen. Grünzeug und Zwiebeln fein hacken, den Topinambur in kleine Würfel schneiden. Die Zwiebeln dem Reis beigeben, wenn er noch nicht ganz fertig ist, und wenn der Reis praktisch gar ist, den Topinambur hinzugeben. Zuletzt das fein gehackte Grün und die Gewürze beimischen. Einziehen lassen und servieren.

Ragout aus Auberginen, Tomaten und Topinambur

250 g Topinambur, 250 g Auberginen, 200 g Tomaten, 3 Zwiebelknollen, Dill, Petersilie, Lauchzwiebel.

Topinambur in kleine Würfel schneiden, Auberginen schälen und in Scheiben schneiden. Ein 3/4 Glas Wasser in einen dickwandigen Topf geben und darin die klein geschnittenen Zwiebeln kochen, dann die Auberginen (ca. drei Minuten). Sodann den Topinambur beigeben und noch 2 Minuten kochen. Von der Platte nehmen, die klein geschnittenen Tomaten beigeben und ziehen lassen. Dicht mit klein gehacktem Gartengrün bestreuen.

Topinambur pur

Topinambur fein reiben, mit 1 EL Weißwein und 1 TL Honig mischen und servieren.

Speisen mit diversen Kohlsorten

Kohlrabi

Kohlrabi gilt als Schutzmittel bei geringen Dosen Röntgenstrahlung.

Salat aus Kohlrabi

800 g Kohlrabi, 200 g frisch gepresster Apfelsaft mit Zitrone, 1 TL Honig, gemahlener Pfeffer nach Geschmack, Petersilie.

Den Kohlrabi fein aufschneiden oder grob raspeln, die restlichen Zutaten zu einem Dressing vermengen und darüber gießen. Einige Minuten einziehen lassen. Mit Petersilie o. Ä. garnieren.

Kohlrabisalat mit Frühlingszwiebeln

800 g Kohlrabi, 300 g Frühlingszwiebeln, 3 EL Sonnenblumenöl, 1 TL Zitronensaft.

Den Kohlrabi fein raspeln, die Frühlingszwiebeln aufschneiden und mit dem Kohlrabi vermischen. Öl und Zitronensaft mit dem Schneebesen verquirlen, über den Salat geben und diesen eine halbe Stunde zugedeckt stehen lassen.

Salat »Gesundheit«

300 g Kohlrabi, 1 Bund Frühlingszwiebeln, 1 TL Wein, 3–4 EL Béchamel-Sauce oder 2 EL Sahne.

Den Kohlrabi putzen und raspeln. Die Zwiebeln sehr fein schneiden und mit der Hand zerdrücken oder durch den Fleischwolf drehen und mit dem Wein und der Sauce bzw. Sahne übergießen. Man kann auch einen Esslöffel Sonnenblumenöl mit ebenso viel Weißwein und Zitronensaft verquirlen und darüber gießen.

Kohlrabisuppe

200 g Kohlrabi, 1 Kartoffel, 1 Teltower oder Goldrübe, 1 Karotte, 1 Petersilienwurzel, 1 Zwiebelknolle, je 1–4 TL grüne Erbsen sowie schwarze und rote Johannisbeeren, 1 EL Mehl, 1 EL Speiseöl.

Wasser aufkochen, klein geschnittenes bzw. gewürfeltes Gemüse zugeben. Den Kohlrabi fein raspeln und in der Suppe kochen. Das Mehl in etwas warmem Wasser anrühren und der Suppe beigeben. Wenn die Suppe wieder aufkocht, vom Feuer nehmen und die Erbsen und Beeren sowie das Öl nach Geschmack beigeben.

Gedünsteter Kohlrabi mit Zwiebel

200 g Kohlrabi, 1 Zwiebelknolle, 1 TL Mehl, 1/2 TL Kümmel, 1 Bund Petersilie, nach Wunsch: 1 TL Öl, Tomaten.

Den Kohlrabi in kleine Stücke schneiden, die Zwiebel hacken. In einen Topf etwas Wasser gießen und eventuell auch das Öl. (Mit Öl sollte man niemals braten, weil die Temperatur bei Erhitzung des Öls über 100°C steigt. Wenn Sie Öl ins kochende Wasser gießen, wird es nie heißer als 100°C und die Lebensmittel verlieren nicht ihre natürlichen Eigenschaften.) Alle Zutaten in den Topf geben, auch das mit etwas Wasser verrührte Mehl. Wenn alles gar ist, die Speise mit gehackter Petersilie bestreuen. Auf Wunsch kann man einige geschnittene Tomaten zugeben.

Rotkraut

Rotkrautsalat mit Gartenkräutern

300 g Rotkraut, 200 g Gartenkräuter (Koriander, Dill, zarte Petersilien- und Sellerieblätter sowie Minze), nach Geschmack Pflanzenöl und 1/4 TL Ingwer.

Das Rotkraut fein schneiden und mit der Hand zusammendrücken. Mit den ebenfalls fein geschnittenen Kräutern vermengen. Die Blattrippen des Krauts in dünne Stücke schneiden, mit einer geringen Menge Wasser dünsten und dem Salat beifügen. Nach Wunsch kann man den Salat mit geriebenem oder pulverisiertem Ingwer verfeinern. Öl nach Geschmack.

Rotkrautsalat

500 g Rotkraut, 1 TL Honig, 1 EL Zitronen- oder Preiselbeersaft, etwas Zimt und Nelken, etwas Öl.

Den Saft mit dem Honig vermischen, den Krautkopf in einzelne Blätter zerteilen, indem man die Stiele am Strunk abschneidet. Die Stiele von jedem Blatt ausschneiden. Die dünnen Blattteile übereinander legen und fein schneiden. Das Saft-Honig-Gemisch darüber geben und das Ganze mit der Hand kneten, würzen, etwas Öl beigeben und servieren.

Rotkraut mit Meerrettich und Paprika

500 g Rotkraut, 1 Schote Paprika, 100 g Meerrettich, 1 Zwiebelknolle, nach Geschmack 1 TL trockener Wein und Öl.

Den Meerrettich fein reiben. Die Paprika in Ringe schneiden (auf Wunsch kann man auch die Kerne verwenden), die Zwiebel fein schneiden. Alles mit einem Minimum Wasser zugedeckt dünsten. Nicht mehr als 4 bis 5 Minuten auf kleiner Flamme lassen. Das Rotkraut in einzelne Blätter zerteilen, die Stiele ausschneiden, in dünne Scheiben schneiden und zusammen mit Paprika und Zwiebel dünsten. Die fein geschnittenen Blätter mit der Hand kneten und mit der heißen Sauce übergießen. Nach Geschmack mit 1 TL trockenem Wein und Öl verfeinern.

Salat aus Rot- und Weißkraut

200 g Rotkraut, 200 g Weißkraut, 1 EL Zitronen- oder Sauerkirschsaft, Öl, 1 TL Honig, 1 TL Preiselbeeren.

Rot- und Weißkraut getrennt klein schneiden. Die Stiele in feine Scheibchen schneiden und mit einem Minimum Wasser dünsten. Mit der Hand das aufgeschnittene Rotkraut und Weißkraut getrennt unter Beigabe des Kochwassers der Stiele kneten. Die gedünsteten Stiele mit Zitronen- oder Sauerkirschsaft beträufeln, etwas Speiseöl und den Honig beigeben. In einer Salatschüssel aus dem Weißkraut einen Hügel formen und das mit Preiselbeeren bestreute Rotkraut ringförmig um den Hügel arrangieren.

Rotkraut mit gedünstetem Gemüse

500 g Rotkraut, je 100 g Sellerie und Petersilienwurzel, 1 Zwiebelknolle, Nelken, Piment, Ingwer, 1 Stängel Petersilie.

Sellerie, Petersilienwurzel und Zwiebel fein schneiden und mit einem Minimum Wasser 5 Minuten dünsten. Die in kleine Ringe geschnittenen Stiele der Krautblätter sowie Gewürze beigeben. Die dünnen Teile der Krautblätter fein schneiden und mit dem gedünsteten Gemüse vermengen. Die Petersilienwurzel, Sellerie und Zwiebel sollten »al dente« sein. Vor dem Servieren mit Petersilie bestreuen.

Mariniertes Rotkraut

1 kg Rotkraut, 2 Glas Wasser, 10 Körner Duftpfeffer, Nelken, 2–3 Lorbeerblätter, 1 Stück Zimtrinde, 1/2 Glas Apfelessig.

Den Krautkopf in einzelne Blätter zerteilen. Die Stiele ausschneiden, die dünnen Blattteile fein schneiden und in ein Einweckglas legen. Die Marinade vorbereiten. Dafür das Wasser zum Kochen bringen, die aufgeschnittenen Stiele der Krautblätter, den Pfeffer, die Nelke, die Lorbeerblätter und das Stück Zimtrinde beigeben. Wenn die Stiele gar sind, den Topf vom Feuer nehmen und den Apfelessig beifügen. Das restliche Kraut mit dem Sud übergießen. Das Kraut ist nach 2 Wochen essfertig. Man kann es zu verschiedenen Gemüsespeisen verwenden.

Blumenkohlsalat mit Zitrone

500 g Blumenkohl, 2–3 Lorbeerblätter, 2–3 Pfefferkörner, Zitronensaft, Petersilie, Dill, Koriandergrün, 1 TL Honig.

Den Blumenkohl in kleine Röschen aufteilen. Die dünnen Stiele in kleine Scheiben schneiden, die dicken putzen und ebenfalls in kleine Würfel schneiden, die Röschen ganz lassen. Aus Stielen und Blättern ein halbes Glas Brühe kochen und in dieser Brühe die Lorbeerblätter und Pfefferkörner aufkochen. Nach dem Abkühlen der Brühe diese mit dem Zitronensaft vermischen, den Honig hinzufügen und den aufgeschnittenen Blumenkohl übergießen. Auf Wunsch kann man stattdessen eine Béchamel-Sauce machen. Dazu vermischt man 2 TL Mehl mit etwas Wasser und gibt sie der Brühe aus aufgeschnittenen Blättern und Stielen bei, samt unbehandelter Zitronenschale und Zitronensaft. Am Schluss die klein gehackten Kräuter beigeben.

Salat aus Blumenkohl mit Meerrettich

500 g Blumenkohl, Meerrettich, Petersilie, nach Geschmack Honig.

Blumenkohl auseinander nehmen, die gewaschenen Teile in einem Glas mit heißem Wasser abkochen, abseihen und darin den fein geriebenen Meerrettich kochen. Die Flüssigkeit nach Geschmack mit Honig süßen und den Blumenkohl übergießen. Mit klein geschnittener Petersilie bestreuen.

Gedünsteter Blumenkohl

600 g Blumenkohl, 2 Zwiebelknollen, 1 TL Preiselbeeren, Petersilie.

Die Zwiebeln in Ringe schneiden und mit einem Minimum Wasser 3–4 Minuten dünsten. Den Blumenkohl in kleine Röschen teilen, die Stiele säubern und in dünne Ringe schneiden. Die Röschen in ein Emaillesieb geben, auf einen Topf mit kochendem Wasser legen und so lange dünsten, bis sie noch etwas Biss haben. In eine Schüssel geben, das heiße Wasser mit der gedünsteten Zwiebel darüber gießen und das Ganze mit Preiselbeeren und Petersilie garnieren.

Gedünsteter Blumenkohl mit Sauce Béchamel

600 g Blumenkohl, 100 g Radieschen, 1 Karotte, 50 g Frühlingszwiebeln, 1 TL Weizenmehl (evtl. 2 Eigelb), 1 TL Butter.

Den Blumenkohl in kleine Röschen teilen, 2–3 Minuten im Dampf garen und in eine Schüssel geben. Die gewaschenen Stängel zusammen mit den geschnittenen Frühlingszwiebeln und der Karotte in 200 ml Wasser kochen und abseihen. Das Mehl mit kaltem Wasser verrühren und nach Wunsch mit dem Eigelb der kochenden Brühe beigeben. Damit Mehl und Eier nicht verklumpen, die Flamme niedrig halten. Unter ständigem Rühren die erhaltene Sauce fertig stellen, leicht abkühlen lassen und die Butter beigeben. Den Blumenkohl mit der Sauce übergießen und mit den fein geschnittenen Zwiebeln bestreuen. Die kleinen Würfel mit geschnittener, gekochter Karotte zusammen mit der gekochten Zwiebel im Kreis um den Blumenkohl anrichten. Die Radieschen sehr fein aufschneiden und damit den Blumenkohl bestreuen.

Salat aus Blumenkohl und Zucchini

400 g Blumenkohl, 200 g junge Zucchini, 1 Bund Petersilie, 1 EL Sonnenblumenöl, 1 TL Zitronensaft (wahlweise Tomatensaft), 1/2 TL Honig, 1–2 TL Mehl.

Den Blumenkohl in kleine Röschen teilen, die dünnen Stiele in kleine Scheiben schneiden, die dicken in kleine Würfel. Die Zucchini längs in vier Teile und dann in dünne Stückchen schneiden und in eine Schüssel legen. Mit wenig Wasser den Blumenkohl kochen, die Brühe abseihen, Mehl beigeben und eine Sauce Béchamel kochen. Öl, Zitronensaft und Honig in die abgekühlte Sauce geben, mit dieser Sauce den Salat beträufeln und mit klein geschnittener Petersilie bestreuen.

Blumenkohl mit Butter und Eiern

500 g Blumenkohl, 50 g Butter, 2 Eier, 1 Bund Petersilie, 1 Radieschen.

Die Blätter vom Blumenkohl entfernen und die groben Stiele häuten. Aus Blättern und Haut eine Brühe kochen, abseihen, abkühlen lassen und Butter beigeben. Ein hart gekochtes Ei fein hacken, den Blumenkohl leicht dünsten, in eine Salatschüssel geben und mit der im Wasser gelösten Butter übergießen und mit der unter die Eier gerührten Petersilie bestreuen. Aus dem Radieschen ein Röschen schneiden und in die Mitte des Salates setzen.

Blumenkohl mit Schafskäse

600 g Blumenkohl, 100 g Schafskäse, 1 Bund Kräuter, 1 EL Mehl, 1 Zwiebel.

Den Blumenkohl waschen, die Blätter entfernen und in Röschen teilen. Den geputzten dicken Stamm in Scheiben schneiden, leicht dünsten und aus den Röschen einen kleinen Hügel in der Salatschüssel bilden. Aus der klein geschnittenen Zwiebel und den gewaschenen Blumenkohlblättern mit wenig Wasser eine Brühe machen und daraus mit dem Mehl eine Sauce Béchamel herstellen. Den Blumenkohl mit der Sauce übergießen, mit den fein gehackten Kräutern und dem zerbröckelten Käse bestreuen.

Brokkoli

Der Brokkoli zeichnet sich durch erlesenen Geschmack und Reichtum an Vitaminen aus. Man verwendet ihn roh oder leicht im Dampf gegart.

Brokkoli mit Frühlingszwiebeln

400 g Brokkoli, 100 g Frühlingszwiebeln, 3 Zwiebelknollen, 4 Tomaten.

Die Zwiebeln klein hacken und mit einem Minimum Wasser dünsten, die Frühlingszwiebeln in dünne Ringe schneiden. Den Brokkoli im Dampf leicht garen und in eine Salatschüssel geben. Die gedünsteten Zwiebeln und die Frühlingszwiebeln mit dem Brokkoli vermengen. Mit den in Scheiben geschnittenen Tomaten garnieren.

Gedünsteter Brokkoli mit Gemüse

400 g Brokkoli, 1 Petersilienwurzel, 2 Karotten, 1 Rübe (Navet, Mairübchen, Teltower Rübchen oder Goldrübchen), Lauchstange, 1 Bund Petersilie, etwas Öl (nach Geschmack).

Ein Emaillesieb auf einen Topf mit kochendem Wasser legen. Im Dampf die ganzen Karotten und die Petersilienwurzel garen. Wenn sie fast gar sind, den Brokkoli auf das Sieb legen, leicht andünsten und in eine Schüssel geben. Karotten und Petersilienwurzel fein aufschneiden. Die Rübe putzen und in ganz feine Stücke schneiden. Alles vermengen und mit etwas Öl übergießen. Den Lauch in feine Ringe schneiden und damit sowie mit der fein gehackten Petersilie bestreuen den Salat garnieren.

Weißkraut

Weißkrautsalat

500 g Weißkraut, 5 Tomaten, 1 Karotte, 1 Petersilienwurzel, 1 Schote Paprika, 1 Zwiebelknolle, 1 TL rote Beeren, Petersilie.

Den Krautkopf in einzelne Blätter zerteilen. Wenn der Kopf groß ist, kann man einen Teil bis zur nächsten Mahlzeit übrig lassen. Das ist der Vorteil, wenn man den Kopf in einzelne Blätter zerlegt. Es ist sehr wichtig, dass sie ganz bleiben und unmittelbar vor dem Verzehr aufgeschnitten werden. Aus den einzelnen Blättern die Stiele herausschneiden. Die Blätter übereinander schichten, die Stiele in dünne Scheiben schneiden. Karotte, Petersilienwurzel, Paprika und Zwiebel fein schneiden und in sehr wenig Wasser dünsten. Die Krautblätter fein schneiden und mit der Hand zusammenkneten, damit sie weniger sperrig werden, mit dem gedünsteten Gemüse bestreuen und alles mit einem Löffel vermengen, in einer Salatschüssel aufhäufen, mit gehackter Petersilie bestreuen und mit den aufgeschnittenen Tomaten und den Beeren garnieren.

Salat aus frischem Kraut mit Sojasauce

500 g Weißkraut, 1 Zwiebelknolle, 10 Oliven, 1 EL Sojasauce, Kräuter.

Den Krautkopf in einzelne Blätter zerlegen, die Stiele herausschneiden, in dünne Scheiben schneiden und zusammen mit der fein gehackten Zwiebel in ganz wenig Wasser dünsten. Auskühlen lassen, mit einer Gabel zerdrücken und die Sojasauce dazugeben. Die Krautblätter fein schneiden und zusammen mit den klein gehackten Oliven kneten, mit der Sauce übergießen und mit den gehackten Kräutern bestreuen. Man kann eine Olive ganz lassen und in die Mitte des Salates legen.

Krautwickel

Ein Kopf Frühkraut, 5–6 EL meiner Lieblingssauce (siehe S. 203), nach Geschmack 1 Bund Radieschen.

Waschen Sie den Krautkopf, entfernen Sie die schadhaften Blätter, schneiden Sie das trockene Ende des Strunks weg und zerlegen Sie den Kopf in einzelne Blätter. Beim Frühkraut kann man sich das Entfernen der Stiele sparen. Man kann die härteren Adern mit einem Holzhammer weich klopfen. Aber in der Regel sind sie beim Frühkraut ohnehin sehr weich. In jedes Blatt je einen Teelöffel meiner Lieblingssauce geben, kleine Rollen formen und auf einen Dessertteller legen. Neben die Rouladen kann man 2 bis 3 junge Radieschen legen.

Salat aus frischem Weißkraut

500 g Kraut, 100 g Tomaten, 1 Bund Gartenkräuter, 1 EL Pflanzenöl, 1 TL Zitronen-, Preiselbeer-, Apfel- oder Sauerkirschsaft, eventuell Salz und Honig.

Den zarten Teil der Krautblätter aufschneiden, die Rippen für ein anderes Gericht aufbewahren. Das Kraut mit der Hand durchkneten, bis es Saft bildet. Wenn Sie Salz essen, können Sie das Kraut vorher salzen, aber bedenken Sie, dass Kochsalz negativ auf den Organismus wirkt. Wenn Sie erhöhten Blutdruck haben, zwingen Sie sich, auf das Salzen von Speisen zu verzichten, zumindest für zwei bis drei Wochen. Essen Sie Speisen, die kein Salz brauchen. Und wenn Sie es nicht schaffen, ganz auf Salz zu verzichten, dann nehmen Sie Meer- oder Steinsalz. Das Kraut mit Pflanzenöl würzen, welches Sie zuvor mit dem Saft verrührt haben. Man kann auch etwas Honig beigeben. Zuletzt den Salat mit den in Scheiben geschnittenen Tomaten rundherum garnieren. Mit gehackten Kräutern bestreuen.

Gedünstetes Kraut

1 kg Kraut, 200 g Tomaten, 1 EL Pflanzenöl, Paprikapulver, Dill, 2 mittelgroße Kartoffeln.

Das Kraut in einzelne Blätter zerlegen, die Stiele ausschneiden, die Blätter übereinander schichten und fein schneiden. Die groben Blattteile in Scheibchen schneiden. In einen Eisenkessel ½ Glas Wasser leeren. Wenn das Wasser kocht, das Öl zugeben. Dann die Scheibchen einwerfen und 3 Minuten garen. Die fein geschnittenen Blätter dazugeben und ein paar Minuten dünsten, bis sie fast gar sind. Vom Feuer nehmen, Paprika beimengen und auf einen Teller legen. Darauf legt man die Scheiben der gleichzeitig gekochten Kartoffeln und garniert das Ganze mit aufgeschnittenen Tomaten. Klein gehackten Dill darübergeben.

Weißkraut mit Reis

400 g Kraut, 200 g Karotten, 1 Glas Reis.

Den Reis in 1 Liter heißem Wasser kochen und auf ein Sieb geben. In ganz wenig Wasser die in Scheibchen geschnittenen Stiele der Krautblätter dünsten, dann die geschnittenen feinen Blattteile zugeben. Die rohe Karotte fein raspeln, mit dem gekochten Reis und dem Kraut vermischen und servieren.

Weißkraut mit Pilzen

500 g Kraut, 2–3 Zwiebelknollen, 200 g frische oder 50 g getrocknete Pilze, 1 EL Mehl, 1 EL Sonnenblumenöl, Kräuter, nach Geschmack rotes Paprikapulver.

Die Krautblätter zerteilen und aufschneiden wie in den vorhergehenden Rezepten. Die Pilze mit ziemlich wenig Wasser kurz abkochen. Wenn sie halb gar sind, fein aufschneiden. Auf den Boden eines gusseisernen Topfs etwas von dem Pilzsud gießen. Wenn der Sud kocht, das Öl beigeben, darin die fein geschnittenen Zwiebeln und die geschnittenen Rippen der Krautblätter und danach die geschnittenen feinen Blattteile leicht andünsten. Das Kraut muss fast roh bleiben. Abschließend nach Geschmack rotes Paprikapulver beifügen. Aus dem übrigen Pilzsud mit dem Mehl eine Sauce Béchamel machen. Das Kraut mit den Pilzen auf einen Teller geben, mit der Béchamel-Sauce übergießen und mit gehackten Kräutern bestreuen.

Kraut im Teig

250 g Kraut, 150 g Mehl, geriebener schwarzer Pfeffer, 1 Zwiebel, 1 Eigelb, 1/3 Glas Wasser, 1 EL Öl, 1 Bund Schnittlauch, 5–6 Radieschen.

Das Kraut aufschneiden wie in den vorhergehenden Rezepten und halbgar dünsten. Aus Mehl, Wasser, Öl und Eigelb einen Teig rühren und zu einem Viereck in der Dicke von einem 1/2 cm walzen. Das Kraut auskühlen lassen, mit der Hand gut ausdrücken und mit der fein geschnittenen Zwiebel und dem schwarzen Pfeffer bestreuen. Das Kraut darf nicht übergart sein, sondern muss noch Biss haben. Die gröberen Blattteile dürfen weicher sein. Den ausgewalzten Teig mit Butter einschmieren, das gedünstete Kraut darauf verteilen und einrollen. Die Ränder festdrücken. Die Roulade auf ein Tuch legen, gut zusammenbinden und das Ganze in Salzwasser kochen. Wenn die Roulade gar ist (nach 15 bis 20 Minuten), das Tuch öffnen, die Roulade auf einen Teller legen und in Scheiben schneiden. Jede Scheibe mit Schnittlauch bestreuen und mit einem halben Radieschen garnieren.

Sauerkraut

Sauerkraut ist ein nicht sehr wertvolles Lebensmittel, weil es Salz und Produkte milchsaurer Gärung enthält. Aber beim Einsäuern nimmt das Kraut nicht nur einen angenehm sauren Geschmack an, es werden auch die Vitamine und Mineralsalze erhalten. Früher habe ich es nicht empfohlen, aber die schwierigen Versorgungsbedingungen der letzten Jahre in Russland erfordern eine Erweiterung des Lebensmittelsortiments. Menschen, die an Herzinsuffizienz leiden oder an hohem Blutdruck, an ausgeprägter Arteriosklerose sowie an Entzündungen von Organen des Verdauungstraktes, der Leber und der Niere sollten Sauerkraut nicht essen.

Wenn man das Kraut als ganzen Kopf einlegt, werden die Vitamine wesentlich besser erhalten. Essen sollte man es in sehr kleinen Portionen.

Die Aufbewahrung des Sauerkrauts geschieht in Holzzubern. Von gläsernen Behältern ist abzuraten, weil so die Vitamine schlecht erhalten bleiben. In Emaillegeschirr gehen sie ganz verloren.

Kraut einsäuern kann jeder, der ein entsprechendes Holzgefäß und Steinsalz hat. Keinesfalls Kochsalz verwenden. Ein Übermaß an Salz bremst die Milchsäuregärung, wodurch Bedingungen für die Bildung unerwünschter Mikroorganismen geschaffen werden. Wenn die Menge des Salzes unter dem erforderlichen Maß bleibt, wird das Kraut weich und es bilden sich Fäulnisbakterien. Die Norm zum Einsalzen beträgt 15 bis 20 g Salz auf 1 kg Kraut.

Vor dem Einsalzen muss man das Fässchen gut vorbereiten. Erst wäscht man es mit Bürsten, dann legt man Johannisbeer- und Wacholderzweige auf den Boden, gießt vier oder mehr Liter kochendes Wasser hinein (je nach Größe des Gefäßes) und schließt es irgendwie dicht ab. Dann erwärmt man im Ofen oder im Feuer einen Eisenklotz oder Ofenrost und gibt ihn zu dem kochenden Wasser in das Fass. Damit der Dampf nicht entweicht, schnell abdecken. Wenn man das Fass auf diese Weise dreimal mit Dampf behandelt, ist es bereit zur Verwendung, und es wird im Sauerkraut nicht zu Fäulnis kommen. Das heiße Wasser im Fass muss man nicht unbedingt wechseln, aber das erhitzte Eisen muss dreimal erneuert werden. Die ganze Prozedur dauert etwa eine Stunde. Das Wasser wird weggeschüttet, die Zweige kommen auf den Kompost und das Fass reibt man mit einem trockenen Handtuch aus. Auf den Fassboden legt man ganze Krautblätter.
Das geschnittene Sauerkraut wird aus Spätsorten gemacht. Die kompakten Köpfe schneidet man so durch, dass man den Strunk frei bekommt, wonach man das Kraut schneidet. Man kann auch Karotten dazugeben – etwa 10 bis 15 Prozent der Krautmasse. Das geschnittene Kraut bestreut man mit Salz und knetet es mit der Hand, damit Saft herauskommt. Dabei wird es weicher und lässt sich dicht ins Fass legen. Man kann das Kraut mit geschnittenen Karotten bestreuen oder die Karotten schichtweise einlegen. Außerdem kann man halbierte oder geviertelte Krautköpfe und Äpfel zwischen das geschnetzelte Kraut legen.
Das geschnittene Kraut mit den Fäusten verdichten, von oben mit einem sauberen Tuch abdecken, mit einem hölzernen Runddeckel abschließen, welchen man mit einem Gewicht beschwert, zum Beispiel einem Pflasterstein.
Nach 15 bis 20 Tagen werden aus dem Fass Salzlauge und Schaum rinnen. Das sind gute Gärungsprodukte. Man muss sie einfangen und später, wenn die Gärung aufhört, ins Fass gießen. Während der Gärung muss man den Schaum entfernen,

weil sich darin unerwünschte Mikroorganismen bilden können. Den hölzernen Runddeckel und das Tuch, das das Sauerkraut abdeckt, muss man von Zeit zu Zeit abspülen und eventuell sich bildenden Schimmel entfernen.
Das Sauerkraut bewahrt man an einem kühlen Ort auf. Die niedrige Temperatur verzögert den Gärungsverlauf, was sich positiv auf den Geschmack auswirkt.
Besonders schmackhaft ist das Kraut, wenn man Antonow-Äpfel im Verhältnis 500 g Äpfel auf 10 kg Kraut dazugibt sowie Lorbeerblatt und Kümmel im Verhältnis 5 g auf 10 kg Kraut.

Sauerkrautkuchen

500 g Sauerkraut, 2 Lauchstängel, Mehl, 1 Ei, 1 Zitrone, 2 EL Sonnenblumenöl.

Das Sauerkraut in einem Tuch auspressen und den Lauch aufschneiden. Einen einfachen Teig anrühren. Dazu gibt man in ein Glas ein Eigelb, das Öl und den Saft der Zitrone und gießt das Glas bis zum Rand mit Wasser auf. Mit dem Mehl zu einem Teig machen und diesen 30 Minuten unter einem Tuch liegen lassen. Auf eine Dicke von weniger als 1 cm auswalzen, das ausgepresste Sauerkraut auslegen und dicht mit Lauch bestreuen, die andere Teighälfte darüberlegen, die Ränder zusammendrücken, in die obere Teigschicht mit einer Gabel Löcher stechen, damit der Dampf herauskann, und ins Rohr stellen.

Sauerkrautsalat

300 g Sauerkraut, Lauch, 1 Knoblauchzehe, Kümmel, etwas rotes Paprikapulver, etwas Öl, nach Geschmack Ingwer.

Den Lauch fein schneiden, mit dem Sauerkraut vermischen, mit Kümmel und Paprikapulver bestreuen und leicht mit Öl abschmecken. Eventuell etwas Ingwer dazugeben. Den Salat serviert man zu gekochten Kartoffeln, gekochten Roten Rüben oder Dampfgemüse aus Karotten und Rüben.

Eingemachtes Kraut mit Meerrettich

Krautköpfe, Karotten, Äpfel, Meerrettich.

Gute Krautköpfe mit Karotten und Äpfeln schneiden. Das Kraut in ein kleines Fässchen legen, nachdem man es im Verhältnis von 200 g fein geriebenem Meerrettich auf 1 kg Kraut vermischt hat. Das Kraut muss dicht im Fass liegen. Die Zubereitung erfolgt ohne Salz, deshalb muss es in einem kühlen Raum bei einer Temperatur von -2 bis +2°C aufbewahrt werden. Diese Zubereitung erfordert besondere Sauberkeit und Fertigkeit, aber wer sie beherrscht, wird sein Kraut nicht auf andere Weise einmachen.

Gewöhnlich macht man es am Winteranfang ein und bewahrt es in einem kalten Keller oder einer Garage aus Ziegeln auf. Vor der Kälte hat das Kraut keine Angst, aber wenn es gefroren ist, kann es nach dem Auftauen weich und schlaff werden.

Speisen mit Gartengemüse

Buchweizenbrei mit Lauch

1 Lauchstängel, 1 Glas Buchweizen, 1 EL Öl.

Den Buchweizen 3 Stunden vor der Zubereitung einweichen (auf 1 Glas Körner kommen 3 Gläser Wasser). Dann in einem dickwandigen Topf einen Buchweizenbrei kochen. Nach dem Aufkochen nicht länger als 2 Minuten köcheln lassen, dann ohne Flamme in 15 bis 20 Minuten fertig garen. Mit dem Öl einfetten und mit den Lauchringen bestreuen.

Reisbrei mit Sauerampfer

100 g Sauerampfer, 1 Glas grüne Petersilie, Dill und Koriander, $^{2}/_{4}$ Glas Reis.

In einen Topf dreimal so viel Wasser wie Reis schütten. Wenn das Wasser kocht, den Reis zugeben. Kochen, bis der Reis gar ist.

Den Topf warm stellen. Den Sauerampfer ziemlich grob schneiden, die Gartenkräuter fein hacken. Den Sauerampfer in den Reisbrei mischen, den Reis auf Tellern servieren und mit den Kräutern bestreuen.

Spinatrohkost mit Ei

250 g Spinat, 1 Ei, 1 EL Sahne.

Die Spinatblätter am besten mit der Hand reißen und nicht mit dem Messer schneiden. Das klein geschnittene gekochte Ei darüber streuen und das Ganze mit der Sahne besprengen.

Spinat mit Reis

300 g Spinat, ½ Glas Reis, 1 EL zerkleinerte Walnüsse, gemahlener schwarzer Pfeffer.

Den Reis in siedendem Wasser kochen. Die Wassermenge entspricht der dreifachen Reismenge. Wenn der Reis gar ist, vom Herd nehmen und in eine tiefe Schüssel geben. Den Spinat mit der Hand zerkleinern und über dem Reis verteilen. Die Walnüsse in einer trockenen Pfanne erwärmen und über den Spinat streuen. Pfeffern nach Geschmack.

Spinatsuppe

200 g Spinat, 1 Zwiebel, 1 Petersilienwurzel, 1 Kartoffel, 1 Ei, 2 Bund Gartenkräuter.

Die Zwiebelknolle zusammen mit der aufgeschnittenen Kartoffel ins heiße Wasser geben. Die Petersilienwurzel in dünne Scheibchen schneiden. Wenn die Kartoffel gar ist, den Topf warm stellen, den Spinat zerkleinern und in den Topf geben, zudecken. Die zarten Blätter der Gartenkräuter fein hacken. Das Ei hart kochen und in 4 Teile schneiden. Die Suppe mit dem Spinat auf die Teller verteilen, dicht mit Kräutern bestreuen und in jeden Teller ¼ Ei legen.

Grüne Suppe

4 Frühkartoffeln, 1 Zwiebel, 1 Karotte, je 1 Bund Sauerampfer, Dill, Petersilie, 200 g junge Brennnesselblätter.

Junge Brennnesselblätter kann man den ganzen Sommer ernten, wenn man die Pflanze an der Wurzel abschneidet und auf die jungen Triebe wartet. Die dünnen Kartoffelschalen mit einem groben Tuch reinigen, die Zwiebel fein hacken und zusammen mit den Kartoffeln in den Topf geben. Die Kräuter sorgfältig unter kaltem Wasser waschen, die zarten Stängel aufschneiden, die alten wegwerfen. Die Brennnesseln fein hacken. Den Sauerampfer in kaltem Wasser waschen und die Blätter mit der Hand halbieren. Wenn Kartoffeln und Zwiebel gar sind, die Brennnesseln in das heiße Wasser geben. Die fein geraspelte Karotte, Sauerampfer und die anderen Kräuter in die Suppe geben und zugedeckt ziehen lassen.

Zur grünen Krautsuppe passen sehr gut hart gekochte Eier. Wer Eier nicht verschmäht, kocht sie hart, schreckt sie mit kaltem Wasser ab, schält sie, schneidet sie in Viertel und legt sie in die Teller mit der Krautsuppe. Auf die fertige Speise kann man nochmals gehackte Kräuter streuen.

Speisen mit Karotten

Salat aus geriebenen Karotten

200 g Karotten, 1 Lauchstange, 1 Bund Gartenkräuter, 1 TL Pflanzenöl.

Die Karotten fein raspeln, die Masse in eine Salatschüssel geben, mit den fein gehackten Kräutern vermischen, mit fein geschnittenen Lauchringen verzieren und mit dem Öl abschmecken. Mit diesem Salat kann man jeden Morgen Kinder oder Erwachsene verwöhnen, die eine stärkende Kost brauchen.

Salat aus geriebenen Karotten, Rüben, Kohlrabi und Zwiebeln

200 g Karotten, 200 g Kohlrabi, 200 g Rote Rüben, 1 Bund Frühlingszwiebeln, etwas Öl, Honig, Zitronensaft.

Das Gemüse einzeln raspeln und die Farben nicht vermischen. In einer runden Salatschüssel in der Mitte den Kohlrabi anrichten, danach ringförmig die Karotten und am Rand schließlich die geriebenen Roten Rüben. Alles mit dem Gemisch aus Zitronensaft, Honig und Öl übergießen. Zwischen die Ringe fein gehackte Frühlingszwiebeln legen.

Karottensalat mit Lauch

300 g Karotten, 1 Lauchstange, 2 EL junge Walnüsse, etwas saurer Obst- oder Beerensaft, etwa 5 g Honig, 1 TL Pflanzenöl, Koriandergrün.

Die Karotten raspeln, mit dem sauren Saft und Honig abschmecken, in einer Salatschüssel anrichten und von oben mit dem fein geschnittenen weißen Teil des Lauchs bestreuen. Den grünen Teil besser für ein anderes Gericht verwenden. Öl dazugeben. Mit Koriander und gehackten Walnüssen bestreuen.

Karotten mit Knoblauch und Meerrettich

300 g Karotten, 2–3 Knoblauchzehen, 1 kleines Stück Meerrettich, etwas Öl, Kräuter.

Das Gemüse fein raspeln, vermischen, auf einen Haufen legen, mit dem Öl übergießen und mit den Kräutern garnieren.

Karottensalat mit Sauerrahm

300 g Karotten, 100 g Sauerrahm, 5–6 Salatblätter.

Die Karotten fein reiben, mit dem Sauerrahm vermischen, in eine Schüssel legen und mit den Salatblättern garnieren.

Karottensalat mit Sauce Béchamel
300 g Karotten, 2–3 Zwiebelknollen, 1 Sellerieknolle, 1 EL Mehl.
Zwiebeln und Sellerie fein hacken und mit einem Glas Wasser zu einer Brühe kochen, Mehl (vorher in kaltes Wasser eingerührt) beigeben, Sellerie und Zwiebeln zerdrücken, auskühlen lassen und mit der geriebenen Karotte vermengen. Alles in eine Salatschüssel legen.

Karottensalat mit gekochten Roten Rüben
200 g Karotten, ca. 200 g Rote Rüben, 1 Hand voll geschälter Walnüsse, einige Knoblauchzehen, 2 EL Sahne, 1 TL Honig.
Die Karotten fein raspeln, die im Dampf gegarte Rote Rübe grob raspeln und die mit Honig vermischte Sahne dazumischen. In eine Salatschüssel geben, mit den Nussstücken und sehr fein gehacktem Knoblauch bestreuen.

Karottensalat mit Schnittknoblauch
200 g Karotten, 2 EL Pflanzenöl, 1 großer Bund mit jungem Schnittknoblauch.
Die Karotten raspeln, mit dem Öl begießen und in Hügelform in eine Salatschüssel geben. Aus den kleinsten Knoblauchblättern auf dem Gipfel einen Wedel bauen.

Karottensalat mit weißen Rübchen
150 g Karotten, 150 g weiße Rübchen, 1 Glas Sonnenblumenkerne.
Die Kerne mit einem feuchten Tuch abreiben und in einer Pfanne so erhitzen, dass die Schale heiß wird, aber der Kern kalt bleibt. Die Samen in der Kaffeemühle mahlen und in 2 Glas heißem Wasser abkochen. Nicht mehr als 3 bis 4 Minuten kochen, danach abseihen. Die Flüssigkeit abkühlen lassen und mit den geriebenen Karotten und Rübchen vermengen.

Speisen mit Gurken

Gurkensalat mit Rettich

500 g frische Gurken, 300 g Rettich, 200 g Zitronensaft oder Saft anderer saurer Früchte, 1 TL Öl.

Den Rettich grob reiben, mit der Hälfte des Dressings aus Zitronensaft und Öl übergießen und 15 bis 20 Minuten einwirken lassen. Die frischen Gurken in hauchdünne Scheiben schneiden. Aus dem Rettich in einer Schüssel ein Häufchen formen, die Gurken rundherum arrangieren und mit dem Dressing beträufeln.

Karottensalat mit Salzgurke

800 g Karotten, 2 Salzgurken, 200 g Tomatensaft, Pfeffer.

Die feine Haut von den Salzgurken entfernen und die Gurken der Länge nach in zwei Teile schneiden. Wenn die Samen groß sind, diese entfernen. In kleine Würfel schneiden, mit dem Tomatensaft übergießen, mit Pfeffer würzen und einziehen lassen. Die Karotten klein schneiden, mit dem Gurken-Tomaten-Dressing übergießen und servieren.

Speisen mit Tomaten

Tomatensaft

1 kg reife Tomaten, 150 g Sellerie, 200 g Karotten, gemahlener schwarzer Pfeffer, Petersilie, Koriander oder Estragon.

Das Gemüse in einen Entsafter geben, den Saft mit schwarzem Pfeffer würzen und mit Petersilie, Koriander oder Estragon garnieren. In einem gläsernen Krug servieren.

Tomatensuppe

½ kg Tomaten, 2 Kartoffeln, 2 Karotten, 1 Petersilienwurzel, 2 Zwiebelknollen, 1 El Öl, 1 Knoblauchzehe, Paprikapulver, Kräuter, eventuell Sauerrahm.

Auf den Boden eines emaillierten Topfes nicht mehr als ein Glas Wasser schütten. Wenn es aufkocht, das Öl dazugeben. Das Gemüse klein schneiden und der Reihe nach in den Topf geben: zuerst die ziemlich klein geschnittenen Kartoffeln samt Schale halbgar kochen, dann die klein gehackten Zwiebeln und zuletzt Karotten und Petersilienwurzel. Alles im zugedeckten Topf dünsten, den Topf warm stellen, unter das Gemüse eine zerdrückte Knoblauchzehe mengen, alles mit Paprikapulver und fein gehackten Kräutern bestreuen. Inzwischen aus den Tomaten einen frischen Saft pressen. Dazu die Tomaten durch eine Saftpresse oder einen Fleischwolf lassen. Das gedünstete Gemüse in die erhaltene Masse geben. Das gibt eine sehr schmackhafte Suppe. Wenn sie für den Feiertagstisch gedacht ist, kann man auf jeden Teller einen Löffel Sauerrahm geben.

Tomatensalat mit Nüssen und Knoblauch

400 g Tomaten, 100 g ausgelöste Walnüsse, 5 Zehen Knoblauch, gemahlener schwarzer Pfeffer, 2 EL Öl, junge Korianderblätter, Petersilie.

Die Nüsse in einer Pfanne erwärmen und auf einem Brett klein hacken. Den Knoblauch sehr fein hacken oder in der Knoblauchpresse zerdrücken. Die Tomaten quer in Scheiben schneiden, mit Nüssen und Knoblauch vermengen und mit Öl übergießen. In eine Salatschüssel legen und mit Pfeffer, Korianderblättern und Petersilie bestreuen. Vor dem Servieren auskühlen lassen.

Tomatensalat mit Gurken

300 g Tomaten, 200 g Gurken, 100 g Schnittlauch.

Am besten wäre es, einen Salat aus ganzen Tomaten und Gurken zu servieren, aber den Schnittlauch müsste man dennoch klein schneiden. Wenn die Tomaten oder Gurken zu groß sind, kann man sie zerteilen und auf eine Schüssel legen. Jeder kann sich die Tomaten und Gurken nach Lust von der Schüssel nehmen, nach eigenem Belieben schneiden und nach Geschmack mit Schnittlauch würzen.

Tomatensalat mit grünen Erbsen

300 g kleine Tomaten, 300 g grüne Erbsen (frisch, getrocknet oder tiefgefroren), und 1 Bund Gartenkräuter.

Die Erbsen weich kochen, aus dem Kochsud eine Sauce Béchamel (siehe S. 206) rühren. Die fertigen Erbsen aufhäufen, mit fein gehackten Kräutern bestreuen und mit der Sauce übergießen. In der Schüssel ganze Tomaten auflegen – zwei Stück für jeden Esser.

Tomaten mit Schafskäse

8 rote Tomaten, 100 g Schafskäse, 100 g junge Gurken, Koriander, Petersilie und Dill.

Die Tomaten quer halbieren und mit der Schnittfläche nach oben in eine Schüssel legen. Die jungen Gurken, ebenfalls in der Mitte durchgeschnitten, mit der Schnittfläche nach oben dazwischen legen. Auf jede halbe Tomate geriebenen Schafskäse geben, desgleichen auf die Gurken. Die ganze Speise mit fein gehackten Gartenkräutern bestreuen.

Mit Gemüse gefüllte Tomaten

12 Tomaten mittlerer Größe, 300 g Karotten, 100 g Petersilienwurzel, 200 g von einer Sellerieknolle, 3 Zwiebelknollen, 2 Knoblauchzehen, rotes Paprikapulver, 100 g Schafskäse, 1 Bund Kräuter, 1 EL Sonnenblumenöl, nach Geschmack Muskatnuss, Zimt und Ingwer.

Die Tomaten zum Füllen vorbereiten: Mit einem Teelöffel das Innere herausholen, aber genügend Fruchtfleisch übrig lassen, um die Form zu erhalten. In wenig Wasser mit einem Löffel Sonnenblumenöl die fein geschnittenen Gemüse, einschließlich Knoblauch, zusammen mit dem Inneren der Tomaten dünsten. Auskühlen lassen und mit rotem Paprika und den gehackten Kräutern bestreuen. Man kann auch geriebene Muskatnuss, Zimt und Ingwer dazugeben. Die Tomaten füllen, in eine Schüssel legen und oben drauf vorsichtig grob geriebenen Schafskäse häufen. Wenn gedünstetes Gemüse übrig ist, kann man es zwischen die Tomaten geben und mit Schafskäse und Kräutern bestreuen.

Tomaten mit Meerrettich

6 mittelgroße Tomaten, 2 Zwiebelknollen, 1 Bund Gartenkräuter, 200 g Meerrettich, 1 EL Mehl, 3 EL Sauerrahm.

Den Meerrettich fein reiben oder zwei Mal durch den Fleischwolf drehen. In eine Bratpfanne ein Glas Wasser gießen, zum Kochen bringen und die fein geschnittenen Zwiebeln darin gar kochen. Dann Sauerrahm zugeben, in die kochende Masse den Meerrettich geben und auf kleiner Flamme etwa 5 Minuten kochen. Mit Mehl bestreuen, das Ganze vom Feuer nehmen und auskühlen lassen. Die Tomaten halbieren, mit der Schnittfläche nach oben legen, den Meerrettich auf den Tomaten verteilen und alles mit fein gekackten Kräutern bestreuen.

Tomaten mit Reis

10 mittelgroße Tomaten, 1 Glas Reis, 1 Zwiebel, 1 Bund Kräuter, 1 EL Sonnenblumenöl.

Den Reis in 1 Liter Wasser kochen, in ein Sieb stürzen, mit dem Sonnenblumenöl verfeinern, in welchem zusammen mit etwas Wasser die fein geschnittene Zwiebel gedünstet wurde. Tomaten aushöhlen, das Tomateninnere in den gekochten Reis mischen und mit dem Gemisch die ausgehöhlten Tomaten füllen. In einen tiefen Topf legen und ins Rohr stellen. Abschließend fein gehackte Kräuter darüberstreuen.

Mit Pilzen und Reis gefüllte Tomaten

10 rote Tomaten (sie müssen fest und frisch sein), 300 g frische oder 100 g getrocknete Pilze, 8–10 Walnüsse, 3 Zwiebelknollen, geriebener schwarzer Pfeffer, Gartenkräuter, ½ Glas Reis, 15 Blätter Salat, Öl.

Den Reis in 1 Liter Wasser gar kochen und in ein Sieb stürzen. Die Pilze in 2 Glas Wasser kochen, die Zwiebeln fein schneiden und in einer geringen Menge des Pilzwassers dünsten. Die Pilze klein schneiden, mit dem Reis vermischen, die vorsorglich in einer Pfanne erhitzten und dann fein gehackten Nüsse dazugeben. Den Reis mit schwarzem Pfeffer bestreuen, ein wenig mit einem Gemisch aus Öl und dem restlichen Pilzsud beträufeln, auskühlen lassen. Die Tomaten beim Stängelansatz »skalpieren«, mit einem Löffel das Innere herausnehmen, den Saft abgießen und die Tomaten mit Reis und Pilzen füllen. Das Innere zusammen mit einigen Salatblättern und den Gartenkräutern fein hacken und statt den Deckeln auf die Tomaten häufen. Auf einer flachen Schüssel Salatblätter auslegen und die Tomaten wie auf eine Serviette darauf legen.

Gebackener Kürbis

Kürbis, Sauerrahm, Zimt.

Den Kürbis in halbrunde Segmente schneiden, wobei pro Person ein bis zwei Segmente gerechnet werden. Die Schale nicht entfernen, aber die Kerne vorsichtig herausnehmen. In die Kürbisstücke Muster schnitzen, mit Sauerrahm einpinseln, welchem man Zimt beigemengt hat. Pro Portion 1 Teelöffel Sauerrahm. Im Rohr halb gar backen.

Kürbissalat

400 g Kürbis, 1 TL zerdrückte Salzzwetschgen (oder Schlehen), 2–3 Nelken, ½ TL junger Kardamom, 1 TL Honig.

Den Kürbis fein raspeln. Mit den zerdrückten Salzzwetschgen, den Nelken, dem Kardamom und dem Honig vermischen. Salzpflaumen sind eine japanische Spezialität. Die Herstellung ist einfach – in Kompottgläser werden schichtweise rohe Zwetschgen, Meerrettichblätter und eine geriebene Meerrettichwurzel mit Salz gelegt. In den Gläsern bleiben die Zwetschgen drei Jahre, dann sind sie fertig für die Zubereitung von Salaten. Ein Teelöffel Salzpflaumen gibt dem Salat einen pikanten Beigeschmack.

Zucchiniragout

600 g Zucchini, 3–4 Paprikaschoten, 1–2 Zwiebeln, 3–4 Tomaten, Dill, Petersilie, Koriander, eventuell Sauerrahm.

Die Zwiebeln und den Paprika klein schneiden, mit den geschnittenen Tomaten vermengen und kochen. Dann die samt Schale in Würfel geschnittenen Zucchini beigeben. Die Hitze soll ziemlich stark sein, erst nach dem Aufkochen kann man kleiner drehen. Wenn die Zucchiniwürfel halb gar sind, den Topf warm stellen, die Zucchini mit den grob gehackten Kräutern bestreuen, den Deckel schließen, noch maximal 3 Minuten stehen lassen und dann servieren. Wenn im Haus Sauerrahm verwendet wird, kann man einen Löffel Sauerrahm auf das Ragout geben.

Gemüsesuppe mit Zucchini

Die Menge der Zucchini richtet sich nach dem Geschmack der Hausfrau, dazu kommen 300 g Weißkraut, 100 g junge Kartoffeln, 150 g junge Karotten, eine Zwiebel, 100 g grüne Bohnen, etwas frische grüne Erbsen, Lorbeerblatt, frische Pfefferminze und Koriander.

Die Kartoffeln mit einem groben Tuch abreiben, die Karotten braucht man nicht zu schälen, es genügt, sie gut zu waschen. Wenn sie klein sind, schneidet man sie in Hälften oder Viertel. Das Weißkraut zusammen mit dem Strunk fein schneiden. Das Lorbeerblatt und die geschnittene Zwiebel ins kochende Wasser geben, dann die Kartoffeln, die Bohnen, die Karotten, die Erbsen und das Kraut und zuletzt die in grobe Würfel geschnittenen Zucchini. Die Suppe soll weniger als 10 Minuten kochen. Am Schluss die Kräuter zugeben. Wenn die Kartoffeln gar sind, ist die Suppe fertig – die übrigen Gemüse dürfen noch »Biss« haben.

Zucchinigemüse

600 g Zucchini, 1 Lauchstange, 1 Zwiebel, 1 rote Paprikaschote, Kräuter.

Die Zwiebel mit dem grünen Teil vom Lauch fein schneiden und die Zucchini in große Scheiben schneiden. Ein halbes Glas Wasser in einen Topf gießen. Sobald das Wasser kocht, die Zwiebel und den Lauch hineingeben, danach die Zucchinischeiben. Wenn das Gemüse halb gar ist, den Topf warm stellen. Unter dem Deckel wird es gar. Mit gehackten Kräutern bestreuen. Aus der Paprika Verzierungen schnitzen. Die rote Paprika ist so reich an Vitamin C, dass man sie nicht erhitzen sollte, sondern roh verzehren.

Zucchinimus

1,5 kg junge Zucchini, 4–5 Zwiebeln, 4 EL Tomatenmark oder 5 Tomaten, 1 TL Zitronensaft oder 2 EL trockener Weißwein, ½ TL Paprikapulver, 2 EL getrocknete Meeresalgen (aus dem Naturkosthandel), 2 EL Öl, Gewürzkräuter.

Die Meeresalgen werden am Vorabend vorbereitet. Dafür kocht man sie in einem 2/4 Glas Wasser bei geschlossenem Deckel. Danach müssen die Algen bei geschlossenem Deckel mehrere Stunden quellen. Die Zwiebeln sehr fein schneiden, mit den gequollenen Algen vermischen und Öl zugeben. Am nächsten Tag die Zucchini reiben und mit dem Tomatenmark oder den fein geschnittenen Tomaten vermischen. In die Zucchinimasse mischt man die am Vorabend zubereitete Mischung aus Algen und Zwiebeln. Dann bereitet man eine Sauce aus Zitronensaft oder Wein und Paprikapulver sowie Gewürzkräutern und mischt sie in das Zucchinimus. Das fertige Mus wird roh serviert, aber auf Wunsch kann man es vor dem Verzehr erwärmen. Ich ziehe es kalt vor, es schmeckt besonders gut ein bis zwei Stunden nach der Zubereitung.

Salat aus junger Brennnessel mit Ei (für alle, die Eier essen)

200 g Brennnesseln, 1 Ei, 1 TL Sonnenblumenöl, 2 EL Brühe aus getrockneten Kräutern, eventuell Meer- oder Steinsalz.

Die gewaschenen Brennnesselblätter auf ein Brett häufen, hacken und in dem Sud aus getrockneten Kräutern leicht erwärmen. Die Wärmebehandlung dauert bei zugedecktem Topf nicht länger als 2 Minuten. Die grüne Masse sinkt quasi zu Boden und die Blätter werden weich. Ohne den Topf vom Feuer zu nehmen, ein Ei hineinschlagen und mit der Brennnesselmasse vermischen. Nach einer Minute vom Feuer nehmen, Öl zugeben und, falls Sie Salz verwenden, mit Meer- oder Steinsalz würzen. Heiß servieren.

Salat aus jungen Brennnesseln

200 g obere Blätter von jungen Brennnesseln ohne Halme, 1 Bund Gartenkräuter, 10 Löwenzahnblätter, 1 frische Gurke oder Salzgurke.

Die Brennnesselblätter sollte man unbedingt 15 bis 20 Minuten in stark gesalzenem Wasser einweichen. Alle Parasiten, die an ihren Blättern sein können, fallen zu Boden und die Blätter bleiben an der Oberfläche. Dann legt man sie auf ein Sieb und wäscht sie unter fließendem Wasser. Weiter reibt man die noch feuchten oder mit einem Tuch abgetrockneten Blätter zwischen den Händen, damit sie nicht mehr stechen, hackt sie fein und vermischt sie mit den anderen gehackten Kräutern einschließlich den Löwenzahnblättern. Die Gurke vorsichtig schälen, die Samen entfernen, wenn sie groß sind, und sehr fein schneiden. Zu den Kräutern mischen und mit einer Sauce begießen, wie sie in anderen hier abgedruckten Rezepten zu finden ist.

Salat aus Brennnesselblättern, Radieschenlaub, Dill und Schnittlauch

250 g Brennnesseln, 100–200 g Radieschenlaub, Dill, Schnittlauch, andere Kräuter nach Geschmack, 1 Bund Radieschen, 1 EL Öl.

Den Boden eines emaillierten Topfes oder besser eines Eisenkessels mit Wasser bedecken, Öl zugeben, das Wasser aufkochen lassen und grob gehacktes Brennnessel- und Radieschenlaub in den Topf geben. Die Wärmebehandlung dauert nicht länger als 2 bis 3 Minuten, deshalb besser am Herd stehen bleiben und die Masse umrühren. Die Blätter sollen etwas weicher werden, aber nicht zusammenfallen. Den Kessel vom Feuer nehmen, die Radieschen bis auf eines fein schneiden, alles verrühren, mit einer Sauce nach Geschmack begießen oder den Salat so lassen. Dicht mit geschnittenem Schnittlauch, Dill und anderen Kräutern bestreuen und mit dem letzten Radieschen garnieren.

Omelett mit Kräutern

100 g junge Brennnesselblätter, 100–200 g Radieschenlaub, 50 g Gurkenblätter, 1 Bund Gartenkräuter und Frühlingszwiebeln, 2 Eier, $^1/_2$ Glas Gemüse- oder Kräuterbrühe, 1 EL Mehl, Öl.

Diese Speise darf man sich nur sehr selten erlauben, weil ihre Zubereitung Braten in der Pfanne erfordert. Das macht eine Hausfrau gewöhnlich, wenn sie auch diejenigen Freunde in die heilkräftige Küche hineinschnuppern lassen will, die noch nicht von Würstchen und Koteletts entwöhnt sind. Nachdem sie unsere Speise gekostet haben, beginnen viele zu verstehen, dass es überhaupt nicht schlecht ist, Vegetarier zu sein, besonders wenn man die Vielfalt und den Farbenreichtum der heilkräftigen Ernährung berücksichtigt.

Die gewaschenen Kräuter und Blätter klein schneiden, in eine Tasse 2 Eier schlagen, mit der Brühe vermischen, Mehl dazugeben und die Masse vermengen. Das klein geschnittene Grün hinzufügen und das Ganze in eine heiße, mit Öl bedeckte Pfanne geben. Mit einem Löffel die Dicke angleichen (diese beträgt etwas 2 bis 3 cm bei einem Durchmesser der Pfanne von 20 cm). Die Flamme kleiner drehen und mit dem Messer vorsichtig den Rand des sich bildenden Omeletts lösen. Wenn der Boden des Omeletts sich zu bräunen beginnt, mit einem Pfannenwender umdrehen. Wenn Sie Probleme mit dem Umdrehen haben, müssen Sie das Omelett in vier Teile schneiden und jedes einzeln umdrehen. Das Ergebnis ist ein sehr dichter Fladen mit einer köstlichen Kräutermischung im Inneren.

Speisen mit Nüssen

Frikadellchen aus Nüssen

4 Walnüsse, 100 g Kartoffelsaft, etwas gemahlener Zimt und Muskatnuss.

Diese Diätspeise erfordert eine besondere Aufmerksamkeit. Man kann sie aus frischen oder erhitzten Nüssen zubereiten, mit Haut oder ohne, mit Wasser oder mit verschiedenen Säften zerdrückt oder vielleicht auch mit Kräuteraufguss. Alles hängt davon ab, was die Diätologen damit bezwecken. Für einen Erwachsenen sind nicht mehr als 15 bis 20 Gramm oder 3 bis 4 Walnüsse zuträglich.

Die Nüsse samt Schale 2 bis 3 Stunden einweichen, dann vorsichtig, ohne die Hälften zu verletzen, die Kerne herauslösen, in einer Pfanne leicht erwärmen und in der Kaffeemühle mahlen. Wenn es im Haus einen Porzellanmörser mit Stößel gibt, führt man die Arbeit im Mörser fort. Während man die Masse zerkleinert, gibt man tropfenweise Kartoffelsaft zu. Übrigens muss es nicht unbedingt Kartoffelsaft sein – im gegebenen Fall habe ich ihn als den neutralsten genommen. Die Nuss wird so fein wie möglich zerrieben. Zimt und Muskatnuss zugeben. Dann wird auf dem Teller so etwas wie eine Mini-Frikadelle geformt. Die

Beilage hängt von Ihren Möglichkeiten ab, Hauptsache, es ist ein Naturprodukt. Das kann Sauerklee mit Löwenzahn sein oder Ananas mit Apfelsine, wobei zu berücksichtigen ist, dass Sauerklee und Löwenzahn gesünder sind.

Kürbis mit Nüssen

Ein Kürbis mit süßem orangefarbenem Fleisch, 20 Nüsse, 1 EL Honig.

Den Kürbis in längliche Stücke mit einer Dicke von 5 bis 6 cm aufschneiden, auf Backpapier ins Rohr legen. Vorsichtig bei niedriger Temperatur backen. Leicht mit erwärmtem Honig bestreichen und mit im Mörser zerstampften Nüssen bestreuen.

Nusssuppe

1 Kartoffel, 2 Zwiebeln, 1 Petersilienwurzel, 300 g Weißkraut, ca. 200 g Rote Rüben ohne weiße Einschlüsse, 6 Nüsse, 1 TL Zitronensaft oder 1 EL Weißwein.

Die ungeschälte Kartoffel säubern, die Zwiebeln klein schneiden, Karotten und Petersilienwurzeln in Scheibchen schneiden, die groben Rippen aus den Krautblättern schneiden und sie zusammen mit den Wurzeln kochen. Die feinen Blattteile aufschneiden und einige Minuten später in den Topf geben. Die Suppe wird gekocht, bis die Kartoffelstücke gar sind (5 bis 6 Minuten), danach muss man sie vom Feuer nehmen und zugedeckt stehen lassen. Die Nüsse wie in den vorhergehenden Rezepten »zerbröseln«, die Rote Rübe fein raspeln, mit Zitronensaft oder Wein abschmecken und in den Topf geben, alles vermengen und mit den Nüssen bestreuen (am besten streut man die Nüsse auf jeden Teller einzeln).

Nüsse mit Honig

2–3 Nüsse pro Portion, 1 Dessertlöffel Honig.

Die Nüsse vorbereiten wie oben, mit einer Teigrolle zu mittelgroßen Krümeln walzen. Mit Honig servieren.

Krautsalat mit Nüssen

1 Krautkopf, je 2 Nüsse pro Portion, Zitronensaft oder trockener Weißwein, Zimt, Nelken, Ingwer, 1 TL Honig.

Das Kraut fein schneiden und mit der Hand kneten, den Zitronensaft oder Wein mit Honig verfeinern. Das Kraut beträufeln und mit den zerdrückten Nüssen und den Gewürzen bestreuen.

Karotten mit Nüssen

400 g Karotten, 1 TL Maiskeim- oder Sojaöl, je 3 Nüsse pro Portion, Ingwer und Zimt.

Die Karotten sorgfältig waschen und mit einem groben Tuch abreiben, fein raspeln, mit Öl, Gewürzen und Zitronensaft abschmecken (oder mit durch Honig verfeinertem Weißwein), mit den Nüssen bestreuen.

Rote-Rüben-Salat mit Knoblauch und Nüssen

1 kg Rote Rüben mit dünner Wurzel, 1 Knoblauchknolle, 1 Bund Frühlingszwiebeln, 10 Nüsse, Gewürze nach Geschmack.

Die Rote Rübe im Dampf garen, schälen und grob raspeln. Den Knoblauch schälen, die Zehen zerdrücken oder fein schneiden und dazugeben, ebenso die klein geschnittenen Frühlingszwiebeln und die Gewürze. Die Nüsse zerkleinern und in den Salat streuen. Diese Mischung kann man 2 bis 3 Tage im Kühlschrank aufbewahren und zusammen mit Krautsalat, gekochten Auberginen oder grünen Bohnen und zu vielen anderen Speisen servieren.

Gekeimter Weizen mit Nüssen

1 Glas mit gekeimtem Weizen, 2 Nüsse pro Portion, 1/2 Glas Karottensaft, Petersilie und Dill.

Den Weizen waschen und einen Tag einweichen. Wenn der weiße Punkt des Keims erscheint, die Körner durch den Fleischwolf drehen, Karottensaft beimischen und dicht mit den Nüssen bestreuen. Mit Kräutern garnieren. Wenn man mit dieser Speise ein Kind täglich zum Frühstück füttert, wird ihm Erkältung ein Fremdwort bleiben.

Zwiebeln mit Nüssen

10 Zwiebeln, 2 Nüsse pro Portion, Tomatenmark und Gewürze nach Geschmack.

Zwiebeln schälen und fein schneiden. Auf den Boden eines dickwandigen Topfes ein wenig Wasser gießen (die Menge hängt vom Durchmesser des Topfs ab, aber je weniger, desto besser) und darin die Zwiebeln weich dünsten. Auf Wunsch kann man etwas Tomatenmark dazugeben. Die Nüsse wie gewohnt zerbröseln und darüberstreuen. Gewürze nach Geschmack zufügen.

Einfache Nusssauce

1 Glas mit geschälten Walnüssen, 1/2 Glas Granatapfelsaft, 1/2 Glas Wasser, 3–4 Knoblauchzehen, 1/2 Glas zarte Gartenkräuter, 1 TL rotes Paprikapulver, 1 TL fein geriebener Koriander.

Alles vermischen und so lange bearbeiten, bis es eine einförmige Paste ist.

Ragout aus Kürbis mit Nüssen und Auberginen

400 g Kürbis, 400 g Auberginen, 400 g Zwiebeln, 200 g Gartenkräuter, 200 g Tomaten, 2 Nüsse pro Portion, Zitronensaft oder Wein.

Aus dem Inneren von Kürbis und Auberginen Würfel schneiden, die Zwiebeln fein schneiden, alle Gemüse dünsten, zuallerletzt die geschnittenen Tomaten dazugeben, mit Zitronensaft oder Wein säuern und die Nusskrumen beigeben. Auf Portionsteller häufen – das zweite Häufchen bildet man aus den Kräutern.

Salat aus Lindenblättern mit Nüssen

4 Glas Lindenblätter, 4 Nüsse pro Portion, Zitronensaft oder trockener Wein, 1 EL Honig.

Die Blätter in große Quadrate schneiden, mit Zitronensaft oder Wein begießen, mit Nüssen bestreuen und mit Honig eintropfen. Den Honig kann man auch unter den Zitronensaft oder Wein rühren.

Salat aus jungen Löwenzahnblättern, Brennnesseln und Giersch mit Nüssen

Je 1 Glas Blätter von Löwenzahn, Brennnessel und Giersch, 4 Nüsse pro Portion, 1 Glas Béchamel-Sauce, Gartenkräuter.

Die Blätter fein schneiden, die Brennnesseln vorher zwischen den Handflächen reiben. Das Ganze mit Sauce Béchamel übergießen und mit zerbröselten Nüssen bestreuen. Darüber gehackte Gartenkräuter geben.

Speisen mit Hülsenfrüchten

Linsensuppe

2 EL Linsen pro Portion, 1 Zwiebel, 1 Karotte, 1 Petersilienwurzel, 1 weiße Rübe, 1 Bund Gartenkräuter, Lorbeer, Piment.

Reichlich Wasser in einen Topf gießen, weil die Suppe lange kochen wird und ein Teil der Flüssigkeit verdampft. Die Linsen bis zum Garwerden kochen, d. h., sie müssen weich sein, aber noch ihre Form behalten. Die klein geschnittene Zwiebel in den Topf legen. Piment und Lorbeer zugeben. Karotte, Rübe und Petersilienwurzel in Würfel schneiden und noch kurz mitkochen. Mit gehackten Kräutern garnieren. Man muss berücksichtigen, dass die Farbe der Linsen nicht besonders ansehnlich ist, deshalb sind die farbigen Zutaten sehr am Platz.

Linsen

50 g Linsen, 1 große Zwiebel, rotes Paprikapulver, Tomatenmark, Sauce Béchamel, Meerrettich.

Die Linsen über 24 Stunden einweichen, wobei man einige Male das Wasser wechselt. Vor dem Kochen das Wasser abgießen, frisches aufgießen und eine Stunde lang kochen. Das Wasser nochmals abgießen und erneuern, auf kleiner Flamme nochmals 30 bis 40 Minuten kochen lassen, dann die geschnittene Zwiebel und das Tomatenmark zugeben und zuletzt langsam die Sauce Béchamel mit Meerrettich eingießen. Mit Paprikapulver würzen.

Sojabohnensauce

2 Glas Sojabohnen, 3 Zwiebeln, 2 gestrichene EL Tomatenmark, 3 Glas Garten- oder Wildkräuter, 2 EL Pflanzenöl, rotes Paprikapulver, Ingwer, Lorbeerblatt.

Die Sojabohnen zwei Tage einweichen, wobei man mehrmals das Wasser wechselt. Am dritten Tag das Wasser abgießen und erneuern und die Bohnen auf kleiner Flamme kochen, bei Bedarf Wasser nachgießen. Nach 1 1/2 Stunden Wasser abgießen und erneuern. Noch einmal 1 bis 1 1/2 Stunden kochen. So macht man es üblicherweise auch mit allen anderen reifen Hülsenfrüchten. Nach Ablauf der genannten Zeit die Bohnen in ein Sieb stürzen und mit dem letzten Kochwasser eine Sauce machen. Dafür braucht man ein Glas von dieser Brühe (den Rest nicht wegschütten – er könnte für eine andere Speise gebraucht werden). In dem Glas Brühe die Bohnen mit den fein geschnittenen Zwiebeln, dem Lorbeerblatt und den Gewürzen fertig kochen. In die Bohnensauce gibt man das Tomatenmark und die Garten- oder Wildkräuter: Brennnessel, Dill, Petersilie, Minze, Giersch und junge Blätter der schwarzen Johannisbeere. Vom Herd nehmen, die Bohnen mit Pflanzenöl vermischen und in die Sauce rühren.

Bohnensalat

2 Glas junge Bohnen, 1 Zwiebel, 1 TL Pflanzenöl, 1/4 TL rotes Paprikapulver, Kräuter.

Die Bohnen putzen, die Zwiebel klein schneiden. Das Öl mit dem Paprikapulver mischen. Die Bohnen zusammen mit der Zwiebel kochen. In ein Sieb stürzen. In eine Salatschüssel geben, mit dem Öl beträufeln und dicht mit Kräutern bestreuen.

Erbsen mit Karotten

500 g Erbsen, 500 g Karotten, 1 Bund Petersilie.

Die Erbsen 24 Stunden einweichen, das Wasser wechseln und gar kochen. Gleichzeitig die Karotten sorgfältig waschen. Junge Karotten kann man grob schneiden, alte in Scheibchen. Nach 1 1/2 Stunden das Erbsenwasser wechseln und weitere 1 1/2 Stunden kochen. Nach 2 bis 3 Stunden Kochzeit die Karotten zugeben und gar kochen. Die fertige Speise mit Petersilie bestreuen.

Speisen mit einfachem, ungesäuertem Teig

In der heilkräftigen Küche gibt es keine Speisen aus Hefeteig, weil sie das Säure-Basen-Gleichgewicht im Organismus stören und nach Angaben einiger Gelehrter Ursache für Krebserkrankungen werden können. Wie ich annehme, kann man das durch die Veränderung der biologischen Eigenschaften des Korns unter dem Einfluss hoher Temperaturen beim Backen erklären.

Aber ein auf bestimmte Art zubereiteter ungesäuerter Teig findet in der heilkräftigen Ernährung breite Anwendung. Bevor ich zu diesen Rezepten komme, erkläre ich, wie dieser Teig zu machen ist.

Einfacher Teig

1 kg Mehl, 2 Glas Wasser.

Mehl und Wasser vermengen. Die Konsistenz des Teigs soll so sein, dass man ihn mit dem Messer auseinander schneiden kann. Man kann das Mischungsverhältnis zwischen Wasser und Mehl nicht ganz exakt angeben, weil das Mehl unterschiedliche Qualität haben kann. Am besten prüft man den Zustand des Teiges, indem man ihm eine Kugelform gibt und ihn 15 Minuten unter einem feuchten Tuch liegen lässt. Wenn sich der Teig danach schneiden lässt, ohne Fäden zu ziehen, kann man ihn als fertig betrachten. Wenn er zu flüssig ist, knetet man ihn auf einem mit Mehl bestäubten Brett weiter.

Wenn das Mehl aus getrockneten Weizenkeimen frisch gemahlen wurde, wird die Speise sehr förderlich für die Gesundheit sein. Die Aufgabe besteht darin, ihn richtig zu kochen. Beim Backen im Rohr oder Braten in Öl wird alles Wertvolle im Korn unter dem Einfluss der hohen Temperatur (mehr als 100°C) vernichtet. Es geschehen ungünstige strukturelle Veränderungen, die den Resorptionsprozess der Nahrung stören. Ich nehme an, dass gerade das die natürliche enzymatische Bearbeitung der Nahrung im Darm behindert. Deshalb sollte man besser lernen, Teigspeisen im kochenden Wasser oder im Dampf zuzubereiten.

Nudeln

500 g Mehl, 3/4 Glas Wasser, 1/2 TL Zitronensaft, 1 EL Öl.

Das kalte Wasser mit Zitronensaft und Öl mischen und diese Emulsion in einer Schüssel mit dem Mehl vermengen. Den Teig mit der Hand oder mit einem hölzernen Löffel kneten und auf ein bemehltes Brett legen. Eine Kugel rollen und in ein feuchtes Tuch einwickeln. Danach wieder auf ein bemehltes Brett legen. Zuerst mit der Hand einen dicken Fladen formen und dann mit einer Teigrolle zu einer dünnen Schicht walzen. Die Turkmenen haben mir beigebracht, dem ungesäuerten Teig Zitronensaft mit Öl beizumischen, so kann man ihn fast so dünn wie Papyrus ausrollen. Wenn der Teig dünn genug ist, ganz wenig mit Mehl einstäuben und zu einer Rolle formen oder doppelt bzw. vierfach legen und die Nudeln schneiden. Die Nudeln dann trennen, damit sie leicht trocknen können. Die Nudeln kann man für viele Speisen verwenden, man kann sie auch auf Vorrat machen, aber nicht für lange.

Gemüsesuppe mit Nudeln

Zutaten für Nudeln wie im vorangehenden Rezept. Dabei 1 Glas Mehl (möglichst frisch gemahlenes) aus getrocknetem gekeimtem Weizen nehmen. 1 große Zwiebel, 2 Knollen Kartoffeln oder Topinambur, 1 Petersilienwurzel, 1 Karotte, 1 weiße Rübe, ein kleiner Bund Dill, 1 Lorbeerblatt, 2–3 Pimentkörner, Gewürze nach Geschmack.

Nudeln herstellen. Wasser im Topf erwärmen. Ich erinnere daran, dass Aluminiumtöpfe absolut ungeeignet sind für die Zubereitung von Speisen. Zuerst die geschnittenen Kartoffeln oder

Topinamburknollen in den Topf geben, dann die Zwiebel klein schneiden und dazugeben, danach die geschnittene Karotte, Petersilienwurzel und weiße Rübe. Kindern schmecken gewöhnlich gekochte Rübenstücke gut, deshalb braucht man sie nicht sehr klein zu schneiden. 2 bis 3 Minuten nach dem Aufkochen die Nudeln, das Lorbeerblatt und Piment in den Topf geben. Man braucht es nicht länger als 2 bis 3 Minuten zu kochen. Dann stellt man den Topf warm und gibt noch Gewürze nach Geschmack hinzu. Bei uns zu Hause sind das Sternanis, Anis, schwarzer Pfeffer und Koriander. Das alles steht in einem geschlossenen Glasbehälter als Pulver, das wir in der Kaffeemühle gemahlen haben. In der Kombination dieser Gewürze gibt es eine Richtlinie, aber in der Regel bestimmt der Geschmack der Hausfrau. Rotes Paprikapulver kann man immer in die Suppe geben, aber sehr sparsam. Salzen sollte man mit Stein- oder Meersalz oder mit Sojasauce. Abschließend mit Dill garnieren.

Nudeln mit Frühlingskräutern

3 Glas frisch gemachte Nudeln, 2–3 Knollen Topinambur, 1 Glas geschnittene Brennnesselblätter, 1 Glas geschnittene Radieschen oder weiße Rüben, 1 Glas Löwenzahnblätter, Wegwarte, Sauerklee und Melde, 1 Zwiebel,1 Lorbeerblatt, 1 Nelke, 2–3 Pimentkörner, Pflanzenöl.

Die fein geschnittene Zwiebel und die Gewürze ins kochende Wasser geben, danach den würfelförmig geschnittenen Topinambur und die Nudeln. Die Brühe abseihen, zu den Nudeln das fein geschnittene Grünzeug geben, in eine kleine Schüssel legen, leicht mit Pflanzenöl beträufeln und servieren. Für alle, die nach wie vor Milchprodukte verwenden, kann ein mit Sauerrahm gestrecktes Tomatenmark eine gute Würze sein.

Ein »fast usbekisches« Badscha

300 g Kartoffeln, 1 weißes Rübchen, 200 g Tomaten, 1 Karotte, 1 Petersilienwurzel, 1 Schote Paprika, 300 g frisches Kraut, 1 Knoblauchknolle, 1 Glas Gemüsebrühe (das von einem der obigen Rezepte übrig geblieben ist), Nudeln.

Die Kartoffeln, Rübe, Karotte und Petersilienwurzel klein schneiden. Das Gemüse in der Brühe 4 Minuten kochen. Den in Ringe geschnittenen Paprika dazugeben sowie das in Stifte geschnittene Kraut. Auf kleiner Flamme kochen. Das Kraut soll noch Biss haben, die Kartoffeln müssen völlig gar sein. Den Topf warm stellen und mit den klein geschnittenen Tomaten und dem zerdrückten Knoblauch würzen. Das alles mit gekochten Nudeln vermengen. Die Nudeln kocht man immer unmittelbar vor dem Essen.

Teigtaschen »Pelmeni« auf Marijsker Art

2 1/2 Glas Weizenmehl, 1 Eigelb, 1/2 Glas kaltes Wasser, 1–2 TL aromatisches Öl, 1 Zwiebel und 1 Bund Frühlingszwiebeln, Brennnesseln, Dill, Kümmel, Mehl.

Aus Mehl, Eigelb und Wasser einen dicken Weizenbrei kochen, ohne Flamme stehen lassen und die klein geschnittenen Kräuter zusammen mit der leicht angekochten fein geschnittenen Zwiebel dazugeben. Die klein geschnittenen Frühlingszwiebeln zu dem Brei geben, ebenso das Öl. Damit der Brei nicht auskühlt, mit einem Tuch abdecken. Den Teig zu Quadraten auswalzen, den Brei in festen Klumpen auf die Quadrate legen. Die Teigränder mit feuchtem Finger bestreichen, damit der Teig besser klebt. Teigtaschen formen und in einer aromatischen Brühe kochen. Einen Teil der Brühe mit erwärmtem Mehl stäuben, würzen und über die Pelmeni gießen.

Teigbänder (Galuschki-bantiki)

1Bund Korianderblätter, 2 kleine Tomaten und 4 kleine frische Gurken, Nudelteig (Rezept S. 254), Butter.

Diese Speise gehört zu den Festtagsspeisen, deshalb kann man zu dem gewöhnlichen ungesäuerten Teig Eigelb und mehr Öl verwenden. Den Nudelteig wie gewöhnlich kneten und nach dem Ruhen unter einem feuchten Tuch möglichst dünn auswalzen. Danach mehrmals um eine lange Teigrolle wickeln, entlang der Teigrolle einmal durchschneiden, sodass ein Rechteck entsteht, und von der Rolle abziehen. Den jetzt mehrschichtigen dünnen Teig in 10 x 10 cm große Quadrate schneiden, die an Blätterteigkekse erinnern. Jedes Quadrat einrollen, mit einer Schnur umwickeln und im siedenden Wasser kochen. Vorsichtig herausnehmen, auf einen flachen Teller legen und von der Schnur befreien. Bei einer gewissen Fertigkeit können die Galuschki eine sehr schöne Speise sein, welche man gut mit halbierten Tomaten und Gurken garnieren kann. Zwischen die Teigblätter kann man Korianderblätter legen und alles mit erwärmter Butter beträufeln. In unserer Küche gilt eine fette Speise als außerordentlich ungesund, Butter wird darum sehr spärlich verwendet, wie ein Gewürz. Deshalb ist es sinnvoll, die Butter mit Wildrosen, Vogelbeere, Jasmin, Johanniskraut, Thymian, Lungenkraut und allen scharfen Gewürzen anzusetzen, über die Sie verfügen. Die Butter mildert den Geschmack und Geruch von Nelken, Piment, Kümmel etc.

Teigtaschen »Samsa« aus einfachem Teig

Teig: *2 Glas Mehl aus gekeimten Weizenkörnern, ½ Glas kaltes Wasser, 1 Eigelb, 1 EL Öl.* Füllung: *1 Glas klein gehackte Kräuter, 6 Zwiebeln, ½ TL gemahlene Gewürze mit Pfeffer, Öl.*

Die Zwiebeln sehr klein hacken, mit den gehackten Kräutern vermischen, mit den Gewürzen bestreuen und mit Öl beträufeln. Nudelteig wie oben herstellen, 1 cm dick walzen und in Quadrate schneiden. Auf jedes Quadrat die Zwiebelmischung legen, die Ränder zusammenlegen und dicht verschließen. Sie können den Teigtaschen verschiedene Formen geben – mit den entsprechenden traditionellen russischen Namen: Halbmondförmig sind es »Wareniki«. Wenn sie wie »Pelmeni« (russische Maultaschen) aussehen sollen, müssen Sie die Spitzen des Halbmondes aneinander kleben, sodass ein ungleichmäßiger Ring entsteht. Wenn eine der Halbmondspitzen über den gebildeten Kreis spitz hinaussieht wie das Blatt eines Apfels, haben wir es mit usbekischen »Samsa-Taschen« zu tun. In sprudelnd kochendem Wasser oder Gemüsebrühe abkochen. Die hochgewirbelten Teigtaschen mit dem Schaumlöffel herausfischen und in eine Schüssel legen. Der Teig der gefüllten Taschen sollte nicht zu dick sein, sonst könnte es passieren, dass er nicht ganz durchgekocht ist. Die Usbeken backen den Samsa in stark erhitztem Öl, aber wir werden ihrem Beispiel nicht folgen, weil das erhitzte Öl sehr giftige Substanzen enthält. Samsa kann auch im Dampf gegart werden. Dafür gibt es eigene Geräte, aber man kann auch einfach ein Sieb mit flachem Boden nehmen. Speisen mit einer Füllung aus rohen Zwiebeln werden etwas länger gekocht als mit gegarter Füllung. Der Jahreszeit entsprechend können die Täschchen mit der einen oder anderen Sauce angerichtet werden.

Knödel aus Mehlteig

Diese Art Speisen sind sehr bequem in der Herstellung. In unserer Küche sind sie sehr verbreitet sowohl als eigenständiges Gericht als auch als Einlage für Suppen und Brühen. In den Knödelteig kann man Zwiebel, Dill, Kümmel, Majoran, Blätter von Frühlingskräutern etc. mischen. Man kann sie aus Weizenmehl gemischt mit Buchweizen-, Hirse-, Perlgraupen- und Gerstenmehl herstellen. Die Knödel werden in einfachem Wasser oder in Brühe gekocht, die man auch mit Eigelb oder Sahne aufbessern kann.

Mehlknödel

5–6 gestrichene EL Mehl, 5–6 EL Wasser, 1 Eigelb, 2 TL Sahne oder Öl, 1 EL klein geschnittene Zwiebel oder Frühlingszwiebel, ½ TL Kümmel, 2 TL Dill, Gemüsebrühe.

Alle Zutaten (außer Mehl und Wasser) mit dem Eigelb verrühren, danach unter portionsweiser Zugabe von Wasser und Mehl den Teig anrühren. Bis zur vollen Elastizität kneten. In kochende Gemüsebrühe oder leicht gesalzenes heißes Wasser kleine Teigstücke legen, die zuvor mit einem Dessertlöffel geformt wurden. Die ins Wasser geworfenen Stücke sinken erst zu Boden, weshalb man sie beim Einwerfen auf den ganzen Topf verteilen sollte, damit sie nicht zusammenkleben. Wenn sie an der Oberfläche schwimmen, deckt man sie ab und kocht sie gar. Dann werden sie nämlich flaumig. Viele Hausfrauen lieben es, ihre Suppen, ja sogar den Borschtsch mit dieser einfachen Einlage zu zieren. Die Kinder lieben vor allem bunte Knödeleinlagen. Dafür muss man den Teig mit Tomatenpasta, Brennnesselsaft oder fein geriebener Karotte färben.

Pijowa (Zwiebelsuppe) mit Knödeln

10 Zwiebeln, 1 Lorbeerblatt, 1 Schote Paprika, ½ Glas zarte Gartenkräuter, einige Pimentkörner, 1 gehäufter EL Tomatenmark und alle Knödelzutaten wie oben.

In das kochende Wasser die fein gehackten Zwiebelknollen geben. Zuerst auf großer Flamme kochen und dann auf mittlerer. 5 Minuten nach dem Aufkochen der Suppe Lorbeerblatt, geschnittene Paprikaschote und Pimentkörner zugeben. Der Teig wird schon vor dem Kochen der Zwiebeln hergestellt und mit Tomatenmark verrührt, damit die Knödel eine rosa Farbe bekommen. Mit einem in Wasser getauchten Dessertlöffel vom Rand Teig entnehmen und in die kochende Suppe geben. Die Mehlmenge richtet sich nach der Anzahl der Knödel. Die Knödel im zugedeckten Topf auf kleiner Flamme gar kochen. Wenn in der

Familie Eier gegessen werden, kommt auch Eigelb in den Teig. Man kann den Teig auch mit 2 EL Sahne verfeinern. Die Knödel gewinnen dadurch natürlich an Geschmack, aber notwendig ist es nicht. Ich selbst mache es ohne Sahne. Abschließend mit den Gartenkräutern garnieren.

Jerma mit Knödeln

1 1/2 Gläser gekeimter Weizen, 4 Zwiebeln, 1 rote Paprikaschote, Lorbeerblatt, Kümmel, 1 Ei, 2 Kartoffeln oder Topinambur, Meersalz, Kräuter.

Zwiebeln klein hacken, Paprika in Ringe schneiden, den Weizen zu Mehl mahlen, die Kartoffeln in kleine Würfel schneiden und eine Suppe kochen, bis die Kartoffeln gar sind. Ein halbes Glas Mehl in einer trockenen Pfanne erwärmen, in Wasser lösen und in feinem Strahl in die Suppe geben. Das Eigelb in einem halben Glas Wasser verrühren und mit diesem Wasser aus dem restlichen Mehl einen Knödelteig rühren. In den Teig kommt Kümmel und etwas Meersalz. In die Suppe ein Lorbeerblatt geben und mit einem Dessertlöffel Knödel formen. Wenn sie hochsteigen, den Topf mit einem Deckel schließen und die Knödel gar kochen. Insgesamt kocht die Suppe 10 bis 12 Minuten. Den Topf warm stellen, mit klein gehackten Kräutern bestreuen und 5 Minuten ziehen lassen. Auf Wunsch kann man zusammen mit den Kräutern zerdrückten Knoblauch in die Suppe geben.

Gemüsesuppe mit Kartoffelknödeln

2 Zwiebeln, 1 Paprikaschote, 1 Karotte, 1 Petersilienwurzel, 2 große Kartoffeln, 1/2 Glas frisch gemahlenes Mehl aus gekeimtem Weizen, 1 Lorbeerblatt, 3 Pimentkörner, 1/4 Muskatnuss, 1 Ei, Kümmel, rotes Paprikapulver, Meersalz.

Die Zwiebeln klein hacken, Petersilienwurzel und Karotte in Scheibchen schneiden, das Eigelb mit 1/4 Glas Wasser verrühren unter Zugabe von Mehl und Kümmel. Diesem Teig die sorgfältig gewaschenen, fein geraspelten Kartoffeln beifügen, ebenso das Eiweiß. In das kochende Wasser erst Zwiebeln, dann Karotten, Petersilienwurzel, Lorbeer und Piment geben. Die in Ringe geschnittene Paprika dazutun. Mit einem ins Wasser gehaltenen Dessertlöffel aus dem Teig Knödel formen und in die Suppe geben wie in den vorherigen Rezepten. Wenn die Knödel aufsteigen, den Topf noch 2 Minuten auf kleiner Flamme stehen lassen, dann warm stellen, die Suppe mit rotem Paprikapulver und klein geriebener Muskatnuss bestreuen sowie leicht mit Meersalz salzen.

Krautsuppe mit orangefarbenen Knödeln

2 Zwiebeln, 400 g Rosenkohl, 1 Petersilienwurzel, 3–4 Karotten, ½ Glas frisch gemahlenes Weizenmehl, 1 Ei, 2 Lorbeerblätter, Gewürze nach Geschmack.

Die Zwiebeln klein hacken und mit den Lorbeerblättern in kochendes Wasser geben. Danach den Rosenkohl und die klein geschnittene Petersilienwurzel zugeben. Nach Geschmack würzen. Einige Minuten nach dem Aufkochen kann man die Knödel einwerfen, für die man das Eigelb in Wasser auflöst, Mehl zugibt, die fein geriebenen Karotten dazumischt und dann vorsichtig den steif geschlagenen Schnee einrührt. Die Suppe ist fertig, wenn die Knödel vollständig gar sind. Der Kohl sollte noch Biss haben. Es ist zu berücksichtigen, dass älterer Kohl 4 bis 5 Minuten kochen muss, junger dagegen nur 2 bis 3 Minuten. Deshalb wird Letzterer erst nach den Knödeln in die Suppe gegeben. Man kann die Suppe leicht verändern, indem man die Farbe, den Geschmack und die Größe der Knödel variiert. Damit die Knödel ihre Form behalten, muss man den Löffel mit dem Teig in die Suppe tauchen und den Teig quasi abwaschen.

Reissuppe

2–3 Knollen Topinambur oder 2 Kartoffelknollen, 1 Petersilienwurzel, 1 Knolle Sellerie, 3 Zwiebeln, 1 Lorbeerblatt, Piment, 4 TL tiefgefrorene grüne Erbsen, ebenso viele Preiselbeeren, $^2/_4$ Glas Reis.

Die Reissuppe muss eine weiße Farbe haben, deshalb die Kartoffelknollen schälen und in Würfel schneiden. Topinambur muss man nicht schälen, bei ihm wird die Schale beim Kochen perlmutterfarben. Sellerie und Petersilienwurzel fein raspeln. Die Zwiebeln klein hacken und alles in Wasser geben. Lorbeerblatt und Piment geben der Suppe ein angenehmes Aroma. Den Reis zu Mehl mahlen. So wird er in 1 Minute gar und man kann ihn in die Suppe geben, sobald die Kartoffeln gar sind. Die Reissuppe mit grünen Erbsen und Preiselbeeren bestreuen. Wenn es Sommer ist, kann man auch 3 bis 4 schwarze und rote Johannisbeeren nehmen. Diese Suppe schmeckt Kindern besonders gut.

Reis mit meiner Lieblingssauce

$^1/_2$ Glas Reis, 2 Gläser Wasser, 2 EL meiner Lieblingssauce (Rezept auf S. 203), 1 Bund Kräuter.

Wasser zum Kochen bringen, den Reis einstreuen. Wenn das Wasser wieder aufkocht, den Topf auf kleiner Flamme stehen lassen. Den weich gekochten Reis etwas auskühlen lassen, die Sauce hineinmischen und auf die Teller verteilen. Mit gehackten Kräutern bestreuen.

Gefüllte Zwiebeln

$^1/_2$ Glas Reis, 1 Glas heißes Wasser, 2 marinierte Gurken oder Beeren der Saison, 4 Zwiebeln, meine Lieblingssauce (Rezept auf S. 203).

Den Reis in das kochende Wasser geben. 3 bis 4 Minuten kochen lassen und unter eine Filzhaube stellen. In der Zwischenzeit die Zwiebeln nicht zu lang mit der Schale kochen. Die Zwiebeln aus dem Kochwasser nehmen, Schale entfernen und jede Zwiebel an einer Seite bis ins Zentrum anschneiden. Die Zwiebeln vorsichtig in die einzelnen Schichten zerlegen und für die Füllung vorbereiten. Aus dem gegarten Reis, der mit meiner Lieblingssauce vermischt wurde, Kugeln formen, mit welchen jede Zwiebelschicht gefüllt wird. Die gefüllten Zwiebelschichten auf Dessertteller legen, mit Kräutern und geviertеilten Gurken oder Beeren der Saison garnieren. Die gefüllten Zwiebeln kann man sehr schnell zubereiten, aber sie erwecken den Eindruck einer komplizierten Speise. Das können Sie ausnützen, wenn Sie ein Festtagsmenü bereiten. Auf einer großen flachen Schüssel können Sie frische gefüllte Tomaten, gefüllte Gurken, Rüben, Auberginen und andere gefüllte Gemüse servieren, nicht zu vergessen die Krautrouladen, die weiter oben beschrieben wurden. Die gefüllten Zwiebeln werden eine besondere Zierde Ihres Tisches sein mit ihrem perlmutterfarbenen Glanz.

Reis mit Mandeln

100 g Reis, 1 Glas heißes Wasser, 50 g geschälte Mandeln, 1 TL Sojasauce.

Den Reis im Wasser kochen. Gleichzeitig die Mandeln in einer Pfanne erwärmen. Dabei muss man die Pfanne ständig auf dem Feuer hin und her schwenken. Die Mandeln beginnen leicht zu glänzen. Die erwärmten Mandeln auf einem Brett mit der Teigrolle zerdrücken. Einen Teil in den gekochten Reis geben, mit Sojasauce würzen und auf eine Schüssel legen. Den Reishaufen mit den restlichen Mandeln bestreuen. Man kann die Speise heiß oder kalt verzehren. Statt der Mandeln kann man auch Nüsse verwenden.

Reissalat

200 g Reis, 2 Sellerieknollen, 1 Karotte, 2 Zwiebelknollen, 1 Petersilienwurzel, 3 EL geriebene Walnüsse, 1 Schale Kresse, 2 EL meiner Lieblingssauce (Rezept S. 203), 1 EL Zitronensaft, 2–4 Zitronenscheiben.

Den Reis kochen, die Gemüse klein schneiden und in einem dickwandigen Topf leicht dünsten, dann in den Reis mischen. Walnüsse darauf streuen. Eine Würzsauce aus Zitronensaft und meiner Lieblingssauce mixen und dann mit Kresseblättern verfeinern. Das Ganze mit Zitronenscheiben garnieren. Dieses Gericht kann man zum Festessen in einer Salatschüssel servieren.

Reis mit Gerste und geriebener Zitronenschale

200 g Reis, 100 g Gerste, 1 EL geriebene Zitronenschale, 1 Bund Dill, 1 Bund Petersilie, 4 Knoblauchzehen.

Den Reis in kochendes Wasser geben. Die Gerste in einer Pfanne aufwärmen. Die Körner blasen sich dabei auf und nehmen eine goldene Farbe und einen spezifischen Geschmack an. Man darf die Gerste aber nicht überhitzen, weil sich dann Oximethylfurfurol bildet. Gerste hat eine lange Kochzeit, deshalb ist es zweckmäßig, sie vorher klein zu mahlen. Der Wasserbedarf beim Kochen ist 1:3 oder 1:4, deshalb sollten nicht weniger als 400 bis 500 ml Wasser im Kochtopf sein. Wenn Sie die Gerste zu Mehl vermahlen haben, brauchen Sie ein zusätzliches Glas Wasser, um das Gerstenmehl in Wasser zu lösen und dann langsam zu dem halbgaren Reis zu gießen. Wenn das Wasser aufkocht, den Topf vom Feuer nehmen und unter eine »Haube« stellen. Inzwischen die geriebene Zitronenschale mit den fein gehackten Gartenkräutern vermengen, den zerdrückten Knoblauch dazugeben und alles zusammen zu der Reis-Gersten-Mischung geben.

Reis mit Sonnenblumenkernen

½ Glas Reis, 1 Glas ungeschälte Sonnenblumenkerne, 1 EL meiner Lieblingssauce (Rezept S. 203).

In einen dickwandigen Topf ein Glas Wasser schütten, zum Kochen bringen und den Reis darin kochen. Wenn er halb gar ist, unter eine Filzhaube stellen. Inzwischen in einer Pfanne die Sonnenblumenkerne erwärmen, in der Kaffeemühle zu Mehl mahlen und in heißem Wasser (1 Teil Kernmehl auf 2 Teile Wasser) auf kleiner Flamme nicht mehr als 5 Minuten kochen. Die erhaltene Masse mit einem Löffel verrühren und durch ein Sieb pressen. Die gesiebte Flüssigkeit mit meiner Lieblingssauce verrühren und alles zusammen unter den fertigen Reis mischen.

Reisbrei mit Gemüse und Salzpflaumen

100 g Reis, 1 Karotte, 200 g Brokkoli oder Blumenkohl, 1 Bund Gartenkräuter, 1 Zwiebel, 3 eingelegte Salzpflaumen (oder Dörrpflaumen) , 2 EL Öl.

Wir brauchen zwei Kochtöpfe. In einem dickwandigen Topf den Reis kochen (Reis : Wasser = 1:3). In den anderen Topf (am besten aus Gusseisen) ein kleines Glas Wasser gießen. Wenn es kocht, Öl und die klein geschnittene Zwiebel hineingeben. Jetzt die Karotte zerkleinern, die Brokkoli- oder Blumenkohlröschen in den Topf geben, zuletzt die zerkleinerten Pflaumen. Die Salzpflaume hat einen erstaunlich angenehmen Duft und Geschmack. In Japan isst man sie im dritten Jahr nach dem Einsalzen. Ich salze sie in einem 5-Liter-Glas ein, wobei ich die schichtweise eingelegten Pflaumen jeweils mit Meersalz und Gewürzen bestreue. Den Reis kann man am Feuer oder unter der Filzhaube gar werden lassen. Die gedünsteten Gemüse mit dem Reis sorgfältig vermischen. In eine tiefe Schüssel legen und mit fein gehackten Gartenkräutern bestreuen.

Reissalat auf spanische Art

300 g Reis, 250 g Paprika, 250 g Tomaten, 2 Zwiebeln, 1 EL trockener Wein oder Zitronensaft, 2 EL Öl, Gartenkräuter.

Den Reis entsprechend den vorhergehenden Rezepten kochen. Aus der Paprika die Samen entfernen und in Streifen schneiden. Die Zwiebel fein hacken. Die Tomaten vierteln. Alles vermengen und mit einem Dressing aus 1 EL Wein oder Zitronensaft und 2 EL Öl beträufeln. In eine Salatschüssel geben und mit Kräutern garnieren.

Sauerkrautsalat mit Reis

400 g gekochter Reis, 200 g Sauerkraut, 1 EL meiner Lieblingssauce (Rezept S. 203), 1 EL Tomatenmark.

Den Reis kochen (Reis : Wasser = 1:2), unter einer Filzhaube gar werden lassen. Den Reis mit dem Sauerkraut vermischen. Meine Lieblingssauce mit dem Tomatenmark verrühren und in den Salat geben. Kalt servieren.

Reissuppe mit Schafskäse

100 g Schafskäse, 1 Kartoffel, 2 Zwiebeln, 1 Karotte, 1 Petersilienwurzel, 1 Büschel Sellerieblätter, 1/2 Glas Reis, 4 kleine Tomaten.

Solche Delikatessen wie Schafskäse und Eier sind in der heilkräftigen Ernährung nur zu Feiertagen erlaubt. Man sollte sie nicht täglich zu sich nehmen. Schafskäse darf nur eine große Ausnahme am Tisch sein. In einen Topf mit kochendem Wasser den gewaschenen Reis geben. Die Zwiebeln schneiden und in den Reis geben, wenn er fast gar ist. Petersilienwurzel und Karotte schälen, in Scheibchen schneiden und in die Suppe geben. Die Kartoffel fein reiben, in die Suppe geben und diese vom Feuer nehmen. Den Sellerie fein hacken, in die Suppe streuen und diese zugedeckt ziehen lassen. Auf die Teller verteilen und mit frischen, in Scheiben geschnittenen Tomaten garnieren. Mit geriebenem Schafskäse bestreuen.

Suppe mit Mais und Gemüse

1 Glas gekochte Maiskörner, 1 Karotte, 1 Kartoffel, 1 Salzgurke, 1 Zwiebel, 1 EL Pflanzenöl, 1 EL Wein, Petersilie, Dill.

Den Maiskolben im Ganzen in der Blätterhülle kochen. Dann die Körner herauslösen und für die Suppe verwenden. Alle Gemüse der Reihe nach in kochendes Wasser geben. Die Suppe so lange kochen, bis die Kartoffeln gar sind. Vom Feuer nehmen, Petersiliengrün und Dill einstreuen, ziehen lassen. Das Öl mit dem Wein vermischen und in die Suppe geben.

Suppe mit Linsen und Getreide

3 EL gekeimter Weizen, 3 EL Linsen, 3 EL Buchweizen, 3 EL Hirse, 4 Zwiebeln, 1 EL Minzeblätter, 1 Bund Basilikum, 1 EL Quendel oder Thymian, 1 Lauchstange.

Linsen, Buchweizen und Hirse 10 bis 12 Stunden getrennt einweichen, den Weizen trocknen lassen und in der Kaffeemühle mahlen. Die anderen Körner und die Linsen gleichzeitig ins kochende Wasser geben und kochen, bis die Linsen gar sind. Die geschnittenen Zwiebeln werden mitgekocht. Die Gewürzkräuter am Ende des Kochens dazugeben. Den gemahlenen Weizen in warmem Wasser auflösen und in der Suppe gar kochen. Den grünen Teil des Lauchs aufschneiden und weich kochen, den weißen Teil in sehr dünne Ringe schneiden und in die Suppe geben, wenn man sie vom Feuer genommen hat. Die Suppe zugedeckt ziehen lassen.

Hirsesuppe mit Blumenkohl

2–3 Kartoffeln, 3 Zwiebeln, 1/2 Knoblauchknolle, 1 Petersilienwurzel, 1 Karotte, 1 kleiner Blumenkohl, 1/2 Glas Hirse, 1 Lorbeerblatt, 1 TL Majoran.

Die Kartoffeln sorgfältig waschen und samt Schale in Würfel schneiden. Die Zwiebeln klein hacken, Petersilienwurzel und Karotte in Scheibchen schneiden. Alles in einen Topf geben, den Blumenkohl in Röschen zerlegen, die Stiele in Scheiben schneiden und in den Topf schütten. Die Hirse mahlen, in einer Tasse mit warmem Wasser auflösen und in die Suppe geben. In der letzten Minute, bevor die Suppe fertig ist, die Blumenkohlröschen zugeben. Den Topf warm stellen und den Majoran und sehr fein gehackten Knoblauch dazugeben. Das Lorbeerblatt kommt immer 3 bis 4 Minuten vor dem Garwerden in die Suppe.

Suppe mit Buchweizengrieß

2 Kartoffeln, je 1 Karotte, Petersilienwurzel und Pastinake, 1/2 Knolle Knoblauch, 3 Zwiebeln, 1 Bund Gartenkräuter, 1/2 Glas Buchweizen.

Das Gemüse wie gewöhnlich kochen. Wenn die Kartoffeln gar sind, den gemahlenen und in Wasser aufgelösten Buchweizen langsam einrühren. Er wird in der Gemüsesuppe sehr schnell gar. Mit klein gehackten Kräutern abschmecken.

Salate aus rohem Gemüse

Salat aus gemischtem frischem Gemüse

500 g Karotten, 200 g roher Sellerie, 2–3 Knollen Topinambur, 50 g Apfelsaft, 30 g Öl.

Karotten, Sellerie und Topinambur fein raspeln. Den Apfelsaft mit dem Öl vermengen und über den Salat gießen.

Salat aus frischem Gemüse auf Würzburger Art

200 g Kopfsalat, 200 g Radieschen, 200 g Tomaten, 150 g frische Gurken, 1 TL Senf, 1 TL Sonnenblumenöl, 100 g Saft von frischen Zwetschgen oder sauren Äpfeln.

Den frisch gepressten Saft mit Senf und Öl vermengen und einige Minuten stehen lassen. Inzwischen den Kopfsalat in Quadrate schneiden. Die Radieschen putzen und in zwei Hälften schneiden. Die Tomaten und die Gurken in Stücke schneiden. Alles mit dem Dressing vermischen.

Salat auf andalusische Art

400 g Kopfsalat, 100 g zerdrückte Nüsse, 100 g Saft von süßen Früchten (Aprikosen, weiße Pflaumen etc.), 1 TL Sonnenblumenöl.

Die Salatblätter klein reißen. Mit dem Dressing aus Saft und Öl begießen und mit den Nüssen bestreuen. Wenn der Saft nicht süß genug ist, kann man ihn mit Honig nachsüßen. Die Nüsse zur Verbesserung des Geschmacks in einer trockenen Pfanne leicht erwärmen.

Salat aus Frühlingszwiebeln

500 g zarte Frühlingszwiebeln, 1 Glas gekühlte Sauce Béchamel (Rezept S. 206), Gewürze nach Geschmack.

Die Sauce Béchamel muss man etwas kühlen, mit Gewürzen nach Geschmack verfeinern und mit den fein geschnittenen Frühlingszwiebeln bestreuen. Dieser Salat erfreut sich großer Beliebtheit bei den Männern.

Salat aus rohem Gemüse auf spanische Art

200 g Paprika, 200 g Tomaten, 1 Zwiebel, 2 EL getrocknete Meeresalgen, 1 TL Sonnenblumenöl, 200 g frische Gurken.

Die Paprika entkernen und in kleine Quadrate schneiden. Die Gurken der Länge nach vierteln. Die Tomaten halbieren und mit den schon am Tag zuvor vorbereiteten Algen bestreuen. Dazu muss man die Algen am Vorabend mit einem Glas kochenden Wassers abbrühen und mit einem Tuch bedecken. Dann die Zwiebel fein hacken, mit den Meeresalgen vermischen und mit Öl begießen. Am nächsten Tag haben wir eine fertige Sauce, die man variieren kann, indem man verschiedene Gewürze beimengt.

Picknicksalat

500 g Weißkraut, 400 g Karotten, 30 g ausgelöste Sonnenblumenkerne, 45 g Zitronensaft oder Saft von anderen sauren Früchten, 1 TL Öl, 1 TL Senf, 1 TL Honig, 300 g Sojapaste.

Die fertige Sojapaste zum Picknick als Beigabe zum Salat mitnehmen. Sie ist eine erstaunlich praktische Speise, die man täglich in die Arbeit mitnehmen kann. Sie wird aus Sojabohnen zubereitet und kann im Kühlschrank in einem geschlossenen Glas 2 bis 4 Tage aufbewahrt werden. Dazu werden Sojabohnen 24 Stunden eingeweicht. Für 500 g Bohnen nimmt man 2 Liter Wasser. Im Verlauf des Tages empfiehlt es sich, das Wasser mehrmals zu wechseln. Man kann die Bohnen auch 2 oder 3 Tage einweichen, das verkürzt die Kochzeit, aber nach jeweils 5 bis 6 Stunden muss man unbedingt das Wasser wechseln. Nachdem die Bohnen in 2 bis 3 Litern Wasser 1 ½ Stunden gekocht haben, das Kochwasser abgießen und die Bohnen in frischem Wasser gar kochen. Die Kochzeit beträgt nicht unter 3 bis 4 Stunden. Man kann die Bohnen bequem zerkleinern, indem man sie durch den Fleischwolf dreht. Die Paste gibt der Phantasie der Hausfrau volle Freiheit. Man kann sie mit gekochten Zwiebeln verfeinern. Dazu schneidet man 3 bis 4 Zwiebeln fein und kocht sie in einem zugedeckten dickwandigen Topf auf kleiner Flamme mit minimaler Wassermenge. Wenn die Zwiebeln weich sind, mit der Sojapaste vermischen. Man kann einige Zehen Knoblauch nehmen und zerkleinern und dann in die Paste rühren. Gut passen auch Sojaöl und Sojasauce. Außerdem kann man viele Gewürze beimischen. Gut mit Soja zu kombinieren sind Sternanis,

Piment, roter Paprika und Nelken. Alle Gewürze vor der Verwendung mahlen. Man kann die Sauce auch mit fein geriebenen Koriander- und Kümmelsamen verfeinern.
Zurück zum Rezept: Wenn die Zahl Ihrer Gäste beim Picknick größer ist, kann man die Krautmenge verdoppeln oder verdreifachen. Das geschnittene Kraut mit der Hand kneten. Die fein geriebenen Karotten zugeben, welche man ebenfalls schon zu Hause vorbereiten kann. Die Sonnenblumenkerne hineinstreuen. Den mit Senf, Öl und Honig vermischten Zitronensaft zugießen. Wenn auf der Wiese, wo Ihr Picknick stattfindet, wild wachsende essbare Kräuter zu finden sind, kommen sie auch noch dazu. Je nach Jahreszeit können das Primelblätter sein, Blüten und Blätter von Lungenkraut, Sauerampfer, Brennnessel, junge Löwenzahnblätter, Lindenblätter, Walderdbeerblätter, Bärlauch, die zarten Blätter der jungen Birke und vieles andere. Die Kräuter müssen sorgfältig gewaschen sein, sehr fein gehackt und gut mit dem Salat vermischt werden.

Suppen und Brühen

Die Suppen und Brühen, die nach Rezepten der heilkräftigen Ernährung hergestellt werden, zeichnen sich dadurch aus, dass sie eine minimale Wärmebehandlung erfordern. Dabei müssen Körner und Kartoffeln ganz gegart werden, die Gemüse »al dente«, die Stiele der Kräuter werden gar gekocht und die Blätter erst dazugegeben, wenn man den Topf vom Feuer genommen hat.

Gemüsesuppe

2 Kartoffeln, 1 Zwiebel, 1 Petersilienwurzel, 1 Karotte, 400 g Weiß- oder Rotkraut, 3 Lorbeerblätter, 1/4 TL Paprikapulver, Kräuter.

Die sauber gewaschenen und in Würfel geschnittenen Kartoffeln in kochendes Wasser geben, dann die klein geschnittene Zwiebel, Karotte und Petersilienwurzel in Scheibchen schneiden und 2 bis 3 Minuten nach dem Aufkochen der Kartoffeln ins Wasser legen. Das Kraut zerteilt man je nach Reife. Wenn es ein Frühkraut ist, schneidet man den Kopf in der Hälfte durch. Den Strunk ausschneiden, klein schneiden und zusammen mit Karotte und Petersilienwurzel in die Brühe geben. Die Blätter des Frühkrauts werden nicht mehr als 1 bis 2 Minuten gegart. Sie werden nach Wunsch in Stifte oder Quadrate geschnitten. Die Suppe kocht auf starker Flamme nicht mehr als 8 bis 10 Minuten. Die Kartoffel bestimmt, wann die Suppe fertig ist. Danach die Suppe warm stellen und zugedeckt 5 Minuten ziehen lassen. Die Suppe mit fein gehackten Würzkräutern bestreuen. Schärfe kann man der Suppe mit scharfem Paprikapulver verleihen. Das Lorbeerblatt und den Paprika gibt man 3 bis 4 Minuten vor Garwerden in die Suppe.

Krautsuppe mit Tomaten

2–3 Kartoffeln, 1–2 Zwiebeln, 1 Karotte, 400 g Weißkraut, 5 Tomaten, 3 Lorbeerblätter, Kräuter.

Die Kartoffeln in Würfel schneiden, nachdem man sie vorher sorgfältig mit der Bürste gewaschen und die Augen entfernt hat. Die Kartoffelhaut schält man nur im äußersten Fall. Die Zwiebeln klein hacken, die Karotte in dünne Scheibchen schneiden. Das Kraut (Herbst- oder Spätkraut) wie folgt zubereiten: Die Blattstiele vom Strunk abtrennen und den Kopf in die einzelnen Blätter zerlegen. Die Blattstiele ausschneiden, in Scheibchen schneiden und zusammen mit den Karotten ins Wasser geben. Den zarten Blattteil in Quadrate oder Stifte schneiden. Die Tomaten 1 Minute in die kochende Brühe geben, mit einem Sieb herausholen, in einen tiefen Teller legen und vorsichtig die Haut entfernen. Dann die Tomaten in kleine Stücke schneiden. Sobald die Kartoffeln halb gar sind, die zarten Blattteile vom

Kraut in die Suppe geben. Sobald die Kartoffeln vollständig gar sind, den Topf warm stellen. Die Tomaten in die Suppe geben und 5 Minuten ziehen lassen. Die Lorbeerblätter werden wie immer 3 bis 4 Minuten vor dem Fertigwerden der Suppe hinzugegeben. Die Suppe auf die Teller verteilen und dicht mit gehackten Kräutern bestreuen.

Krautsuppe für Faule

500 g frisches Kraut, 3 Zwiebeln, 2 Kartoffeln, 1 Petersilienwurzel, 1 Sellerieknolle, je 1 Bund Dill und Petersilie, 3 Lorbeerblätter, 3 Körner Piment, 1 Karotte, 1 Knolle Knoblauch, nach Geschmack Paprikapulver.

Die Kartoffeln halbieren, Petersilienwurzel und Zwiebeln vierteln. Das Kraut wird zubereitet wie in den vorherigen Rezepten: Der Blattstängel wird ausgeschnitten und in groben Stücken gleichzeitig mit der Petersilienwurzel in die Suppe gegeben. Vergessen Sie nicht Lorbeerblätter und Piment. Die Sellerieknolle grob raspeln und in die Suppe geben. Diese Krautsuppe unterscheidet sich von der vorherigen dadurch, dass das Gemüse in größere Stücke geschnitten wird. Die Karotte fein reiben und in die fertige Suppe geben, zusammen mit dem sehr fein gehackten Knoblauch. Das geschieht, wenn die Kartoffeln gar sind und man den Topf warm gestellt hat. Man kann die Krautsuppe mit rotem Paprikapulver abschmecken. Abschließend klein gehackte Kräuter dazugeben.

Gemüsesuppe mit frischen Pilzen

500 g junge Kartoffeln, 1 Zwiebel, 1 Bund Dill, 1 Lorbeerblatt, 200–300 g Pilze (Grünlinge), Pfeffer, Meersalz.

Die Kartoffeln mit einem feuchten groben Tuch abreiben, die Zwiebel fein hacken, die Dillstängel in kurze Stifte schneiden, die feinen Blätter ungeschnitten lassen. In das kochende Wasser gibt man die ganzen Kartoffeln, streut die gehackte Zwiebel hinein und die Dillstifte. Sogleich die sorgfältig gewaschenen Pilze in die Suppe geben, welche zusammen mit den Stielen in Stifte geschnitten wurden. Beim Hallimasch am besten die Stiele vom Hut trennen und nur die Hüte kochen, beim Täubling nach Möglichkeit die Haut abziehen. Bei den Butterpilzen muss man die Haut nicht entfernen, wenn sie jung sind. Den Grünling kann man halbiert kochen. Waldpilze geben der Suppe eine besonders feine Note. Das Lorbeerblatt zusammen mit den Pilzen zugeben. Ziehen lassen, etwas pfeffern und leicht mit Meersalz salzen.

Krautsuppe für die Fastenzeit

500 g Sauerkraut, 5 getrocknete Steinpilze, 2 Zwiebeln, 2 Kartoffeln, 1 Karotte, 1 Petersilienwurzel, 1 Rübe, 3 Lorbeerblätter, 1 Zehe Knoblauch, 3 Kügelchen Piment, nach Geschmack Muskatnuss und Nelken.

Die in Würfel geschnittenen Kartoffeln in kochendes Wasser geben, die Zwiebeln klein hacken und ebenfalls in die Suppe geben. Karotte, Rübe und Petersilienwurzel in Scheibchen schneiden und zusammen mit Lorbeerblättern und Piment in den Topf legen. Das Sauerkraut unter fließendem Wasser abwaschen, ausdrücken und dann ins heiße Wasser geben. Die getrockneten Steinpilze zu Pulver mahlen und in die Suppe streuen. Den Topf vom Feuer nehmen, sobald die Kartoffeln gar sind. Den Knoblauch in der Knoblauchpresse zerdrücken und die Suppe abschmecken. Diese Speise kann man auch gut mit gemahlener Muskatnuss und Nelken würzen.

Die allereinfachste Suppe

2 Kartoffeln, 1 Zwiebel, Weißkraut, 1 Bund Kräuter, 2 EL koreanische Sojasauce.

Die Kartoffeln in Würfel schneiden, die Zwiebel klein schneiden und halb gar kochen. Das Kraut in Stifte schneiden und in die

Suppe geben. Sobald die Kartoffeln gar sind, den Topf warm stellen, die geschnittenen Kräuter dazugeben und Sojasauce beimischen.

Gemüsesuppe mit Kartoffeln

4 große Kartoffeln, 1 Karotte, 1 Petersilienwurzel, 3 Zwiebeln, ½ Knolle Knoblauch, 1 Lorbeerblatt, Pimentkörner, 4 Tomaten, 1 Bund Gartenkräuter.

Die Zwiebeln schneiden und in einen Topf mit kochendem Wasser geben, dann die in Scheiben geschnittene Karotte und die Petersilienwurzel dazugeben sowie das Lorbeerblatt und die Pimentkörner. Die Kartoffeln abschaben und fein reiben. Die gewonnene Masse zusammen mit der Flüssigkeit in die Suppe geben. Die Kartoffeln zu einer leicht gallertartigen Konsistenz kochen. Man würzt mit fein gehacktem Knoblauch und klein geschnittenen Tomaten. Wenn Sie es gewohnt sind, die Tomaten zu schälen, legen Sie sie zuvor 1 bis 2 Minuten ins kochende Wasser. Abschließend die fein gehackten Kräuter dazugeben.

Gemüsesuppe mit Salzgurken (Rassolnik)

3–4 Salzgurken, 1 Kartoffel, 1 Karotte, 1 Rübe, 1 Petersilienwurzel, 2 Zwiebeln, 1 Lauch, 3 Lorbeerblätter, 1 Bund Dill, 1 Bund Petersilie.

Die Kartoffel sorgfältig waschen, in Würfel schneiden und in einen Topf mit kochendem Wasser geben. Zwiebeln, Karotte und Petersilienwurzel klein schneiden und ebenfalls in den Topf geben, danach auch die in Stifte geschnittene Rübe. Die grünen Lauchblätter klein schneiden, den weißen Teil in sehr dünne Ringe schneiden und beides in die Suppe geben. Die Gurken schälen und der Länge nach vierteln. Große Kerne entfernen, Gurken klein schneiden und in die Suppe geben, ebenso die Lorbeerblätter. Die Suppe vom Feuer nehmen und mit den gehackten Kräutern bestreuen. Zugedeckt ziehen lassen.

Zwiebelsuppe

10 Zwiebeln, 1 Petersilienwurzel, 1 Sellerie oder 1 Pastinake, 1 EL getrockneter Dill, Lorbeerblatt, Nelke, Piment, Lauch, Majoran, Koriander, Minze.

Die Zwiebeln klein schneiden und ins kochende Wasser legen. Den Sellerie grob reiben und zusammen mit der Petersilienwurzel, dem Dill und den Gewürzen in die Suppe geben. Desgleichen die grünen Lauchblätter, so klein wie möglich geschnitten. Wenn die Suppe aufkocht und die Brühe grüne Farbe annimmt, warm stellen, mit Gewürzkräutern bestreuen und zugedeckt ziehen lassen. Mit der Nelke muss man sehr vorsichtig sein: keine ganze in die Suppe, besser nur eine halbe. Die Suppe auf die Teller verteilen und mit sehr fein geschnittenen weißen Lauchringen bestreuen.

Rübensuppe

5 kleine Rüben, 1 Pastinake, 1 Petersilienwurzel, 1 Zwiebel, 3 Pimentkörner, 1 Nelke, 1 Lorbeerblatt, 1 Knolle Knoblauch, 1 Bund Gewürzkräuter.

Die klein geschnittene Zwiebel in kochendes Wasser, danach die Petersilienwurzel, die in feine Blätter gehobelte Pastinake und die Rüben. Lorbeerblatt, Piment und Nelke 2 bis 3 Minuten vor Garwerden dazugeben. Die Knoblauchknolle sehr fein schneiden oder zerdrücken und in die Suppe geben, wenn man den Topf warm gestellt hat. Nach dem Ziehen servieren. Um Knoblauchgeruch zu vermeiden, ihn schon 2 bis 3 Minuten früher in die Suppe geben. Dann verschwindet der typische Geruch, aber die Mineralstoffe bleiben erhalten. Die Gewürzkräuter klein hacken und auf die Teller streuen.

Sojasuppe

1 Glas Sojabohnen, 1 Kartoffel, 3 Zwiebeln, 3 Paprikaschoten, 1 Rübe, 1 Karotte, 1 Bund Frühlingszwiebeln, 1 Bund Dill, rotes Paprikapulver, Lorbeerblatt, Ingwer, Korianderkörner, 2 EL Sojaöl, eventuell 1 EL Sojasauce.

Die Bohnen 2 Tage einweichen, wobei man mehrmals täglich das Wasser wechselt. Dann mehrere Stunden lang auf kleiner Flamme gar kochen. Das Wasser abgießen und die Bohnen durch den Fleischwolf drehen. Das erhaltene Püree mit Sojaöl würzen. Sehr fein ist es auch, Sojasauce einzurühren. Für die Suppe das Gemüse wie gewöhnlich kochen, die Gewürze zugeben und vor dem Garwerden das vorbereitete Sojapüree in die Suppe geben. Die Suppe warm stellen, mit Kräutern bestreuen und ziehen lassen.

Selleriesuppe

2 große Kartoffeln, 1 Sellerieknolle, 2 Petersilienwurzeln, 2 Zwiebeln, 2 EL Weizenmehl, nach Wunsch Kümmel und einige Preiselbeeren.

Die Kartoffeln sorgfältig waschen, die Augen ausschneiden. Die ungeschälten Kartoffeln reiben. Den Sellerie reiben und in kochendes Wasser geben. Die Petersilienwurzeln in feine Scheibchen schneiden und dazugeben. Die sehr fein geschnittenen Zwiebeln zusammen mit den Kartoffeln dazugeben. Wenn jemand den Geschmack von Kartoffeln mit Schale nicht verträgt, ist sie durch Topinambur zu ersetzen. Das Mehl in einer Tasse mit Wasser anrühren und langsam in die Suppe einrühren. Diese Suppe kann man gut mit fein gemahlenem Kümmel würzen. Die weiße Farbe der Suppe kann man durch 2 bis 3 leuchtende Preiselbeeren hervorheben.

Usbekische Suppe »Balanda«

Je 1 Bund Dill und Petersilie, 2 Kartoffeln, 100 g Brennnesseln, 1 Zwiebel, 3/4 Glas gekeimter Weizen, Paprikapulver.

Die geschnittene Zwiebel in kochendes Wasser geben, die gut gewaschenen Kartoffeln samt Haut fein raspeln. Alle Kräuter klein schneiden bzw. hacken, die getrockneten Weizenkeime mahlen. Das Mehl in warmem Wasser auflösen und unter ständigem Umrühren langsam in die Suppe rühren. Die geschnittenen Kräuter für 2 Minuten in den Topf geben. Den Topf warm stellen und die Suppe mit Paprikapulver würzen.

Grüne Suppe

4 junge Kartoffeln, 1 Karotte, je 1 Bund Sauerampfer, Dill und Petersilie, 200 g junge Brennnesseln, 1 Zwiebel.

Junge Brennnesseln kann man den ganzen Sommer über ernten, wenn man sie an der Wurzel schneidet und auf die jungen Triebe wartet. Die Kartoffelschalen mit einem groben Tuch gut abreiben, die Zwiebel klein schneiden und zusammen mit den Kartoffeln in einen Topf geben. Die Brennnesseln sorgfältig in kaltem Wasser waschen und mit der Hand in der Mitte durchreißen. Wenn Kartoffeln und Zwiebel gar sind, die Brennnesselblätter in den Topf schütten. Die fein geriebene Karotte, den Sauerampfer und die klein gehackten anderen Kräuter in die Suppe geben und zugedeckt ziehen lassen. Sehr gut passen zu der grünen Suppe hart gekochte Eier. Für alle, die Eier essen: hart kochen, kalt abschrecken, schälen, in Viertel schneiden und zusammen mit der Suppe auf die Teller geben. Mit den Kräutern bestreuen.

Rubinroter Borschtsch

2 Kartoffeln, 2 mittelgroße Rote Rüben, 1 Pastinake, 1 Teltower oder weiße Rübe, 2 Schoten Paprika, 1 Salzgurke, 400 g Weißkraut, 1 Lorbeerblatt, 1 Bund Kräuter, rotes Paprikapulver, 1 TL geriebener Ingwer, 2 EL Tomatenmark.

Rote Rüben darf man niemals in Wasser oder in der Suppe kochen, sie werden in saurem Saft gegart und behalten dort ihre Farbe. Die Roten Rüben in kleine Würfel schneiden oder fein reiben. In einen dickwandigen Topf die in Würfel geschnittenen Kartoffeln, die geschnittenen Zwiebeln, Pastinake und die weiße Rübe geben. Das Kraut schneiden, nachdem man aus jedem Blatt die groben Stiele entfernt hat. Die Stiele in Scheibchen schneiden und in die Suppe geben, ebenso die in Ringe oder Quadrate geschnittene Paprika. Die Salzgurke vorsichtig schälen und längs in vier Stücke schneiden. Grobe Kerne entfernen. Die Gurke in kleine Stifte schneiden und in die Suppe geben. Lorbeerblatt und Ingwer hinzufügen. Wenn die Kartoffeln gar sind, die Roten Rüben hineingeben und alles mit Tomatenmark würzen. Den Topf warm stellen und den Borschtsch mit Paprikapulver, Knoblauch und gehackten Kräutern verfeinern.

Gemüsesuppe mit Auberginen

2–3 Knollen Topinambur, 3 Zwiebeln, 2 Paprikaschoten, 4 Tomaten, 1 Petersilienwurzel, 1 Karotte, Gartenkräuter, 2 EL frisch gemahlenes Mehl aus gekeimtem Weizen, 2 Auberginen, nach Geschmack indische Gewürze und Knoblauch.

Die fein geschnittenen Zwiebeln in einen Topf mit kochendem Wasser geben, dann die Petersilienwurzel, die in Ringe geschnittene Paprika, den klein geschnittenen Topinambur und die in Stifte geschnittene Karotte. Die Auberginen schälen, in 4 Teile schneiden und scheibenweise aufschneiden. Man muss prüfen, ob die Auberginen nicht bitter sind, weil bittere in der Suppe nicht verwendet werden können. Die Tomaten für 3 Minuten in die heiße Suppe geben, mit einem Sieb herausholen, die Haut abziehen und auf einem Teller zerdrücken. Das Mehl in einer trockenen Pfanne leicht erwärmen, in einer Tasse mit warmem Wasser auflösen und langsam in die Suppe einrühren. Den Topf vom Feuer nehmen und die zerdrückten Tomaten dazugeben, ebenso die gehackten Kräuter. Am besten mit indischen Gewürzen und zerdrücktem Knoblauch würzen.

Vielleicht scheint der einen oder anderen Leserin bzw. dem Leser, dass die Zubereitung der hier angeführten Rezepte zu viel Zeit und Geduld in Anspruch nimmt. Probieren Sie es aus und Sie werden sich überzeugen, dass die meisten Rezepte nicht mehr als 10 bis 15 Minuten Arbeit erfordern. Und nachdem sich die heilkräftige Ernährung unter anderem dadurch auszeichnet, dass pro Tag nur zwei Mal gegessen wird, und zwar eine Monodiät, also jeweils nur eine der vorgestellten Speisen, so kann man sich leicht ausrechnen, dass 30 bis maximal 40 Minuten der maximale tägliche Zeitaufwand bei der Herstellung dieser Speisen ist.

Feiertagskost

Eine Tischrunde ist stets mit angenehmer Unterhaltung, dem Gefühl des Genusses beim Essen und dem Wunsch nach seelischer Ruhe und Komfort verbunden. Die familiäre oder freundschaftliche Unterhaltung am Tisch ist immer ein feierliches Ereignis, besonders wenn die Gastgeberin ein schmackhaftes und gesundes Mahl zubereitet hat.

Ich spreche nicht über die Feiertagsmahle, die an den großen Festen üblich sind. Da dominiert in der Regel eine rituelle Ordnung: Osterbrot, Pascha* , Neujahrs-Kutja**, Weihnachtsgans, Geburtstagstorte, Bliny*** etc.

Wie sollte eine festtägliche heilkräftige Kost aussehen, die die Gesundheit bewahrt? Auf diese Frage kann ich bei den gegebenen sozialen Verhältnissen nur mit sehr allgemeinen Worten antworten. Meine Bücher schreibe ich in erster Linie als Antwort auf den Ruf meiner Seele, vor allem nachdem ich all das, was ich zu sagen habe, praktisch erforscht und wissenschaftlich begründet habe.

Ein Festtagstisch ist nicht der Ort, an dem man erklären muss, warum »ausgewogene Ernährung« die Menschen zu chronischen Erkrankungen führt und warum sie den natürlichen Bedarf an Nahrung fast um das Fünffache überschreitet.

Am Tisch ist eine freundliche und liebevolle Atmo-

* Osterkuchen aus Quark.
** Reisgericht mit Rosinen und Honig.
*** Eine Art Crêpes.

sphäre nötig. Es ist schwer, sich Pythagoras, der lediglich Gemüse, Obst und ausnahmsweise einmal Fisch zu sich nahm, an einem Tisch mit Lukullus vorzustellen, welcher bei einem Essen 60 völlig unterschiedliche Gerichte zu sich nahm. In der Antike wurden aus solchen Gründen sogar Kriege zwischen den Völkern geführt.

Heute ist alles anders! Ein Festtagstisch ist kein Ort für Diskussionen. Die Gastfreundschaft der Hausfrau muss den Geschmack aller Gäste berücksichtigen und negative Stimmungen zu glätten versuchen. Die Gäste sollen ihrerseits an die Hausfrau keine Ansprüche stellen.

Frühlingspizza

1 großer Bund Maibrennnesseln, 2 EL frisch gemahlenes Mehl aus getrockneten Weizenkeimen, 1 Ei, Olivenöl, nach Geschmack östliche Gewürze, Radieschen, Salatblätter, Erbsen, Pastinakenblätter.

Die Maibrennnesseln in Salzwasser waschen, unter fließendes Wasser halten, das Wasser abschütteln, auf einem Tuch abtrocknen und in eine Schüssel legen. Das in Wasser gelöste Mehl mit einem Eigelb vermischen. Dieser Mischung kann man durch östliche Gewürze ein angenehmes Aroma geben. Die Brennnesselblätter mit dem Brei vermischen. Die erhaltene Masse auf den Boden einer Pfanne gießen, die man vorher mit Olivenöl eingefettet hat. Die Pizza wird mit geschlossenem Deckel auf kleiner Hitze gebacken. Wenn der Pizzaboden ausreichend durchgebacken ist, dreht man ihn um. Wenn man es nicht schafft, kann man ihn vierteln und dann nach dem Umdrehen die Fladenteile wieder zusammenlegen. Man kann ihn mit schön verzierten Radieschen und Salatblättern belegen und mit grünen Erbsen. Die Pizza kann man auch mit dem ersten Frühjahrsgrün bedecken, den Blättern der Pastinake. Deshalb mein Rat: Lassen Sie einige Pastinaken über den Winter stehen und Sie werden eine Freude an den prachtvollen Blättern haben, die im Frühjahr sprießen.

Pikante Rote Rüben

5–6 mittelgroße Rote Rüben ohne weiße Adern.

Die Roten Rüben im Dampf halb gar kochen und ins kalte Wasser legen. Wenn die Knollen ausgekühlt sind, schälen und in kleine Würfel schneiden, in eine Schüssel geben und nach Belieben würzen.

Würzvorschläge:

1. *Fein geriebener Meerrettich mit Zitronensaft und Honig.*
2. *Eine »Fünf-Minuten-Marmelade« aus schwarzen Johannisbeeren und zerdrückten Nüssen, die vorher in einer trockenen Pfanne erwärmt wurden.*
3. *Zitronensaft mit Honig und einer Hälfte von einer erwärmten Lambertsnuss.*

Äpfel mit Reis zum Abendessen

500 g Äpfel, 100 g Walnüsse, 1 TL Zimt, Honig, 50 g Olivenöl, 100 g Reis, Nusskrümel.

Die Äpfel etwa in 8 Teile schneiden und das Gehäuse entfernen. Die Nüsse in einer Pfanne leicht erwärmen. Einen Topf mit dickem Boden leicht erwärmen und ganz schwach mit Wasser bedecken, das Öl hineingeben. Wenn das Wasser kocht, die Äpfel hineinlegen und zudecken. Wenn die Äpfel gar sind, mit 1 Esslöffel Honig verfeinern und mit Zimt bestreuen. Eine Reiscreme kochen, die Äpfel darübergeben und mit Nusskrümeln bestreuen. Für die Reiscreme Reis zu Mehl mahlen. Dieses Mehl mit einem Glas warmem Wasser verrühren und unter ständigem Rühren gar kochen. Mit Honig süßen.

Kürbis mit Äpfeln

6 mittelgroße Äpfel, 2 große Zwiebeln, 300–400 g Kürbis, 1–2 EL Sahne, geriebener Meerrettich, Zitronensaft, Honig, Öl.

Die Äpfel in Spalten schneiden, den Kürbis schälen und in 3 cm große Würfel schneiden. Die Zwiebeln in große Ringe schneiden, das Öl mit Wasser vermengen (2:1) und auf den Boden einer erwärmten Pfanne gießen. Die Zwiebeln kommen jetzt in die Pfanne (Deckel!). Wenn sie leicht glasig werden, die Kürbiswürfel dazugeben und nach einiger Zeit mit den Apfelspalten überdecken. Wenn die Äpfel weich sind, das Ganze mit 2 Esslöffeln einer Mischung aus Sahne, Meerrettich, Zitronensaft und Honig anrühren. Sehr gut kann man mit einer »Fünf-Minuten-Marmelade« aus schwarzen Johannisbeeren verfeinern.

Äpfel mit Karotten

6 Äpfel, 2–3 Karotten, 2 Zwiebeln, Zitronensaft, Olivenöl, Honig.

Die Äpfel in Spalten schneiden, das Gehäuse ausschneiden, die im Dampf halb gegarten Karotten in breite Scheiben schneiden. Die Zwiebeln in Ringe schneiden. Dabei legt man die ganzen geschälten Zwiebeln für 2 bis 3 Stunden in kaltes Wasser, schneidet große Ringe und legt sie in eine vorgewärmte Pfanne mit dickem Boden, welcher mit einem Öl-Wasser-Gemisch bedeckt ist. Wenn die Zwiebeln weich zu werden beginnen, die Karotten und später die Äpfel hineingeben und zugedeckt dünsten. Auf eine Schüssel legen und mit einer Mischung aus gleichen Teilen Zitronensaft, Olivenöl und Honig übergießen. Diese schmackhafte Mischung, die ich hier Majonäse nenne, muss man schon vorher zubereiten und zugedeckt im Kühlschrank bereitstellen.

Nusskugeln

20 Nüsse, 100 g getrocknete Aprikosen, 100 g Dörrpflaumen, 100 g getrocknete Äpfel, 100 g Rosinen, 1 Zitrone, 1–2 EL Honig.

Die Nüsse leicht erwärmen und im Mörser zerdrücken. Man kann die Nüsse mit in der Pfanne erwärmtem Weizen- oder Hafermehl bestäuben. Die Trockenfrüchte über Nacht in Wasser einweichen. Morgens das Wasser abseihen. Wenn die Früchte zu weich sind, gelingen die Kugeln nicht. Die Früchte zusammen mit der geschälten Zitrone durch den Fleischwolf drehen. Der weiße Teil der Zitronenschale ist nicht essbar, aber das Gelbe ist vorsichtig abzunehmen und ebenfalls zu den durchgedrehten Früchten zu geben. Alles mit Honig gut vermischen. Der Fruchtteig muss sehr zäh sein. Mit der angefeuchteten Hand Kugeln formen. Wenn sie etwas angetrocknet sind, in den Nüssen wälzen.

Sanddornsaft mit Honig und Nüssen

2 Gläser mit Sanddornfrüchten, 8 Walnüsse, 1 Glas Honig.

Den Sanddorn durch ein Emaillesieb drücken und den Saft auffangen. Schale und Kerne für den Winter trocknen, den Saft mit Honig mischen und über die zerdrückten Nüsse gießen.

Dörrpflaumen mit Nüssen

20 Nüsse, 400 g Dörrpflaumen (am Vorabend einweichen).

Die Walnüsse vorsichtig mit dem Messer halbieren und die Kerne herausnehmen. Die geschälten Nüsse im Ofen backen, aber Vorsicht, sie sollen nur etwas zerbrechlicher werden und ein entsprechendes Aroma annehmen. Die Nüsse vorsichtig vierteln und jedes Viertel in eine Pflaume legen.

Salat aus rohen Roten Rüben mit Knoblauch und Nüssen

1 kg Rote Rüben, 1–2 Knoblauchknollen, 10 Walnüsse, Zitronensaft oder trockener Weißwein, 1 EL (gestrichenen) Honig, nach Wunsch Gewürze.

Viele wissen nicht, dass ein Salat aus rohen Roten Rüben ein besonderer Genuss ist, wobei der Geschmack von der Qualität der Rübe abhängt. Rüben mit weißen Ringen schmecken in roher Form eklig und sind für diesen Salat nicht geeignet. Eine gute Rübe sieht wie ein schwarzer Rettich aus, die Haut ist sehr dünn, die Wurzel kurz und dünn und die Farbe beim Anschnitt hellrot. Die Rüben sollen nur dann geschält werden, wenn sie schadhaft oder bei der Lagerung trocken geworden sind, aber besser verwendet man die Rote Rübe in natürlicher Form. Die Rüben fein reiben. Den Knoblauch schälen und zerdrücken, die Nüsse vorbereiten wie oben. Zitronensaft oder Wein mit dem Honig verrühren und den Salat beträufeln. Auf Wunsch kann man Gewürze verwenden. Der rohe Salat kann 2 bis 3 Tage im Kühlschrank aufbewahrt werden. Natürlich ist es besser, ihn jeden Tag neu zu bereiten, aber die Rote Rübe kann länger aufbewahrt werden als andere Gemüse.

Sojapaste mit Nüssen

1 kg Sojabohnen, 200 g Nüsse, ½ Glas Sojaöl, Muskatnuss, Ingwer, rotes Paprikapulver.

Die Bohnen 2 Tage einweichen, dreimal täglich das Wasser wechseln. Die Sojabohnen ca. 1 ½ Stunden kochen, danach das Wasser wechseln und nochmals 2 Stunden kochen. Die zweite Brühe kann man für Suppen verwenden. Die Bohnen durch ein Sieb drücken oder durch den Fleischwolf drehen. Den Brei mit Öl und den Gewürzen verrühren und mit den grob gehackten Nüssen verfeinern.

Gesund leben und essen

Irene Dalichow, 21790
Die Gewürzapotheke

Galina Schatalova, 21745
Heilkräftige Ernährung

Nobuo Shioya, 21743
Die Kraft strahlender Gesundheit

Otfried D. Weise, 14188
Entschlackung

GOLDMANN
ARKANA

Um die ganze Welt des GOLDMANN
Body, Mind & Spirit Programms
kennenzulernen, besuchen Sie uns doch
im **Internet** unter:

www.goldmann-verlag.de

Dort können Sie
nach weiteren interessanten Büchern ***stöbern***,
Näheres über unsere ***Autoren*** erfahren,
in ***Leseproben*** blättern, alle ***Termine*** zu Lesungen und
Events finden und den ***Newsletter*** mit interessanten
Neuigkeiten, Gewinnspielen etc. abonnieren.

Ein ***Gesamtverzeichnis*** aller Goldmann Bücher finden
Sie dort ebenfalls.

Sehen Sie sich auch unsere ***Videos*** auf YouTube an und
werden Sie ein ***Facebook***-Fan des Goldmann Verlags!